AVANTAGES ET INCONVÉNIENTS DES LETTRES.

Collection *NOMINA*.
Dirigée par Christophe Carraud et Rebecca Lenoir.

3, place Vaucanson, F-38000 Grenoble.
www.millon.com
ISBN : 2-84137-152-2

Catalogue sur demande.

LEON BATTISTA ALBERTI.

AVANTAGES ET INCONVÉNIENTS DES LETTRES.

Traduit du latin
par Christophe Carraud
et Rebecca Lenoir.

Préface de Giuseppe Tognon.

Présentation et notes de Christophe Carraud.

Ouvrage traduit avec le concours
du Centre National du Livre.

Éditions Jérôme Millon.

Nous remercions les éditions Olschki de nous avoir autorisés à reprendre le texte latin d'Alberti établi par Mme Laura Goggi Carotti et publié dans la « Nuova collezione di testi umanistici inediti o rari » en 1976. — François Bouchet avait bien voulu relire, il y a quelques années, la première version de la traduction que nous présentons ici, réalisée alors pour combler la vacance entre les activités du jour : qu'il trouve dans ces lignes l'expression de notre reconnaissance.

Leon Battista Alberti et la « largesse » de la vie intellectuelle,

par Giuseppe Tognon.

Leon Battista Alberti, l'architecte italien le plus intellectuel du XVe siècle, croyait profondément en la force des vertus humaines — « esprit, expérience, réflexion, jugement et art » (*De re aedificatoria,* IX, 10). Bien qu'elle les précède, son œuvre peut survivre aux réflexions de Machiavel, qui voulait écrire l'épitaphe de certaines vertus humaines. Elle le peut aisément, en effet.

Le petit traité que nous lisons ici, *De Commodis litterarum atque incommodis,* écrit entre 1428 et 1432, n'offre donc pas seulement l'occasion d'aborder un esprit génial de l'Italie du XVe siècle, qui n'est peut-être dépassé que par Léonard de Vinci : c'est un texte capital pour redécouvrir la question de la fonction morale — et pas seulement matérielle — du savoir ; question que notre société regarde avec désenchantement, mais qui reste décisive pour toutes sortes de raisons : la moindre n'étant pas qu'elle se pose aux jeunes gens au moment de décider s'ils veulent suivre leurs propres inclinations ou se laisser guider à l'inverse par « l'esprit du monde ».

L'étude des lettres, nous dit Alberti, est une vocation qui non seulement n'apportera jamais ni richesse, ni plaisirs, ni honneurs, mais qui modifie le signalement même de celui qui s'y livre au point de le mettre en marge de la société. Plutôt que de courir après l'impossible et de se couvrir de ridicule, l'authentique homme de lettres devra accepter au plus vite son propre destin ; il devra même le seconder, afin de recouvrer cette liberté intérieure si enviable qui lui ouvre les portes de l'immortalité : « Nous serons mieux vus, nous autres intellectuels, si l'on nous prend pour des niais, que si l'on nous considère comme des sages ; car telle est l'habitude de nos concitoyens : d'après eux, les imbéciles ne sont jamais à prendre au sérieux, tandis que les gens actifs, il faut s'en méfier comme de la peste » (V, 19).

La thèse d'Alberti, dont les éléments restent assez traditionnels, semble paradoxale si on la réfère aussi bien au contexte culturel de l'Italie du Quattrocento, qui ouvre des perspectives nouvelles à la recherche intellectuelle dans tous les domaines du savoir, qu'à la biographie de son auteur, qui a connu la fortune et la gloire. Nous ne sommes donc pas face à un texte transparent : derrière la banalité apparente de l'argumentation, on devine un contexte historique et une intelligence en miroir, et l'on sent l'ampleur tangible du premier s'accompagner de la finesse impalpable mais obstinée de la seconde. « À mes yeux, un discours est assez soigné et orné quand on ne peut y trouver la moindre trace de mensonge ou d'erreur, et il a assez de tenue quand il ne trahit aucune bassesse » (VI, 2). Le *De commodis litterarum atque incommodis* d'Alberti est le manifeste d'une forme particulière de réalisme humaniste qui, loin de trahir son époque, en reconnaît la nature profonde au point de lui survivre et de désigner la nôtre.

Dans les arts comme dans les lettres et la politique, la Renaissance italienne s'est caractérisée par sa rupture éclatante avec le passé, rupture rendue plus visible encore par le travail de recouvrement de l'Antiquité, des modèles et de la culture, y compris matérielle, de l'époque classique. Ce qui était en jeu avec elle, c'était la volonté éperdue d'accéder à une conscience et à une force intérieure. À cette époque, des pensées nouvelles, déjà répandues, mais comme orphelines, sans autorité, sans garanties, s'étaient fait jour autour de quelques questions classiques ; des énergies s'étaient éveillées, ici et là, qui ne s'étaient jamais manifestées. À travers des inventions intellectuelles et de nouveaux liens sociaux — songeons avant tout à l'instrument que fut la perspective —, la société cultivée de l'Italie du

Quattrocento accédait à une meilleure capacité d'auto-contrôle et d'auto-représentation. La reconstruction scientifique des mesures et des proportions, où l'on ne voyait d'abord qu'un jeu, une virtuosité optique, est devenue l'emblème de la capacité à renouveler les formes sans nier l'évidence sensible, de distinguer, sans les séparer, la perception de l'intellect, le naïf du savant, l'œil de l'esprit.

La grande vision humaniste de la nouvelle société du XVe siècle se libérait des ultimes incertitudes, s'ouvrait à la dimension active de la vie et commençait de l'emporter sur toutes sortes de forces, matérielles et spirituelles, qui restaient jusque-là contenues et bridées ; elle les canalisait en de grandes entreprises, comme la coupole de Brunelleschi à Sainte-Marie-des-Fleurs, achevée en 1434, ou les engageait dans l'accumulation de richesses et de savoir à quoi s'employaient certaines cités. C'était comme se déprendre de vieux symboles, et éprouver le besoin de redéfinir le passé à travers de nouvelles catégories et de nouveaux instruments de mesure.

Leon Battista Alberti a vécu le moment central de l'humanisme italien ; il est devenu le symbole de la fin d'un certain mode de vie européen qu'on peut qualifier de gothique : un mode de vie centré sur l'esprit plus que sur la réalité, en proie aux hésitations et aux songes, obsédé par les pensées intérieures et la mystique des tentations, prisonnier et non pas maître de la chair. Une époque gothique virtuose plus que vertueuse, soutenue par des besoins méconnaissables, et ne connaissant guère de liens de solidarité, même entre les savants. C'est précisément à Alberti, le plus magnanime de ceux qui ont entrepris de relire le passé, que revenait le devoir de définir les orientations conceptuelles du gothique au moment de son déclin historique.

Malgré ce contexte, si nous attendons de la lecture du *De commodis* des pensées fulgurantes, un goût du paradoxe, des renversements soudains du sens commun, nous serons déçus : Alberti n'est pas Rousseau ou Nietzsche, et il n'a pas, comme eux, mis sa veine sarcastique — pourtant si puissante — au service d'un dépit suscité par le monde ou d'un repli dédaigneux loin du commun des mortels. Au contraire, c'est comme s'il s'était libéré de toutes ses peurs après avoir écrit le *De commodis,* et qu'il eût décidé, une fois sa situation personnelle et sociale scrupuleusement, rigoureusement examinée, de ne pas changer d'orientation et de prendre au sérieux le défi lancé par les classiques en se réservant d'en faire une interprétation nouvelle. Pour les Anciens, il était naturel de se considérer comme partie intégrante de son époque, et d'y vivre pleinement sans prétendre disposer d'un « monde à part » et de garanties supérieures à celles de ses semblables. Pour les Modernes, en revanche, il était impossible d'échapper à la confrontation, parce que la société qu'ils commençaient de construire se fondait toujours davantage sur la division du travail, sur les valeurs de la compétition et sur le rôle prépondérant de l'artiste plutôt que des œuvres, à l'opposé de ce qui s'était pratiqué durant des siècles.

Dans le *De commodis,* tout se passe comme si Alberti voulait prendre congé des lieux communs de la déploration que pratiquaient beaucoup d'autres intellectuels dans le doute, encore prisonniers des préjugés ignorants de la société sur l'inutilité de la culture, pour se dépouiller du nom même d'intellectuel. Il n'y avait qu'une alternative pour y parvenir : soit abandonner les études — c'était impensable —, soit s'humilier au point de mourir au monde pour se réinventer soi-même et tourner ce monde en dérision. Combien de fois, écrit Alberti avec une suprême ironie, lui était-il arrivé d'entendre les pires invectives contre les intellectuels de la bouche même de citoyens de haut rang ! Et bien qu'il n'ait pas su « trouver de réponse proportionnée à la gravité de telles accusations », il a tout de même proposé cette objection de méthode : « C'est dépasser la mesure que de juger d'une chose qui vous est inconnue en obéissant à la haine et à l'envie plutôt qu'au bon sens, à la nature et à l'équité ». Même s'il ne se fait pas d'illusion sur le fait qu'ils vont « se remettre à pousser leur chansonnette », il déclare qu'« il faut pourtant montrer quelque indulgence à l'égard de ceux qui négligent ce qu'ils ignorent et qui blâment ce qu'ils négligent » (V, 16).

Le *De commodis* a représenté une ligne de partage non seulement pour son auteur, mais aussi pour l'époque entière. Et avant tout un guide pour les hésitants. Sa lecture est un précieux exercice de clarification intérieure : le portrait qu'il fait de la situation est limpide et sans fioritures. Il ne convaincra jamais que ceux qui ont déjà choisi de se vouer corps et âme aux livres et aux études ; reste qu'il atteint sa cible : frapper avant tout les prétentieux qui sont pour les jeunes gens une occasion de scandale, et encourager la persévérance, l'aider à poursuivre en se soutenant de ses propres convictions et de celles qu'elle trouve dans les livres. Alberti, face aux vertus intellectuelles et morales de l'individu, adoptait une attitude qui n'était plus celle de la résignation stoïcienne ni celle de la rhétorique chrétienne : il ne les considérait pas de l'extérieur, avec les seuls moyens de la parole et de l'esprit, mais de l'intérieur de la réalité, découvrant dans l'expérience même de l'exister, dans la plasticité des corps et la spatialité des objets, à la fois les signes d'un don gracieux et divin, et les symptômes d'une espérance rationnelle, d'une aptitude au partage.

Il estimait que la raison était la façon naturelle de vivre au mieux la réalité humaine, et qu'elle ne se réduisait pas à un instrument servant à s'en défendre ou à la reproduire. Il voulait expérimenter sur lui-même, avec l'obstination d'un précurseur, la validité d'une intuition historique : que le moment était venu d'en finir avec l'improvisation et la déploration. Il avait besoin de vérifier dans les faits l'état de préparation de qui entend se parer du titre d'expert en savoir et en intelligence. Les compétences, même chez les savants, devaient entrer dans des cadres précis, et, comme c'était le cas dans le commerce et la vie quotidienne, elles passaient du stade de simples ambitions ou passions à celui de professions véritables et reconnues.

Parmi toutes les grandes personnalités de l'humanisme italien, Leon Battista fut cependant celui qui a incarné de façon exemplaire une certaine forme de discontinuité par rapport à son propre temps, un peu comme Michel-Ange le fera plus tard. Ce fut une discontinuité savante, réussie parce que réaliste, et sans iconoclasme : une discontinuité d'une générosité souveraine. Il ne prônait pas un refus de la réalité, mais une maîtrise active de ce qu'elle est, étudiant et restaurant des palais et des monuments sans les détruire, afin d'en comprendre et d'en déployer la raison intime dans des formes rigoureuses.

Il analysait et critiquait la société marchande sans la maudire, bien au contraire : il l'aimait au point de la réinventer à travers la construction d'une religion de la famille qui n'avait jamais existé jusqu'alors. C'est lui qui a véritablement redécouvert Vitruve et Quintilien. Par la variété prodigieuse de ses intérêts et de ses réalisations, il est devenu un « maître en tous les domaines », comme le dira plus tard Politien, un cran au-dessus de tous les autres spécialistes. Eugenio Garin a écrit que les *Libri della famiglia* sont la plus belle œuvre en vulgaire du siècle, et l'un des plus grands textes de la littérature italienne. Mais on peut aller plus loin, et soutenir, sans risquer d'être démenti par les faits, qu'Alberti est l'un des pères de ce courant particulier de la philosophie morale qui a frayé pour la modernité la route où réinventer les rapports entre éducation et richesse, et qui a introduit dans la culture italienne, fût-ce souvent *a contrario,* l'idée si à la mode aujourd'hui de « capital humain ».

On ne peut cependant connaître d'aussi grands succès, ni avoir une vie si intense, sans épreuves ni souffrances. Comme celui de la ville qu'il aime, Florence, où il n'a pu revenir qu'à l'âge adulte une fois levé le bannissement pesant sur sa famille, l'itinéraire personnel et intellectuel d'Alberti n'est ni commun ni linéaire. La redécouverte critique des grandes expériences de l'Antiquité ne fut pas sans conséquences pour la société cultivée de Florence, trop petite pour devenir autonome, mais d'une personnalité trop riche pour être impunément instrumentalisée. La Florence du milieu du XVe siècle était le lieu de rencontre entre Orient et Occident : on discutait de paix universelle et de réconciliation philosophique et théologique à l'ombre de la coupole de Brunelleschi. Aux ultimes efforts de la Papauté et de l'Empire pour organiser de nouvelles croisades et combattre les Turcs, Florence répondait par un défi nouveau : la domination par les armes était désormais caduque, il fallait en établir une autre fondée sur l'art et la science, plus solide et plus noble. Nouvelle Athènes, nouvelle Rome ou nouvelle Jérusalem, comme le voulait Savonarole : aucune ambition ne semblait impossible à Florence, mais son véritable chef-d'œuvre, une fois la république transformée en dictature, ne fut pas de devenir ce que les humanistes et les visionnaires avaient rêvé pour elle, mais de savoir administrer et favoriser la conservation d'un grand patrimoine de culture même dans les époques de tragédie et de malheur.

Alberti, déjà témoin de la fin du mythe de la liberté politique, et peu fait pour représenter la catégorie historiographique de l'humanisme civil, a gardé toute sa vie, sensible dans la plupart de ses œuvres, une mélancolie et une tristesse discrètes et subtiles — sans doute les difficultés de son enfance et de sa jeunesse y sont-elles pour beaucoup —, d'une qualité si particulière qu'elle paraît propre aux grands personnages. Pour faire percevoir l'ombre dont s'accompagnait la lumière d'un encyclopédisme prodigieux, les interprètes ont beaucoup insisté sur des ouvrages un peu ésotériques, comme les *Intercenales* ou le *Momus,* où Alberti s'enfermait dans des pensées subtiles et amères sur le destin et la fortune. Quand on aime beaucoup la vie, on ne peut renoncer à l'envie de la saisir sous tous ses aspects ; mais peut-être la qualité propre de la conscience albertienne est-elle plutôt à chercher dans sa capacité à transformer la tristesse en ironie, à construire des scénographies conceptuelles et des récits où le hasard aveugle, la douleur, la terreur n'ont pas raison de la scène mais se voient opposer, illusoirement peut-être, comme la lumière à l'ombre, l'exercice collectif de l'intelligence, la vertu de la connaissance, bref une pédagogie sociale qui n'est pas nécessairement démocratique, mais qui fait obstinément appel au dépassement de la seule individualité. Dans cette perspective, la « raison domestique » dont Alberti s'est fait l'interprète portait en elle plus d'avenir que bien des élucubrations pseudo-platoniciennes.

Même si nous pouvons avoir à la première lecture l'impression du contraire, le *De Commodis* appartient lui aussi à la catégorie des œuvres les plus intimes d'Alberti. On peut se demander ce qu'il y a de moins ésotérique et de plus cru, de plus direct, que l'analyse statistique du nombre possible d'intellectuels fortunés et heureux que l'on trouve dans la quatrième partie de l'ouvrage. En fixant à quarante ans le seuil de la vieillesse et en prenant un échantillon de mille personnes désireuses de goûter au bonheur et à la réussite mondaine, on peut à peine en trouver une qui puisse dire en conscience avoir atteint son but, du reste illusoire. Neuf cent quatre-vingt-dix-neuf victimes de leur propre présomption : une hécatombe ! Pourtant personne ne s'est jamais demandé si la disproportion entre mille appelés et un élu, le pire de tous, ne pouvait pas révéler en réalité un acte de piété, si l'on songe à ces centaines de gens qui, pour n'avoir pas atteint leur but, ont du moins conservé une part de leur humanité... Par un jeu rhétorique subtil, Alberti cache derrière l'analyse comparative et impitoyable de la compétition forcenée une indulgence souriante pour les chimères qui poussent beaucoup d'intellectuels de valeur à préférer aux vraies richesses, « belles et bonnes », cette illusion de fortune que peuvent alimenter l'enseignement qu'on dispense, les livres qu'on écrit, les causes qu'on plaide au tribunal ou les maladies qu'on soigne sans nécessairement les guérir. Il n'y avait pas un universitaire, un médecin, un notaire ou un avocat, capables de survivre à la malhonnêteté qui les rongeait dans leur avidité de succès ! Et comme contre-épreuve, Alberti les expose à la loi du retour de bâton : il nous les montre engloutis sous « des piles gigantesques de courriers, des volumes énormes, des fardeaux colossaux, des échafaudages et des architectures de rayonnages » (IV, 65) pour lesquels ils ont dépensé des fortunes et dont, au fond, ils ne savent que faire, comme ces hommes dont Auguste disait qu'ils « pêchaient avec un hameçon d'or ».

Les lettres ne procurent ni plaisirs, ni richesses, ni honneur ni gloire, sinon par hasard et par exception, du reste peu recommandable : c'est vrai... Mais « la ruine et la décadence des arts et des disciplines intellectuelles » devenus « serviles et comme prostitués », peuvent dispenser celui qui y croit vraiment d'avoir à exiger une fois encore de sa propre vie l'effort harassant de les défendre aux yeux du monde. Le jeu n'en vaut pas la chandelle ; au contraire, plus le monde se persuadera que les intellectuels ne comptent pour rien et que le savoir est inutile, plus on aura la possibilité de voir renaître cette « interrogation intérieure » qui ouvre la porte de l'au-delà de la conscience et de la vision quand on a les yeux ouverts et un livre entre les mains.

La force de l'antique liberté spirituelle de l'Évangile trouve chez Alberti une traduction laïque qui ne se dégrade pas en « libertinage de l'esprit » : elle est celle de l'humour ; dans les pages les plus personnelles d'Alberti, cet humour agit comme un ferment de connaissance de soi qui ramène les choses à de justes proportions, à leur mesure exacte, en désamorçant leur prétention à la valeur au seul titre d'une gravité de surface. Le portrait des lettrés qui ressort du *De Commodis* n'est pas celui, un peu flatteur et empesé, de l'époque de Pétrarque, ni celui, plus grossier, de la tradition de Boccace : les intellectuels pris dans le milieu des riches et des puissants, mal vêtus et peu ragoûtants, incompris de leurs parents et à qui pas une mère ne voudrait donner sa fille en mariage, chassés de la vue des hommes pour retourner « sous la lampe dont ils ont l'odeur » (II, 15), ne deviennent les victimes prédestinées de la haine populaire que s'ils se prennent eux-mêmes au sérieux, s'ils ne savent pas aller à l'essentiel, s'ils ne parviennent pas à sortir de l'apitoiement sur soi et à construire leur propre communauté et des alliances efficaces, à commencer par les Anciens qui ne parlent qu'à ceux qui savent les comprendre à travers les livres : « En effet tout ce que l'on trouve dans les textes des Anciens ne semble avoir pour objet que de nous délivrer des erreurs et nous faire parvenir à la vérité et à la simplicité. Ce sont là les deux fondements, les deux piliers d'une vie droite et heureuse. S'ils sont bien établis, nous pouvons voir paraître dans l'âme une vertu plus éclatante ; la raison, compagne de la vertu, commence de s'y développer, l'âme jouit du don de l'intelligence et de la sagesse, et l'esprit, délivré de toute espèce de trouble, demeure à jamais victorieux des atteintes de la fortune » (VI, 8).

L'une des pages les plus belles du livre est celle de la fin. L'auteur y donne la parole aux livres. Il n'est pas difficile de trouver des textes de la même époque où les Anciens prennent la parole, mais il est plus rare d'entendre non pas des sujets, mais des objets la prendre. Comme dans un chœur de tragédie grecque, ils se parlent à eux-mêmes en feignant de croire que personne ne les écoute, tout en sachant bien qu'ils ne doivent leur existence qu'au public qui sait les lire. Ils s'interrogent dans ce soliloque sans attendre d'autrui des réponses qu'ils ont seuls la capacité de fournir. Dans le cas d'Alberti, les livres sont la métaphore de la communauté dont il ne forme avec son frère Charles — auquel il s'adresse au début et à la fin de son livre — que la cellule domestique initiale. L'œuvre entière est en effet confiée au culte de la famille dont notre auteur fut l'un des grands inventeurs. Les quatre premiers mots — « notre père Laurent Alberti » — ne forment pas seulement l'incipit d'une évocation, ils sont celui d'une invocation à la fraternité et à l'alliance qui ne se révèle qu'à la fin — « Aidons-nous donc, mon cher Charles, soutenons-nous de nos propres avertissements et de ceux que les livres nous ont donnés pour persévérer dans les lettres » —, et qui n'est pas un signe de renoncement, mais de défi : « Ainsi notre vertu à tous deux éclatera-t-elle aux yeux de tous, et ne laissera-t-elle aucun doute sur le but que nous poursuivons : la sagesse ».

Alberti écrit exactement à mi-chemin d'une vaste période historique qui s'ouvre avec la volonté d'isolement farouchement défendue par Pétrarque et se ferme sur l'amertume de Machiavel et de Guicciardini contraints de quitter le pouvoir. À peine disparu, il est devenu l'un des personnages que Cristoforo Landino invite à ses *Disputationes Camaldulenses* (1475), qui sont peut-être la célébration la plus réussie du mythe médicéen du Prince généreux et cultivé[1]. Dans cet ouvrage, Alberti a un rôle d'éducateur qui ne correspond pas à celui, si inventif, qu'il a tenu en réalité dans la grande famille de l'humanisme italien, mais il reste malgré tout significatif qu'il lui revienne d'accepter la solution donnée au problème célèbre de la comparaison entre vie active et vie contemplative — un écheveau d'arguments classiques enserrant une exigence aussi moderne que brûlante d'émancipation intellectuelle obtenue au prix de lourds sacrifices —, une solution bien digne de Salomon : « Car Marthe et Marie sont sœurs,

1. Il n'existe pas, à notre connaissance, de traduction complète de cet ouvrage dans l'une quelconque des langues européennes ; on trouvera une traduction française du premier livre — qui comporte le vaste exposé d'Alberti, précisément, sur les mérites comparés de la vie active et de la vie contemplative — dans la revue *Conférence,* n° 12, printemps 2001, p. 621-675, par les soins de C. Carraud.

et habitent sous le même toit ; Dieu les regarde chacune avec faveur : Marthe s'occupera de préparer le repas, et Marie de le prendre. L'une et l'autre sont bonnes : mais il y a d'un côté plus de travail, de l'autre plus de loisir, sans que le travail aille jusqu'à des excès déshonorants, ni le loisir jusqu'à la paresse. » L'Alberti authentique n'était pas celui de Landino (dont le respect émascule et maquille à la fois son grand aîné), et la solution donnée à la discussion était beaucoup plus fragile et rhétorique que n'étaient en réalité son esprit et sa vision du monde. La version de Landino masquait la défaite de l'idéal démocratique de l'humanisme florentin — cet humanisme « aristocratique » issu de Dante qu'on voit chez Coluccio Salutati ou Leonardo Bruni —, remplacé désormais par un platonisme aussi mou que répandu ; mais les mots que nous lisons dans le *De Commodis* témoignent plutôt de l'encyclopédie psychologique d'un nouveau type de savant — nous parlerions aujourd'hui maladroitement d'intellectuel —, jaloux de son image d'imperturbabilité, mais pas assez naïf pour ne pas voir qu'elle ne pouvait s'affirmer que dans une dynamique sociale où lui serait au moins reconnue la maîtrise absolue du passé par la technique de la lecture et de l'écriture.

La lecture de ce petit traité est donc d'autant plus efficace qu'on se montre plus capable d'entrer dans l'esprit de l'humanisme de la Renaissance pour mesurer la distance qui sépare cette époque de la nôtre et la route faite depuis lors par « la classe geignarde » des philosophes et des lettrés pour nourrir de leur mélancolie étudiée la création toujours renouvelée d'utopies improbables. Le *De Commodis* d'Alberti est un bon antidote au protocole narcissique du « Soi » tout psychologique qui prévaut aujourd'hui. Il nous permet de reprendre nos distances par rapport au faux impératif de la contemporanéité qui impose de se plaire à soi-même et de tout faire pour se réaliser, même en dehors d'une quelconque recherche de fondement. L'intellectuel dont il parle est appelé à répondre de soi en reconnaissant humblement la principale difficulté qu'il éprouve à accomplir le devoir commun à tous les hommes, celui d'apprendre l'estime de soi. Il doit rendre raison de l'aspiration infinie à quelque chose d'autre qui caractérise mais aussi dépasse l'agir humain. Non pour se libérer de la pudeur et se séparer de ses semblables, mais pour chercher à saisir cet « ajout » de sens qu'appellent le désir et la fatigue de vivre : la « culture du cœur » et non pas seulement la « culture de l'oreille » (I, 6).

Dans les formes de l'humanisme albertien, la décision de dépendre du savoir transmis, de mettre la bibliothèque au centre du monde, a le sens d'une soumission qui libère de la gloire en exaltant malgré tout le courage d'exister et d'aspirer à l'avenir, en aimant et en éduquant les plus petits, en fondant des familles et en transmettant des patrimoines, en construisant des édifices publics et privés.

On ne manque pas aujourd'hui, surtout en France, de réflexions sur l'idée de don et sur la phénoménologie de la donation. Ceux qui s'y consacrent — et ils sont nombreux, issus de toutes sortes de régions du savoir —, trouveraient un modèle extraordinaire dans la figure d'Alberti, à condition de mieux la connaître. Sa vie et son œuvre protéiformes témoignent de la force de ce que les sociologues appellent le don vertical, ce don sans condition qui tombe d'en haut, signe d'une puissance supérieure et totalement libre qui pousse les mortels vers le bonheur en leur imposant, d'une part, le partage effectif avec les autres êtres humains, et, d'autre part, l'effort de comprendre, d'expliquer, de mesurer — et même de tolérer de ne pas comprendre. Jean Starobinski l'a très bien dit dans une conférence prononcée le 2 septembre 2002 à la Fondation Cini de Venise : « Les grands gestes simples, tel celui du don, sont ceux que tout être humain, savant ou ignorant, accomplit sans avoir besoin de bagages, sans qu'aucun commentaire s'y ajoute, mais non sans qu'un apprentissage très ancien se mêle à ses perceptions mêmes, qu'à tort nous croyons immédiates. Vient ensuite le désir de s'orienter. Alors, dans l'univers du langage, peuvent commencer l'expression directe, le "transport" poétique ou le regard philosophique, ou l'enquête historique. Pour le témoin plus tard venu, pour la réflexion qui a le fragile privilège d'être la dernière en date, ce sont là autant de "variations sur un thème", comme s'ils percevaient une musique ou une grande rumeur. Faudra-t-il que cette réflexion récapitule tout le parcours qui la précède ? Il ne faut pas le lui demander. Qu'elle ait seulement le souci de la netteté et de la fidélité. Qu'elle indique un chemin sans se perdre dans la broussaille. »

Giuseppe Tognon,
Rome, septembre 2003.

Présentation.

> *Nous ne valons pas par ce que l'on nous apprend, nous valons par ce que nous faisons. Or, mon cousin, dussiez-vous en rire encore, avec ce que je sais, et qui n'est pas grand'chose, je compte faire un pas de plus que mes devanciers ; c'est fier, j'en conviens, mais cela sera, ou je m'y perdrai. Je ne travaille pas pour faire un métier ; à travailler pour vivre, je préfère l'atelier à la plume. Or, il m'est acquis désormais que mes études ne me rapporteront jamais un centime, du moins je ne l'espère pas. C'est triste ! direz-vous ; non, mon cousin, c'est naturel.*
>
> Pierre-Joseph Proudhon, *Lettre à J.-B. Proudhon* du 29 mai 1840 (*Correspondance de P.-J. Proudhon,* Paris, Lacroix, 1875, t. I, p. 215-216).

> *...ab studio artium liberalium, vix huic praesenti vitae aliquid commodi afferentium...*
>
> Saint Augustin, *De utilitate credendi,* VII, 16.

L'Alberti latin est aussi peu représenté en France que l'Alberti italien ; le *De re aedificatoria* fut pourtant traduit très tôt en français (*L'Architecture et art de bien bastir du Seigneur Leon Baptiste Albert* paraît à Paris en 1553, dans la traduction de Jean Martin) : mais cet effort ne s'est guère étendu à d'autres œuvres. Si les textes capitaux liés à l'Alberti théoricien de la peinture et de la statue ont été traduits, notamment par Claudius Popelin au XIXe siècle[1], son activité littéraire

1. *De la Statue et de la Peinture. Traités de Leon-Battista Alberti, noble florentin, traduits du latin en français par Claudius Popelin,* Paris, 1868 [reprint Nogent-le-Roi, 1991] ; trad. récente du *De pictura* par Jean-Louis Schefer, Paris, 1992.

reste pour l'essentiel connue des seuls spécialistes[2]. Il est vrai que les domaines où la pensée d'Alberti s'est exercée sont aussi considérables que variés — droit, philosophie morale, littérature, « linguistique », peinture, sculpture, architecture, mathématiques… —, et que les problèmes textuels posés par les éditions sont souvent épineux.

L'image que l'on se fait d'Alberti est donc aussi tronquée que répandue ; destin paradoxal d'une œuvre où l'on voit avec raison « le sommet du premier humanisme »[3]. Il se peut que le *De commodis* nous fournisse l'une des raisons d'un tel destin, en nous donnant à déchiffrer une pensée extraordinairement novatrice et pour ainsi dire *en bataille,* d'autant plus intéressante pour nous que ce bref traité, daté de 1428-29, ou peut-être de 1432[4], nous fait rencontrer Alberti au premier moment de son itinéraire intellectuel : or, cet itinéraire, saisi ici à son stade pourtant inchoatif, se place d'emblée sous le signe d'une réflexivité à la fois virtuose et inquiète ; l'analyse inédite qu'Alberti nous donne des conditions de l'« intellectuel » au XVe siècle révèle aussi

2. Quelques heureuses exceptions : celle du *Momus* (Les Belles Lettres, 1993), des *Fables sans morale* (Les Belles Lettres, 1997), du *Cheval vivant* (trad. Jean-Yves Boriaud, Les Belles Lettres, 1999) — et, dans un registre très différent, celle des *Divertissements mathématiques* (trad. Pierre Souffrin, Paris, Seuil, 2002) et de la *Descriptio urbis Romae* (dans Bruno Queysanne, *Alberti et Raphaël. Descriptio urbis Romae ou comment faire le portrait de Rome,* Paris, Éditions de la Villette, 2002). Citons aussi quelques traductions d'opuscules ou d'extraits parus dans *Leon Battista Alberti. Actes du Congrès International de Paris* (Vrin, 2000), ou dans des périodiques, *Albertiana* et *Conférence.* — Dernières publications en date, au moment de relire les épreuves de cet ouvrage et d'y compléter quelques détails : *Rime / Poèmes, suivis de la Protesta / Protestation,* éd. Guglielmo Gorni, trad. Marco Sabbatini, Paris, Les Belles Lettres, 2002 ; *Grammatichetta / Grammaire de la langue toscane, précédé de Ordine délle Lættére / Ordre des lettres,* éd. Giuseppe Patota, trad. Laurent Vallance, Paris, Les Belles Lettres, 2003. Les éditions Les Belles Lettres ont annoncé depuis 1995 des *Œuvres complètes* d'Alberti en 24 volumes, dont seuls ont paru à ce jour les deux titres précédemment cités.

3. Francisco Rico, *Le rêve de l'humanisme* [1993], éd. revue, trad. fr. Jean Tellez revue par Alain-Philippe Segonds, Paris, Les Belles Lettres, 2002, p. 70.

4. Pour ce problème de datation, voir Luca Boschetto, « Nuovi documenti su Carlo di Lorenzo degli Alberti e una proposta per la datazione del *De commodis litterarum atque incommodis* », *Albertiana,* I, 1998, p. 43-60 ; Anthony Grafton, *Leon Battista Alberti, Master Builder of the Italian Renaissance,* Harvard U.P., 2000, note 2 du chapitre II, p. 345.

la complexité et la sinuosité ironiques de sa propre vision du monde. État des lieux mordant et insatisfait de l'étude et de la pratique des lettres (entendues dans leur extension au droit et à la médecine), de l'exercice de la pensée et des circonstances où celle-ci peut se déployer, dans une société incontestablement nouvelle et attentive à de tout autres voix — tel est le tableau que le penseur sans doute le plus impressionnant du XVe siècle entend composer : au moment d'entrer lui-même dans la « carrière » des lettres, il demande aux *humanités* la réponse qu'elles ont à donner à la question de la situation faite à l'étude dans un monde politique et social transformé. « The savage little book *On the Advantages and Disadvantages of Letters* », écrit Anthony Grafton[5], « turned out to be an intellectual time bomb ». Aussi n'y a-t-il rien d'étonnant à ce que ses interrogations puissent être reprises par tout « intellectuel » et se poser avec une acuité particulière à notre temps ; on a pu avancer quelques comparaisons avec la souplesse insaisissable de Diderot[6], ou avec la critique grinçante de Nietzsche[7] : il est sûr que l'accès facilité à une œuvre aussi réfléchie que déroutante permettra à tout lecteur de bonne volonté de méditer à son tour sur les conditions effectives de la pensée et sur le statut qu'on reconnaît aujourd'hui à l'activité de l'esprit.

❧

Alberti a environ vingt-cinq ans lorsqu'il écrit le *De Commodis.* Pourtant l'itinéraire qui l'y conduit est déjà très vaste. Nous trouverons un peu partout dans son livre l'énoncé de ses peines (celles qu'il a subies — exilé, et, par sa naissance, aux marges d'une famille prospère — comme celles que l'étude exige de lui), nous verrons à l'œuvre une curiosité, un appétit intellectuels considérables, nous saurons les fatigues qu'il s'est imposées, comme doit le faire tout lettré,

5. *Op. cit.,* p. 31.
6. Pierre Laurens, Préface au *Momus,* éd. citée, pp. 22-23.
7. *Cf.* Anthony Grafton, *ibid.* ; Renée Neu Watkins, introduction à Alberti, *The Use and Abuse of Books,* Prospect Heights, Waveland Press, 1999, p. 2, et note 2, p. 54.

nous dit-il, pour transformer sa vie en une vie d'étude. C'est un itinéraire impressionnant — mais sans emploi. Tout le problème est là.

C'est cela qu'il faut interroger, le concernant ; mais faisons-le aussi pour nous-mêmes, au cas (probable) où nous n'aurions guère avancé depuis lors (où nous ne serions guère plus avancés), tout éloignés que nous sommes de son siècle et de ses soucis.

❧

Et tout d'abord, prêtons un peu moins d'attention qu'on n'en a accordé à la grande « profession de foi humaniste » par laquelle le livre s'achève ; non qu'elle ne soit d'une grande beauté, et qu'elle ne désigne une tâche s'imposant à la fois par son évidence et sa difficulté à tout homme pour qui l'expression de « vie de l'esprit » a un sens. Mais ce n'est pas cela qui semble ici premier. On a pu souligner, et avec raison, bien sûr, la dimension morale et même héroïque d'une dévotion à l'étude et à la recherche de la sagesse qui se savent d'un autre ordre que les intérêts du monde, on a pu souscrire à cet *idéal désintéressé*; entrer dans les lettres, en somme, comme on entre en religion, selon les règles intérieures d'une nouvelle « école du cloître » que l'humanisme de Pétrarque avait édictées pour des consciences singulières, comme à mi-chemin des activités du monde et de l'état religieux. (L'école, pour des générations, et pour quelques-uns aujourd'hui encore, a été ce rêve.) La « société » se montrera ingrate à l'égard de ces « chevaliers des lettres », elle ne verra pas combien la vie théorétique en réalité la nourrit, qu'importe ! Ceux qui ont goûté aux étranges plaisirs de l'étude devront se dire qu'après tout, la récompense de la vertu ne se trouve que dans la vertu elle-même. La leçon est bien connue ; elle tient de ces « lieux communs » qu'on a pu reprocher à Alberti de reprendre dans son traité, sans qu'on ait jamais mesuré, ce faisant, la part de vérité qui les établit ainsi au carrefour de l'esprit et de la tradition — c'est-à-dire la part d'expérience effective dont tout simplement ils prennent acte comme de ce qui demeure à chaque fois à accomplir, de génération en génération. Mais le texte d'Alberti ne se situe pas dans ce monde idéel et suspensif de la noblesse de l'étude ; quoiqu'il les reprenne pour finir, avec une sincérité rouée qui lui fait déléguer à une prosopopée des livres la leçon à administrer, il s'impatiente de telles généralités. Nous sommes ici dans le monde réel, et non dans celui des abstractions sur la sagesse.

❧

C'est bien cela qui retient d'emblée le lecteur du *De Commodis.* Alberti, du reste, en a la conscience la plus nette. Car le sujet qu'il traite est inédit, et il le sait ; rien, en ce sens, d'un « lieu commun ». Et pourtant c'est du *lieu commun* à tous les lettrés qu'il nous entretient : à savoir des *conditions réelles* que ceux-ci ont à connaître dans l'exercice de leurs études. On n'en parlait guère : l'esprit était toujours tenté de s'échapper par le haut. Ici, au contraire, il est invité à ne pas quitter le terrain où s'effectue le travail concret des lettres[8].

L'invitation est, pour ainsi dire, à double détente, et particulièrement efficace. D'abord, une première question : que reste-t-il à écrire après les Anciens ? se demande Alberti en reprenant un des *lieux* nécessairement les plus parcourus de toute tradition. Autrement dit : qu'est-ce qu'être un lettré *après* les autres ? La réponse est simple (et voici, du coup, la seconde détente) : autrement qu'eux. Une différence, une nouveauté de placement. Mais ce n'est pas seulement la « nouveauté » que

8. C'est par là, je crois, qu'on peut le mieux définir *l'humour* d'Alberti, en entendant par ce terme (à l'opposé du mouvement ascendant de l'ironie socratique), le mouvement de réduction, d'abaissement vers le réel le plus concret des contenus à tendance éthérée ; ce qui n'empêche nullement la foi en un certain nombre de domaines et d'orientations essentiels : seulement ces derniers seront d'autant mieux établis qu'on aura fait place nette de toute illusion, de toute construction idéologique préalables. L'ironie, la dérision, la reprise distanciée de grands « lieux » de la tradition (comme les propos sur le mariage, par exemple, repris avec un humour savoureux), etc., peuvent, bien sûr, servir un tel dessein — mais au seul titre de procédés rhétoriques pour une plus grande lucidité, et en faveur des choix essentiels où s'engager. — On nous permettra, pour cette introduction, qui n'a d'autre but que de vouloir situer le texte présenté et en marquer quelques enjeux, de ne pas insister sur les éléments évoqués, dont le lecteur pourra trouver dans les notes une description plus développée.

visait Pascal : « Qu'on ne dise pas que je n'ai rien dit de nouveau, la disposition des matières est nouvelle. Quand on joue à la paume, c'est une même balle dont joue l'un et l'autre ; mais l'un la place mieux. »[9] Car les « matières » elles-mêmes ont changé : elles seront celles sur lesquelles les prédécesseurs ont, justement, fermé les yeux. Non pas un sujet établi sur le même plan que tous les autres, et qui resterait à défricher, mais le sujet même qui, en réalité, a permis à tous les autres d'être traités : les conditions matérielles et sociales rendant possible le fait qu'on ait pu les traiter. Se poser la première question, c'est être immédiatement engagé à voir ce qui a changé, donc à interroger la situation environnante. Les deux termes se dévisagent l'un l'autre ; on ne peut plus être *à l'intérieur des lettres,* comme si l'on n'avait qu'à accroître les dimensions de cette sphère : à vrai dire, l'*après* et l'*aujourd'hui* forment une seule et même question. C'est l'évidence — mais cette évidence est nouvelle, parce qu'elle est posée sur le seul plan où les deux termes peuvent vraiment se rencontrer : non dans l'histoire des lettres (ils ne s'y rencontreront jamais), mais dans les conditions concrètes qui leur sont associées, et que leur exercice, en réalité, n'a pas cessé de supposer. Voilà qui permet de se situer à la fois par rapport aux Anciens (donc d'entretenir avec eux, on le verra, des relations plus distantes et plus libres) et dans le présent lui-même, comme on fait d'une pierre deux coups : ce qui a échappé aux Anciens (les circonstances de la réflexion leur permettaient cet oubli, tout comme l'édifice social autorisant leur loisir lettré) est aussi ce qui désigne dans l'actualité contemporaine d'Alberti le problème de leur succession, donc celui de la valeur de l'étude. Les lettres sont un héritage déterminant la teneur de vies particulières et désignant l'état d'une société. Que devient-il, cet héritage, dans l'« aujourd'hui » de 1430 ? Quel est son lieu ? Quelles sont les attitudes qu'il détermine chez ceux qui s'y inscrivent comment chez ceux qui s'en éloignent ? Voilà ce que cet « exilé » veut éclairer. Tant que le mode de présence des « lettres » dans la société contemporaine ne sera pas précisé, tant qu'il ne

9. Pascal, *Discours sur la religion et sur quelques autres sujets,* éd. E. Martineau, Paris, Fayard / Armand Colin, 1992, p. 148 (*Pensées,* Laf. 696).

trouvera pas sa traduction actuelle pleine et entière, et surtout lucide, l'héritage qu'elles constituent devra être critiqué tout autant que la réception qu'on lui fait et dont Alberti s'emploie à dresser le constat.

❧

Il faut donc ajouter un troisième terme, à la lumière duquel s'éclairent les deux autres (l'héritage d'un coté, les conditions effectives de l'étude de l'autre). Ce troisième terme, c'est la société dans son ensemble, avec les logiques qui peuvent régir les groupements particuliers dont elle se compose. Là encore, nous ne quittons pas le plan du réel le plus concret. Si le lettré poursuit sa recherche, c'est dans une situation précise qu'il le fait, avec un certain type d'environnement matériel, mais aussi sous le regard d'autrui qui lui demande légitimement raison des études qu'il poursuit. Pas d'isolement dans une tour d'ivoire ; il y aura peut-être solitude du travail et de la bibliothèque, exigence de retrait (comme cela a toujours existé pour seulement *penser*), reste que se fait entendre, de plus en plus grondante, la voix de ce qu'on pourrait appeler une exigence ou une attente sociale, qu'il semble devenu impossible de congédier comme étrangère à la pratique de la recherche intellectuelle. L'esprit ne s'évade pas sans dommage de sa situation dans le corps social ; et il se peut, hypothèse qui nous vient avec le temps, que ce qu'il croyait le plus intangible dans sa recherche, ce qu'il pensait n'obéir qu'aux lois internes de l'exigence théorique, est dès l'abord, sans même qu'il en ait eu conscience, dicté par les circonstances concrètes qui l'entourent, ou du moins suggéré par elles. Les proches, tout d'abord, ne veulent pas financer en vain ces « fils de famille » ; puis, comme par cercles concentriques, c'est l'ensemble de l'édifice de la cité qui leur demande : que faites-vous ? pour quelle utilité ? qui va en profiter ? Alberti éprouve cette *passion* de la réalité sociale, faite tout ensemble de souffrance et d'ardeur, de désir et de refus.

❧

Aussi l'*adresse* du traité (plus encore que son habileté) revêt-elle une importance particulière : Alberti ne parle pas du monde supralunaire, et donc il ne s'adresse pas au firmament — mais à son frère Carlo, qui a eu lui aussi le goût des études, mais qui a choisi une autre voie, celle, mettons, des affaires[10]. Et il s'adresse à travers lui à tous ceux qui ont le projet de s'engager dans les lettres — entendons ceux qui n'auront pas à dire, comme Proudhon écrivant sa *Lettre de candidature à la pension Suard,* qu'ils étaient « destinés d'abord à une profession mécanique »[11]. Si la sagesse, assurément, ou bien sa recherche, a de la valeur *sub specie aeternitatis,* l'ouvrage ne prétend pas dépasser la situation que son auteur a sous les yeux. Comment va-t-on monnayer, pour ainsi dire, cette « éternité » dans le présent où il s'agit encore de croire à la nécessité de l'étude ? Que les impétrants au titre de lettrés n'aillent pas s'enfermer dans leurs spéculations sans avoir écouté le bruit du monde. Qu'ils sachent bien de quoi il retourne ; que leur *engagement* (car l'idée d'une *militia litterarum* n'est pas loin, comme il y a une *militia Christi*) soit lucide, et prononcé en connaissance de cause.

Voilà une exigence inédite (parce que sans échappatoire, l'état des choses la dicte) qui préside à deux dispositifs dans le texte d'Alberti : d'une part, il parlera de lui-même, de son exemple et de ses difficultés — en quoi il renouvelle considérablement cette littérature de l'exemplarité qui chez lui s'immerge dans le réel sans fuir dans l'histoire et ses grandeurs — ; d'autre part, il prendra pour critères, pour éléments du tableau qu'il dresse, non pas les protestations sublimes, les professions ardentes en faveur de la dignité de l'esprit humain suspendu au-dessus des contingences de la fortune, mais les données les plus

10. Il faudrait insister sur l'itinéraire de Carlo : à la fin du traité, nous le retrouvons encore, soucieux comme son frère, nous est-il dit, de la sagesse et de l'étude ; un équilibre semble donc possible entre les deux ordres de l'activité intellectuelle et de l'« inscription sociale ».

11. P.-J. Proudhon, *Lettre de candidature à la pension Suard* (1838), dans *Œuvres complètes,* comprenant pour ce volume la *Lettre* citée, *De la Célébration du Dimanche* et *Qu'est-ce que la Propriété ?,* Paris, Marcel Rivière, 1926, p. 9.

largement partagées par la société où il se trouve, les « espèces » qu'on aurait envie de dire sonnantes et trébuchantes : le plaisir, la richesse et l'honneur. Que deviennent les lettres au regard de ces trois critères ? (On songe aux schémas de Balzac et à ses hypostases métaphysiques du pouvoir, du savoir, de la volonté ou de l'avoir qui dévorent l'espace social.) — Et de même que la littérature d'édification par l'exemple se retrouve dans le texte d'Alberti, mais modifiée, déplacée, incarnée dans une responsabilité singulière, de même les grandes concupiscences de la tradition morale prennent figure sous nos yeux, mais assimilées à l'état d'une communauté humaine qui n'a rien de chimérique : c'est celle de Florence, la Florence « naissante ». Jeu subtil où les leçons des grands Anciens sont mises à l'épreuve d'une réalité dont on ne peut plus se détourner.

La distance est grande avec des textes antérieurs. Elle l'est avec leurs contenus tout autant qu'avec leur manière de s'offrir à la lecture. Songeons par exemple à la présence d'Alberti dans ce qu'il écrit (ce qui vaut non seulement pour le *De Commodis,* mais pour l'ensemble de l'œuvre, dont celle-ci, à cet égard, donne une juste idée) : peu s'en faut qu'elle ne se marque à chaque phrase ; du moins se laisse-t-elle percevoir sans peine — à cette *manière,* précisément, qui est moins représentation de soi que pratique identifiable *parce que* distanciée de l'exercice de la réflexion. Effet, sans doute, de l'absence d'un lieu immédiatement assignable à l'activité de l'esprit dans le monde où se trouve Alberti.

Pétrarque, lui aussi, était toujours présent dans ce qu'il écrivait ; mais cette dimension biographique dépendait bien plus de l'œuvre réalisée qu'elle ne venait l'éclairer : l'écriture, chez lui, trace la forme d'une vie, elle l'invente plus qu'en réalité elle n'y réfère ; la vie que nous lisons est précisément celle qui prend forme par cette opération. À l'inverse, l'omniprésence d'Alberti dans ses textes ne montre rien d'une vie établie au plan supérieur de l'écriture, elle n'a rien d'idéalisé, elle ne procède pas d'un projet de création de « soi » par les textes : elle est au contraire une sorte de principe de réalité, l'instance (si mouvante qu'elle se fasse) qui interdit au texte de s'établir dans l'idéalité et le ramène à la situation concrète d'où il procède — ou à la stratégie critique que, ce faisant, il élabore dans le dessein d'éclairer le réel, et non des songes.

❧

Prenons quelques exemples de ces déplacements qui affectent l'ordre de l'exposition et celui des contenus (on sait que l'un n'est pas sans incidence sur l'autre).

Les voix, dans le *De Commodis,* sont multiples ; la polyphonie, du reste, y est sans résolution véritable — sans harmonie. Alberti ne cesse de présenter à ses lecteurs des points de vue qui ne sont pas les siens, pour autant qu'on puisse dire sien celui qu'il demande aux livres d'exposer à la fin de son ouvrage ; de son opinion sur les lettres, au demeurant, nous n'avons qu'un énoncé rétrospectif et inapaisé : l'ouvrage commence par le récit d'une naïveté à l'endroit de l'étude et de sa noblesse, que le regard extérieur vient tirer de son innocence. Le jeune Alberti (mais qui est-il au juste ?) rectifie ses convictions selon l'épreuve que lui impose le monde alentour : il y a, chez les lettrés, des itinéraires infidèles, qui invitent à ne pas croire sans méandres ni ruptures les desseins de sagesse dont nous entretiennent les livres. Les lettres ne servent parfois qu'à préparer leur propre asservissement ou leur propre oubli. Qu'est-ce qui a pris la place ? L'argent, la carrière, le succès. Il faut d'abord le mesurer. Le jugement viendra plus tard : commençons par dessiller les yeux de ceux qui s'engagent dans les lettres avec la même innocence éperdue. — Il est aussi des itinéraires d'une autre forme d'infidélité : ainsi des notaires, des juristes, des médecins — non pas en raison des disciplines qu'ils professent, mais en raison des fins qu'ils visent. Toujours l'honneur, les richesses, le plaisir préférés aux lettres.

Mais l'important n'est pas vraiment là : il est dans la distribution des rôles, dans le questionnement réciproque des lettres et du monde social. Les itinéraires infidèles en témoignent : il y a passage de l'un à l'autre de ces deux pôles, perméabilité, influence, et, quoi qu'on fasse, un état des choses qui contraint l'analyste à ne pas se satisfaire de partitions trop commodes parce qu'elles sont trop schématiques. Les clivages auxquels se plaisait un Pétrarque étaient plus simples : le solitaire d'un côté, le monde de l'autre, avec sa cohorte d'*occupati* et — c'est même le mot qu'il emploie — d'aliénés ; d'un côté, l'intériorité, de l'autre, l'extériorité et la dissipation. Ainsi dans *La vie solitaire* — et cependant le *Secretum* commençait de ronger des bords si bien définis : l'amour, le désir de la gloire hantaient *de l'intérieur* l'ascèse et l'isolement lettrés. Tentations du cœur humain, sans doute, comme celles que décrit une épître de Jean, ou le récit des premières années d'Augustin, dans les *Confessions,* — mais signes aussi, émergeant timidement encore, des motifs animant la réalité, la communauté alentour.

Une « contagion » de cet ordre ne peut que mettre à mal l'unicité de la voix. Alberti s'évertue à douer de parole tout un ballet d'accusations et d'interrogations. Le lettré n'en sort pas indemne ; la « profession de foi » finale non plus, pas plus que les motifs dominants de la société ; et les Anciens, leur aura d'autorité, pas davantage.

L'intellectuel est un « inadapté », ou il risque de l'être. Alberti force le trait et noircit sans doute le tableau ; reste que l'étude des lettres rend inapte à toutes sortes de « visibilités ». Il y a chez ceux qui s'y livrent trop de raideur pour qu'ils sachent se plier à la vie sociale et se montrent capables de ses souplesses. Qu'ils soient par exemple de pitoyables danseurs révèle assez, à mi-chemin du réalisme et de la métaphore, la rigidité dépassée de leur état. Ce sera bientôt une faute aux yeux d'Alberti que de n'être pas à sa place, ou de ne pas trouver de « place » ; ça l'est peut-être déjà, pour lui, vers 1430. Pétrarque, un siècle auparavant — et même bien moins : à la fin de sa vie, en 1374, il avait gardé la même conviction — se faisait gloire d'être « inadapté » : qu'aurait-on à faire dans le monde, où continue de souffler cet esprit mauvais combattu depuis les premiers siècles chrétiens ? où, à tout le moins, il n'y a qu'apparence, déception, jeux de pouvoir et illusions, comme pour le dernier stoïcisme d'un Sénèque retiré de l'action ? Pétrarque écrivait à son frère Gérard pour lui rappeler la séduction que le monde exerçait sur eux dans leur jeunesse : comme ils se plaisaient à ses vanités, et quel bonheur que d'avoir fini par les repousser ! Il s'était lui-même retiré dans l'étude et la solitude, et Gérard à la Chartreuse de Montrieux. Pas de compromis, ou le moins possible. — Mais ici le « monde » n'est pas frappé de caducité, on ne l'accuse pas d'emblée d'être nul et non avenu. Sa voix mérite d'être entendue.

En sorte que le modèle pétrarquien de l'étude, sur l'expression duquel, somme toute, s'achève le texte d'Alberti, est sujet à caution : à la fois affirmé avec force, et secrètement dénoncé, tout comme la figure héroïque du lettré. — D'un côté, s'opère une manière de déplacement qui substitue progressivement les « humanités » et l'affirmation de leur noblesse, de leur gratuité, aux différentes « formations professionnelles » assurées par les enseignements dominants que sont le droit et la médecine dans les universités médiévales (en ce sens, Alberti n'est pas si loin des *studia humanitatis* que Salutati et Bruni avaient rêvés, même si la philosophie morale, l'histoire, la poésie n'accèderont que plus tard au statut de disciplines indépendantes) ; que l'étude soit synonyme de vertu et de liberté, c'est là une profession que ne dénoncerait pas Pétrarque, et qui appartient à la tradition cicéronienne la mieux établie. L'isolement social qu'elle suppose renoue avec les choix du grand aîné. C'est ici que le rappel d'un tel idéal de dévouement et de recherche désintéressée peut servir à dénoncer un usage des lettres dévoyé (comme Dante et Pétrarque en ont établi l'acte d'accusation) — et, de proche en proche, les principes et les critères sociaux de plus en plus soumis à la valeur marchande. — Mais d'un autre côté, le lecteur du *Brutus* qu'est Alberti n'oublie pas les leçons des *Devoirs* cicéroniens : comment n'avoir pas en vue l'*utilitas hominum omnium,* le service de la communauté, la présence de la cité, cette présence fût-elle perçue avant tout par sa pesanteur et son indifférence à l'égard des motifs essentiels de l'étude ? Les voix multiples qui accablent le lettré ont leur part de légitimité, et Alberti le sait si bien qu'il met en scène leurs reproches sans que les « intellectuels » soient en mesure d'y échapper ; son propre itinéraire, soucieux d'une telle dimension d'*utilité* pour la communauté humaine, viendra en donner la confirmation la plus nette.

D'où suit que les leçons reçues des Anciens, la tradition de l'étude elle-même sont ici d'une expression ambiguë. Bien des propos issus de leur autorité sont discrètement prêtés aux opposants des lettres, se trouvant ainsi détournés de leur sens premier, cependant qu'Alberti joue pour ainsi dire à cache-cache avec son lecteur : les textes, les pensées anciennes sont distribués de part et d'autre de la question à traiter, dans l'un et l'autre camp, comme s'il fallait trouver un compromis entre les aberrations évidentes de la vénalité ou de la marchandise et les outrances vertueuses de la tradition lettrée. Les Anciens sont mis à l'épreuve, bien plus qu'imités ; leur présence est implicite plus qu'avouée, et surtout invitée à *se décaler* un peu : qu'est-ce qui tient de leurs leçons dans le monde moderne ? Et, en retour, qu'est-ce qui, du monde moderne, peut encore tenir devant leur exigence ? L'expérience présente sert de pivot aux deux questions ; des convocations équivalentes sont lancées à la tradition de l'étude et aux espèces actuelles du monde, en un équilibre que permet précisément au lettré la situation inconfortable qu'il subit. Tel est le privilège de la « marge » où il se situe.

Ambiguïtés, donc, et questions non résolues ; le choix est à faire, la vie à vivre : débrouillez-vous. On ne peut proposer qu'un éloge ambigu du compromis. Il se peut, du reste — et cela éclairerait les déclarations de sobriété rhétorique, si peu conformes à la tradition lettrée, auxquelles Alberti revient souvent dans son texte — qu'il ne serve à rien d'expliquer quoi que ce soit à qui que ce soit, comme le disait Baudelaire[12]. En réalité, les jeux sont faits. La société a choisi, les amateurs de richesses ou d'honneur aussi, et les « purs lettrés » s'enferment dans leur obstination. La juxtaposition des points de vue semble indépassable. Sachons seulement à quoi nous en tenir, *si* ce sont bien les lettres qui nous intéressent. La grande déclaration conclusive, qui va-t-elle convaincre, sinon ceux qui sont déjà plongés dans les livres dont ils entendent ici la voix ? Les « contenus », à vrai dire, tout le monde s'en moque. Je ne m'adresse qu'aux lettrés, voilà ce que nous dit le dernier chapitre, avant qu'Alberti n'écrive d'autres œuvres, différemment orientées. Il n'y a pas de voix unanime, de hiérarchie possible dans un monde livré, sinon à la pluralité des valeurs, du moins à leur dissociation progressive. Valoriser l'inquantifiable : la quadrature du cercle. On n'avait jamais dit si clairement la situation moderne — l'écheveau emmêlé des intérêts *factuellement* équivalents, des voix également légitimes, des indifférences, des attentes : à charge pour les logiques de domination et de majorité d'établir, en des plans étagés, les artifices qui permettront un état de paix minimal.

Il y a quelque chose d'étrange à se rappeler qu'Alberti aura la carrière qu'il dit ici impossible. Des compromis seront trouvés, notamment avec la hiérarchie ecclésiastique et quelques mécènes privés, qui permettront de poursuivre l'étude, de l'approfondir, tout en veillant à l'utilité qu'Alberti assigne à son exercice. Mais c'est comme s'il fallait multiplier les actes, les interventions, les curiosités, parce que seule cette *manifestation* peut prendre sens et ampleur dans la société naissante : être présent sur tous les fronts, parce qu'on sait que la profondeur et l'exigence de chaque domaine en particulier ne sont pas accessibles aux données de la communauté publique, et qu'elles échappent au rythme de son développement comme aux critères de ses évaluations. L'« encyclopédisme » d'Alberti, l'« homme universel » qu'on a vu en lui[13], entre Dante,

12. *Cf.* deuxième projet de Préface aux *Fleurs du Mal,* dans Baudelaire, *Œuvres complètes,* Paris, Le Club du meilleur livre, 1955, t. I, p. 915.

13. *Cf.* par exemple Joan Kelly Gadol, *Leon Battista Alberti, homme universel de la Renaissance* (1969), trad. fr. Jean-Pierre Ricard, Paris, Éditions de la Passion, 1995.

Pétrarque, Boccace dans les lointaines années qui précèdent et Léonard de Vinci de l'autre côté du temps[14], la diversité de ses préoccupations, — si tous ces aspects infatigables et si vite statufiés renvoient bien à l'idéal revisité de l'orateur cicéronien et de son rôle dans la cité, s'ils témoignent d'un esprit de découverte et d'expérimentation propre à ce siècle « renaissant », ils rémunèrent aussi, par l'extension acharnée des domaines d'intervention, un défaut œuvrant au cœur du monde nouveau — l'appauvrissement de la patience des contenus et l'affadissement d'une vie morale véritable, qui se trouve désormais sans traduction autorisée dans la société alentour. La tradition de la sagesse s'enfonce dans l'invisible, dans le for privé, cependant que l'étude dont elle procède tâche de s'affirmer au dehors par tous les processus d'instrumentation qu'elle peut mettre en œuvre, afin de ne pas disparaître tout à fait. Il y a un deuil à l'origine des développements des arts et des techniques, et l'embrassement des activités du jour, qui veut y remédier, doit en même temps consentir à ce que les « lettres » et leur exigence fassent sécession de ce monde impatient, et qu'elles s'isolent et peut-être se dégradent dans ce cercle de *happy few,* ces remuements narcissiques qu'on nommera littérature. S'il fallait décidément user de termes anachroniques, sagesse et majorité, sagesse et technique (qu'elle soit celle des objets ou celle des profits) ne font pas bon ménage ; et cependant, Alberti n'eût sans doute pas écrit le *De Commodis,* il n'eût pas pénétré de cette manière dans l'activité à laquelle il croit, si cet inconfort inédit, ces heurts et ces incertitudes n'avaient pas signifié pour lui une chance — celle d'échapper aux savoirs clos comme à l'enfermement des métiers. Si donc il n'y avait eu d'autres rôles à jouer que les emplois anciens du savoir échoués de l'autre côté d'une frontière qui s'éloignait.

---

14. *Cf.* Philippe-Auguste Jeanron et Léopold Leclanché, dans *Vies des peintres, sculpteurs et architectes de Vasari,* traduites par Léopold Leclanché et commentées par Jeanron et Leclanché, Paris, 1841, p. 335.

Seule la dernière section du texte d'Alberti considère les « avantages » des lettres, après l'exposé de tant d'« inconvénients » : disproportion, mais aussi difficulté à conserver le même vocabulaire qui servait jusqu'alors à ancrer la question dans les conditions réelles de la pratique de l'étude. Qu'est-ce qui vient faire contrepoids au cumul de fatigues, et presque à l'esclavage, à quoi ressemble l'étude après de tels constats ? C'est quelque chose de non dicible, de non « monnayable », précisément. Quelque chose qui échappe au lexique de l'évaluation auquel Alberti, soucieux des critères alentour, entendait soumettre dans l'essentiel de son livre la tradition qu'il interrogeait. Une satisfaction comme hors de tout critère, une liberté de l'esprit qui n'a de place nulle part, parce que partout les rythmes dominants du monde ont à son égard la plus complète indifférence. Étudiez, peu importe ! Mais cette liberté de dernière heure dans le texte, cette liberté qui ne *représente* presque plus rien dans l'état des choses et des échanges, cette liberté *par défaut,* quand bien même elle serait respirée à pleins poumons par les athlètes de l'esprit, ne se trouve pas plongée sans dommage dans une cité affairée ; et son isolement misérable et splendide a tôt fait d'être envahi par des corps étrangers.

La tradition cicéronienne parlait de l'*otium litteratum,* d'un retrait serein dégagé des urgences du jour ; ici, Alberti ne nous parle que d'une véritable ascèse de l'étude (y discernât-on même un sourire, un excès, ils ne vaudraient que pour ceux qui sont *déjà* des lettrés : portrait-charge *ad intra,* sans issue possible). Le travail est pensé comme nécessaire et harassant, ce qui fait qu'il lui est bien difficile d'établir un lien avec l'idée *libérale* de l'étude. Le langage de l'effort et du travail a même remplacé celui de la réflexion et du loisir solitaire. Dans le temps que l'étude veut échapper aux quantifications lucratives et intéressées des échanges marchands, elle est soumise à la même obsession du travail et du rendement ; du moins l'est-elle dès qu'elle cherche à s'expliquer au dehors, ou parce qu'elle le doit désormais. Peu s'en faut, dirait-on, que le « travail » ne soit tout entier du côté du lettré.

Étrange situation. Car enfin, se dit-on : ou bien la recherche intellectuelle s'évade dans l'éther de la contemplation et de la sagesse, et alors on ne voit pas pourquoi il faudrait poser la question de ses avantages et de ses inconvénients, c'est-à-dire qu'on ne comprend pas pourquoi elle devrait encore accepter un type d'évaluation qui lui est totalement extérieur (on *s'accommode* dans ce cas de situations, de rentes, de prébendes sans rapport avec elle) ; ou bien elle est dans l'obligation de reconnaître — comme le disait déjà Cicéron dans le *De officiis* — qu'il lui est impossible de faire abstraction du monde où elle se situe, qu'il est même de son devoir, si elle veut rester fidèle à elle-même, de répondre à la question de l'utilité sociale : et elle ne peut, dans ces conditions, qu'intégrer à son exercice et à la réflexion qu'elle mène le mode de conscience et d'estime de soi par lequel les sociétés modernes viennent à maturité : le travail lui-même. Un « travail libre » : telle est l'une des nouvelles figures imposées, l'oxymore social définissant le lettré.

Aussi sommes-nous, avec pourtant le même vocabulaire[15], à des années-lumière des Anciens dont les voix reviennent ici ou là avec des échos déformés. Nœuds problématiques, tournants inquiétants. Toute la civilisation antique (et, dans une moindre mesure, médiévale) concourait à exalter la supériorité de la pensée spéculative, éthique et politique sur les contraintes du monde physique, et même sur les échanges entre les hommes déterminés par le grand commerce. Le travail, celui qui s'exerce à partir du donné naturel, n'a aucune valeur pour les Anciens — agriculture exceptée, rêve de l'autarcie et modèle des grands latifundiaires —, pour autant que cette notion même, comme fonction sociale généralisée, ait pu exister dans leur monde ; et ne saurait en avoir, à plus forte raison, l'idée de travail intellectuel, idée aberrante en leur temps, et si durablement après eux. L'ouvrage d'Alberti révèle on ne peut mieux la difficulté, et peut-être la contradiction, qu'il y a à assigner une position aux « lettrés » dans le monde du travail et des valeurs qu'il détermine. L'inutilité économique, l'inefficacité, par défaut de visibilité, de la recherche « pure »,

15. Voir par ex. *infra,* note sur le titre, pp. 165-172.

la prétention au désintéressement des contenus de la pensée, voilà qui fait le caractère d'une expérience devenue marginale et sans lieu, dans les premières ébauches d'une société moderne. Que cette expérience vienne à se refermer sur elle-même, et elle risque de ne brasser que du vent, de n'élever que de grands pans d'indifférence[16] ; qu'elle vienne à s'ouvrir à l'intérêt du monde, et le danger la menace de se prendre à sa puissance et de s'aliéner à ses quantités.

Cristoforo Landino, dans le prologue à son *Commentaire sur Dante*, se rappelait que « le style de Battista Alberti prenait la couleur des sujets qu'il traitait, comme un nouveau caméléon »[17]. On a parlé d'une part radieuse de l'activité intellectuelle d'Alberti, et d'une autre sombre et mélancolique[18] ; on comprend que ces sortes de figures de l'impossible qu'on s'est employé à décrire puissent solliciter comme jamais auparavant l'ardeur de l'invention, le déplacement des points de vue, la virtuosité des savoirs, et condamner en même temps à un doute chronique sur ce qu'on est en train de faire, qu'aucune certitude corporatiste ne vient écarter pour laisser les « intellectuels » se livrer sereinement à des recherches accueillies avec reconnaissance. La stratégie de *simulatio* peut être rhétoriquement très efficace, et révéler aussi quelques aspects d'une personnalité complexe — elle reste avant tout le signe ou l'effet d'une contrainte, d'un malaise avec lesquels toute activité de l'esprit doit désormais compter.

---

16. Situation — inutile d'y insister — qui est celle-là même aujourd'hui, notamment en raison de ses effarantes naïvetés idéologiques, de « la recherche scientifique » dans le domaine littéraire.

17. Cristoforo Landino, dans *Scritti critici e teorici,* a cura di Roberto Cardini, Rome, Bulzoni, 1974, t. I, p. 120.

18. *Cf.* Eugenio Garin, « Il pensiero di Leon Battista Alberti e la cultura del Quattrocento », *Belfagor,* XXVII, 1972, p. 502-521 (repris, avec quelques modifications, notamment dans *Rinascimento,* XII, 1972, pp. 3-20) ; Mark Jarzombek, *On Leon Battista Alberti. His Literary and Aesthetic Theories,* Cambridge (MA), The Mit Press, 1989, part. pp. IX-XVI.

AVANTAGES ET INCONVÉNIENTS DES LETTRES.

DE COMMODIS LITTERARUM ATQUE INCOMMODIS.

I. (1) Laurentius Albertus parens noster, vir cum multis in rebus, tum in educanda familia temporibus suis facile nostrorum omnium princeps, ut meministi, Carole, solitus erat nos ita instructos velle et domi et foris videri, ut nunquam essemus otiosi. Qua quidem ingenua et preclara patris nostri disciplina instituti atque imbuti, tu semper aut gerendis negotiis aut in litterarum cognitione versaris; ego autem, qui me totum tradidi litteris, ceteris posthabitis rebus, omnia posse libentius debeo quam diem aliquam nihil aut lectitando aut commentando preterire. (2) Qua ex re illud quidem nos assecutos gaudeo, ut adversas quibus diutius premimur erumnas partim ferre moderate, partim vitare prudenter licuerit documentis litterarum. Ac mihi quidem studiis nostris non modo ut nobis tantum prosint, sed magis etiam ut amicorum expectationi satisfaciant enitendum videtur. Namque in dies nostri, quibus et dignitas mea cara est et fama, omnes exposcunt ut fructum aliquem depromam vigiliarum mearum, quo intelligant me meo studiorum labore et assiduitate aliquid profecisse.

(3) Itaque et mea et meorum causa sepe ac multum animo et cogitatione plurima ipse mecum versans meditabar quidnam possem dignum adinvenire in quo vires ingenii mei periclitarer, tum meis iubentibus, si quid in me esset, obtemperarem. Nihil mihi unquam pervestiganti in mentem subiit, quod ipsum a priscis illis divinis scriptoribus non pulchre esset occupatum, ut neque eam rem viro hac etate doctissimo quam iidem illi melius dicere neque mihi

I. 1. Notre père Laurent Alberti, un homme qui fut en son temps le plus éminent de notre parenté dans bien des domaines, et surtout dans la formation de sa famille, voulait qu'à la maison comme à l'extérieur notre éducation ne laissât aucune place à l'oisiveté. Tu t'en souviens, mon cher Charles : nous fûmes élevés dans cette noble et belle discipline que nous inculquait notre père, et nous en étions baignés. On te voit toujours occupé à régler des affaires ou à étudier des livres ; et moi, je me suis voué entièrement à eux, laissant le reste au second plan : tout, plutôt que passer un jour sans lire ou réfléchir ! 2. Nous en avons obtenu ce résultat, par bonheur, que les leçons tirées de nos lectures nous ont permis de supporter avec mesure les épreuves dont nous sommes accablés depuis trop longtemps, ou bien alors de les prévenir.

Il me semble aussi que nous devons, dans nos études, aller au-delà du profit que nous en tirons pour nous-mêmes, et faire en sorte qu'elles répondent à l'attente de nos amis : tous nos proches, ayant à cœur mon mérite et mon renom, me demandent jour après jour de recueillir quelque fruit de mes veilles, qui leur donnerait l'idée des progrès que mon acharnement à l'étude m'a valus.

3. C'était là une volonté que je partageais avec eux ; je ne cessais d'y songer, et je réfléchissais aux moyens de mettre à l'essai les forces dont je disposais, et de répondre en même temps du mieux possible à la demande de mes proches. Mais j'avais beau chercher, tout ce qui me venait à l'esprit se trouvait déjà magistralement traité par les divins auteurs de l'Antiquité : ils n'avaient rien laissé à dire aux meilleurs esprits de notre temps, qu'ils n'aient mieux dit avant eux ; quant à moi, ils m'avaient ôté toute possibilité de produire avec quelque suc-

similia illis apte et condigne agere relictum sit ; ita et seria omnia et iocosa veteres ipsi complexi sunt, nobis tantum legendi atque admirandi sui facultatem et necessitatem dimiserunt. (4) Tum hac etate qui maiores adsunt natu nonnulla que fortassis a superioribus scriptoribus neglecta latitabant laudis et nominis gratia deprehenderunt. Nam prestantius esse recte opinantur ii qui laudem cupiant quippiam etsi non omni ex parte perfectum atque absolutum conari, quam in litteris silentio consenescere. Quid igitur nos ? Num parum commode Isocratem illum rhetorem imitabimur qui Busiridem nequissimum tyrannum laudasse ac Socratem optimum et sanctissimum philosophum conditis orationibus vituperasse fertur ? Sane sic censeo : multa ingenium exercentibus nobis presertim iuvenibus concedi, que alioquin maturis et perfecte eruditis viris denegarentur. (5) Condant illi quidem historiam, tractent mores principum ac gesta rerum publicarum eventusque bellorum ; nos vero iuniores, modo aliquid novi proferamus, non vereamur severissima et, ut ita loquar, nimium censoria iudicia illorum, qui cum ipsi infantes et elingues sint tantum aures ad cognoscendum nimium delitiosas porrigunt, quasi doctis sat sit non pectus sed aures eruditas gerere. Nobis magnis vigiliis non prisce in primis eloquentie et elegantie expetenda laus est, ad quod etsi viribus totis iam diu contenderimus, nunquam tamen ne mediocriter quidem assequi potuimus. (6) Verum exercitationum nostrarum vetus consuetudo nostra tenenda est ; atque id quidem non quo illis placeamus qui per omnem vitam suam nihil plus quam nihil laudare didicerunt, sed hoc ad scribendum instituto accessimus, ut meis, eorum voluntati obtemperando, simus hoc munere gratiores atque acceptiores ; in quo bene nobiscum agi arbitrabimur si id assequemur ut nos eruditi non penitus contemnant.

cès des ouvrages semblables aux leurs. Dans tous les genres, graves ou légers, les Anciens avaient tout embrassé, ne nous laissant, avec la faculté de les lire, que l'obligation de les admirer. 4. En outre, nos aînés, dans le siècle où nous sommes, se sont emparés des quelques sujets qui restaient à traiter, peut-être parce que les Anciens les avaient négligés, désirant ainsi se faire un nom et une réputation ; car les amateurs de gloire pensent avec raison qu'il vaut mieux se lancer dans quelque entreprise, serait-elle inaboutie, plutôt que vieillir dans le domaine littéraire sans y faire parler de soi.

Alors, et nous ? Allons-nous imiter, sans guère d'avantages, cet Isocrate, rhéteur fameux, qui consacra, dit-on, des discours piquants à faire l'éloge de Busiris, le pire tyran qui fut jamais, et la critique de Socrate, le plus grand philosophe et le plus sacré de tous les temps ? Mon avis, c'est qu'il y a beaucoup de possibilités offertes à qui veut s'exercer l'esprit, surtout quand il est jeune, mais que ces possibilités-là sont refusées à des hommes plus âgés dont la culture est faite. 5. Laissons-leur les récits historiques, les traités sur la conduite des princes, sur le gouvernement, sur la guerre et la paix ; nous qui sommes plus jeunes, pourvu du moins que nous fassions paraître quelque chose de nouveau, nous aurions tort de craindre les jugements sévères (ils tiennent de la censure, à vrai dire) de gens qui ne savent rien dire de bon ni rien dire tout court, et qui pourtant se piquent d'avoir l'oreille trop délicate pour comprendre, comme si des hommes instruits pouvaient se satisfaire d'une culture de l'oreille et non pas du cœur. Pour nous, nos longues veilles ne nous feront pas rechercher la gloire de l'éloquence et de l'élégance antiques : y mettrions-nous toutes nos forces, et ferions-nous preuve du plus grand acharnement, nous ne pourrions jamais y parvenir, même modestement. 6. Mais nous devons garder notre vieille habitude des exercices que nous avons pratiqués ; et cela, non pour plaire à ces gens qui de toute leur vie n'ont appris qu'une chose, ne jamais rien apprécier : nous nous sommes mis à écrire dans l'idée d'obéir à la volonté de nos proches, et de leur être ainsi plus agréables. Et nous penserons y avoir réussi, si nous parvenons à ne pas susciter le mépris définitif des savants.

(7) Itaque consuetudini nostre et meorum petitionibus operam impertiens hoc de commodis litterarum atque incommodis edidi opusculum. Quod quidem, mi frater, tum quod meis morem gesserim, tum etiam quod fuerim materiam nactus non vulgarem neque satis ante hoc tempus explicitam gratum tibi futurum arbitrabor. Et novi studia litterarum, quibus ad hunc usque diem superiorem etatem omnem traduxi meam, quam sint commoda atque incommoda. Tu vero (ut tuo in Ephebis utar dicto), mi frater, relege hunc nostrum libellum, corrige, immuta tuo quidem arbitratu, emendationeque tua inventionem nostram effice gratiorem ac digniorem.

II. (1) Sepe audiveram plerosque gravissimos eruditissimosque viros de studiis litterarum ea referentes que non iniuria possent a litteris discendique cupiditate ununquenque avertere. Ceteras enim inter persuasiones, quas quidem multas ac varias adducebant, palam profitebantur se minime illos esse, quanquam litteris profecissent, qui, si tempora restituerentur, non quidvis aliud vite genus subire quam ad litteras redire commodius ducerent. (2) Qua ego sententia esse eos presertim qui nullum tempus vacuum litteris pretermitterent a mea tantum opinione aberat, ut non modo aliter quam sentirent dicere illos arbitrarer, sed eosdem etiam propemodum inculpandos existimarem. Nam preter officium videbatur si docti deterrerent iuvenes a litteris, vel si prudentes viri ea sequerentur que parum conducere intelligerent. Ea re fiebat, diligentius plurimos litteratos cum percunctarer, tum in omnibus fere hunc ipsum animum comperire alienum videlicet a studiis litterarum, quibus essent maximopere dediti.

7. Voulant donc satisfaire à la fois notre habitude et les demandes de mes amis, j'ai écrit ce petit ouvrage sur les avantages et les inconvénients des lettres. Je pense, mon cher frère, qu'il te sera agréable, sachant que je cédais ainsi au désir qu'exprimaient les miens, et surtout que j'abordais grâce à lui un sujet fort intéressant, qu'on avait jusqu'alors insuffisamment éclairci. Pour y avoir consacré jusqu'à ce jour toutes mes années, je sais bien ce qu'il entre d'avantages et d'inconvénients dans l'étude des lettres. De ton côté, mon cher frère, pour reprendre ce que tu écris dans *les Éphèbes,* aie la bonté de relire ce petit ouvrage, corrige-le, modifie-le à ta guise : les corections que tu suggèreras donneront plus d'agrément et de valeur à mes propos.

II. 1. J'ai souvent entendu des hommes particulièrement sérieux et cultivés, et même la majorité d'entre eux, tenir sur les études littéraires des propos de nature à en détourner avec raison quiconque aurait eu le désir de s'engager dans cette voie ; entre autres arguments qu'ils développaient avec abondance et variété, ils affirmaient bien haut qu'ils n'étaient pas de ceux, malgré les progrès qu'ils avaient faits eux-mêmes dans les lettres, qui trouveraient plus avantageux de revenir à ce genre d'étude, si les choses étaient à refaire, plutôt que de s'engager dans un autre genre de vie. 2. Que cet avis se rencontre surtout chez des hommes qui n'ont pas laissé passer un seul instant sans le consacrer aux lettres, voilà qui était pour moi si impensable, que non seulement je crus que leurs propos ne correspondaient pas à leurs convictions profondes, mais que j'estimais qu'ils étaient à enfermer — ou peu s'en faut. Il me semblait en effet que des hommes de culture qui détournaient ainsi les jeunes gens des lettres manquaient à leur devoir, aussi sûrement que des hommes de bon sens qui poursuivraient ce qu'ils savent trop peu avantageux. J'interrogeais alors avec beaucoup de soin un très grand nombre de lettrés ; le résultat, ce fut que je rencontrai chez presque tous le même état d'esprit, à savoir cette indifférence complète à l'égard de l'étude des lettres à laquelle ils s'étaient si ardemment consacrés.

(3) Mihi vero quamvis multorum auctoritas rationesque obstarent, tamen nescio quo pacto de litteris aliter videbatur : erat enim eiusmodi apud me opinio ut, dum illi viri eruditissimi suis rationibus multa litteris incommoda adiudicarent, ego esse litteras censerem longe iucundissimas, dumque ceteris omnibus disciplinis illi cultum litterarum postponendum putarent, ego litteras rebus omnibus preponendas ducerem. Denique ita me cognitioni litterarum dedicaram omnino, ut nihil in litteris preclarum esse diceretur quod illud animo et voluntate non appeterem, quod laboribus, cura atque vigiliis non prosequerer, quodve summa diligentia et observantia quantum possem non excolerem. (4) Que posset enim apud me esse opinio aut institutum laudabilius non videbam ; excelsi quidem animi officium putabam labores, vigilias, omnesque reliquas studiorum curas et difficultates subire ac perferre vel sciendi causa, vel honoris et fame adipiscende gratia, quas me res posse litteris assequi existimabam, ac fui quidem in ea opinione et instituto sane liberali sed parum necessario quamdiu quid in hominum usu oporteret ignoravi.

(5) Postea vero quam usu et tractando hominum mores apertius cognovi, fatebor quas rationes de litteratum incommodis refellere ac despicere solitus eram, eas contra omnes cepisse me tum animo nonnihil approbare, tum rebus ipsis non minima ex parte easdem veras esse intelligere, quod perpendi admodum nullam fore vivendi viam quam laboribus et anxietatibus ista ipsa litteratorum institutio non exsuperet, a quave vita studiosorum non longe facilitate fortune superetur. (6) Quo fit ut minime intelligam quid tantis laboribus sibi tantisque vigiliis litterati velint, nisi forte cognitione rerum earum

3. Bien sûr, j'avais devant moi l'autorité et les arguments d'une foule de gens ; mais, je ne sais comment, je continuais d'avoir sur les lettres un tout autre sentiment. Je pensais en effet — pour exprimer l'idée approximative que je m'en faisais —, à l'inverse de ces hommes de grande culture qui multipliaient les arguments pour souligner les inconvénients des lettres, qu'elles offraient au contraire un agrément inégalé, et que, loin de devoir en faire passer l'étude après celle de toutes les autres disciplines, comme ils le soutenaient, il fallait au contraire les préférer à tout. Bref, je m'étais si bien voué à les connaître et à les étudier, que tout ce qu'on s'accordait à trouver de remarquable en elles, j'y aspirais de toutes les forces de ma volonté et de mon esprit ; j'y mobilisais toute mon énergie, toutes mes préoccupations et mes veilles, et j'y consacrais le plus grand soin et la plus grande attention, dans la mesure du moins des moyens dont je disposais. 4. Je ne voyais pas quelle idée ni quelle décision pouvaient être plus louables que celles-là ; je pensais qu'il était du devoir d'un esprit supérieur de supporter la fatigue, les veilles, bref tout ce qui fait le souci et la difficulté des études, soit pour accéder à la connaissance, soit pour jouir de l'honneur et de la gloire, autant de choses que je croyais pouvoir acquérir par les lettres ; et je suis resté dans cette idée et cette disposition d'esprit, généreuses sans doute, mais fort peu accordées aux nécessités de la vie, aussi longtemps que j'ai ignoré ce qu'il fallait sacrifier à l'usage des hommes.

5. Mais après qu'à force de les fréquenter, j'eus pris une meilleure connaissance de leurs façons d'être, j'avoue que les arguments que j'avais jusque-là repoussés, et que j'affectais de mépriser, touchant les inconvénients des lettres, je me mis à les approuver tous, et à comprendre, confronté à la réalité, qu'ils étaient généralement très justes : car je mesurais qu'il n'y aurait aucun mode de vie capable de l'emporter en fatigues et en tourments sur cette formation littéraire, et que celle-ci se montrait nettement plus défavorable que toute autre sous le rapport des facilités matérielles. 6. Aussi ne comprenais-je pas du tout pourquoi les lettrés s'astreignaient à des labeurs et des veilles si éprouvants ; la seule raison que j'y voyais, c'était peut-être que la connais-

que litteris continentur capti ac detenti minus franguntur laboribus quam ceteri. Ego tamen ob studia litterarum non minus laboribus fractum ac debilitatum me quam omnibus fortune bonis spoliatum undique esse sentio. Sed de meis incommodis alias.

(7) Nunc sat sit non sine causa eorum omnino sententiam non abhorrere, qui, ut diximus, omnia mallent quam litteris consenuisse; non tamen ita me ab instituto vetere dimovi ut litteras penitus deserendas arbitrarer quas non esse, ut opinabar, commodas comperirem. Sed nos ita in studiis litterarum esse animatos oportere censui, ut pre rerum nobilissimarum cognitione parvi admodum reliqua omnia fortune bona facienda existimaremus, sola quidem sapientia contenti essemus.

(8) Quibus autem rationibus adducar ut ita constituam de litteris erit, ut arbitror, non iniucundum, neque id quidem inutile accepisse. Videbis enim maximo in errore versari eos qui sibi aliud ex litteris quam liberam et expeditam sapientiam pollicentur. Ac poteris quidem stultissimos illos recte arbitrari qui divitiarum, amplitudinis aut ceterarum inanium caducarumque rerum cupiditate tantos labores perferant quantos litterarum studiosos perferre opus est.

(9) Oportet enim duram et asperam vitam ducere studiosos : de iis volo intelligi qui, ut debent, ceteris omissis rebus omnibus, omni animo atque opere litteris dediti sunt. Nulla est enim ars que etsi minima sit non te totum exigat, modo in ea velis excellere. Id quidem cum ceteris omnibus artibus ita convenire videamus, tum maxime hec litterarum disciplina una est in qua nulla etate liceat a curis maximis vacare.

(10) Nam ab ipsa quidem pueritia litteris deditos videmus volvendis, ut aiunt, chartis et in solitudinem relegatos; ferula, magistris,

sance des réalités que renferment les lettres les captivait et les occupait si bien, qu'ils sentaient moins la fatigue que les autres hommes. Reste que, pour ma part, je me sens non moins éprouvé et affaibli par la fatigue que j'affronte par goût des lettres, qu'absolument dépouillé à cause d'elles de tous les biens de la fortune. Mais je parlerai ailleurs de mes propres désagréments.

7. Qu'il suffise pour l'instant de ne pas repousser sans raison l'avis des gens pour qui, je l'ai dit, tout vaut mieux qu'une vie entière passée dans les lettres. Ce n'est pas que je me sois si bien dépris de mes convictions anciennes, que j'estime qu'il faille définitivement les congédier, au motif que je ne trouve en elles aucun des avantages que je pensais ; mais j'en suis venu à l'idée que l'esprit qui devait nous animer dans l'étude des lettres, c'était d'attacher fort peu de prix à tous les biens de la fortune en comparaison de la connaissance qu'elles nous donnent des réalités les plus nobles, et de nous satisfaire de la seule sagesse qu'elles procurent.

8. Quelles sont les raisons qui m'ont amené à me faire cette opinion sur les lettres ? C'est ce qu'on apprendra, je crois, avec autant de profit que de plaisir. Tu verras en effet quelle erreur considérable commettent ceux qui attendent des lettres autre chose qu'une sagesse libre et dégagée. Et tu pourras également te faire une juste idée de la stupidité qu'il y a, par désir de richesse, de prestige ou de tout autre but aussi vain qu'éphémère, à se donner une peine aussi éprouvante que celle que les gens d'étude doivent supporter par amour des lettres.

9. Les hommes d'étude ont nécessairement une vie très difficile ; je veux bien sûr parler de ceux qui, comme de juste, renoncent à tout pour se consacrer corps et âme à la littérature. Il n'y a pas d'art, fût-il le plus humble, qui ne te requière tout entier si tu veux y exceller. C'est un point que la littérature a en commun avec les autres arts, évidemment ; mais elle est la seule discipline dans laquelle il soit absolument impossible, à n'importe quel âge, de n'être pas constamment engagé. 10. Dès l'enfance, nous voyons ceux qui s'y consacrent dérouler des volumes, comme on dit, dans une solitude de reclus ; les punitions, les maîtres, le désir d'apprendre, la pratique assidue de la

discendi cura, lectitandi assiduitate et labore attritos ita et confectos eosdem videmus ut plerunque appareant frigidiores quam illa etas postulet. (11) Post hec sequitur iuventa etas, hanc vero quam ducant iucundam et letam tu ex vultibus eorum contemplare. Aspice quo pallore, qua trististia, quam omni facie corporis remissa et pene abiecta ex diutino illo scolarum et bibliothecarum carcere egrediantur. Miseri illi quam sunt exhausti, languidi longo lectionum tedio, magnis vigiliis, nimia assiduitate, ac profundis animi curis obruti, ut eos cum viderint qui humanitatem sapiunt soleant aut misereri laborum aut ineptias eorum vehementius inculpare, maxime si ulla fortune bona tantis laboribus concupiscantur; et merito id quidem: nam preter cognitionem ex litteris commoditates (ut sic fortune bona dicantur) nulle inveniuntur. (12) Quam ob rem vehementer illi quidem inculpandi sunt qui tantum in hoc studio opere cureque posuerint, ut non maiore in optimum fortune et dignitatis statum vita humana collocari posse videatur. Nam caput rerum caducarum omnium que maxime apud mortales commode putantur eiusmodi est ut aliis divitie, aliis honores, aliis voluptates res digne videri possint, pro quibus maximopere contendant. (13) Preter eas quid in primis fortune commodum putandum sit ignorari arbitror, nam extra hec inveniri puto in bonis fortune nihil quod commodum dici aut putari debeat. Ab huiusmodi tamen omnibus studiosi excluduntur: quod ut dilucidius sic esse ostendam, principio dicam quam maximis voluptatibus perfruantur, proxime litteratorum divitias perscrutabimur, reliquum erit ut de honoribus exquiramus. (14) At erit quidem omnis nostra oratio succincta et pro rei magnitudine brevis, veluti lecture, la peine qu'elle suppose les ont si bien usés et accablés, qu'ils se montrent plus froids et languissants qu'il n'est de règle à cet âge. 11. Puis vient la jeunesse : juge à leur visage s'ils la trouvent heureuse et insouciante ! Regarde la pâleur qu'ils ont, regarde leur tristesse, la nonchalance et presque l'abattement qui se lisent dans tous leurs gestes, quand ils sortent de cette longue prison des écoles et des bibliothèques ! Comme ils sont épuisés, les malheureux, affaiblis par l'interminable ennui de la lecture, et les nuits passées à veiller, et l'application excessive, abîmés dans des pensées sans fond qui leur harassent l'âme ! À les voir, ceux qui ont le sens des réalités se mettent d'ordinaire à plaindre leurs peines, ou à accuser violemment leur niaiserie, surtout si c'est quelque faveur de la fortune qu'ils espèrent obtenir par ce biais éprouvant. L'accusation ne manque pas de sens : car hormis la connaissance, il n'y a pas d'avantages (appelons ainsi les faveurs de la fortune) qu'on puisse tirer des lettres.

12. Aussi faut-il accuser sans hésiter ceux qui ont mis tant de soin et d'énergie dans cette étude, qu'il semble impossible d'en consacrer davantage pour établir la vie humaine dans son degré le plus élevé de fortune et de dignité. Car tous les biens éphémères où les hommes voient le plus d'avantages se ramènent à la possibilité qu'ils laissent de trouver, qui de la dignité dans la richesse, qui dans les honneurs, qui dans les plaisirs, biens pour lesquels chacun rivalise à l'envi. 13. Je pense qu'en dehors de ces trois-là, on ignore ce qu'il faut considérer comme un avantage de la fortune ; et je crois que ces trois mis à part, on ne saurait rien trouver dans les biens qu'elle dispense qu'on puisse dire ou croire un avantage. Cependant c'est de tous les biens de ce genre que les gens d'étude sont exclus : mais pour montrer plus clairement qu'il en va bien ainsi, je décrirai d'abord toute l'intensité des plaisirs dont ils jouissent, puis nous examinerons les richesses propres aux lettrés, avant de faire porter notre enquête sur les honneurs qu'ils reçoivent.

14. Évidemment, eu égard à l'ampleur du sujet, l'ensemble de notre propos paraîtra bien succinct et bien court ; mais allant d'emblée à l'essentiel, il aura ainsi la même évidence que son objet : non

que una cum re ipsa prodeat in medium, non ut se ostentet, verum ut commoda omnia que insunt litteris atque incommoda apertissime intuens rectius quid agendum sit consulat ; multas preterea dicendi rationes que ad motus animorum valent ac denique plures argumentandi modos abiciet, ne videatur producere disciplinas ad contemptum et litteras velle despiciendas tradere. (15) Proderit autem cognita res et nostra, ut existimo, argumentatio ad illos evocandos ab errore qui aliud ex litteris quam meram ipsam eruditionem et sapientiam exposcunt ; neque non proderit quidem ad studiosos frugi et prudentes confirmandos ut in litteris sola doctrina et rerum peritia gaudeant, reliqua minimi pensanda censeant. Itaque ad rem proficiscamur.

III. (1) Principio sic existimo : qui pauper sit, quod effectrix aut certe optima voluptatum captatrix pecunia desit, nulla in disciplina posse hunc satis multa cum voluptate versari. Quod si voluptas, ut aiunt, ea est que sensus moveat, animum delectet iucunditate quadam atque amenitate, nempe cum omnium earum quibus moventur sensus, epularum, unguentorum, et eiusmodi rerum copia nequeat sine pecuniarum suffragio satis excipi, quonam pacto poterit in sensus voluptate pauper consistere ? aut quanam animi iucunditate fruetur is cui pro necessitate ad questum sit mens potius quam ad delectationem propensa ?

(2) Nimirum sunt ista ipsa divitum et otiosorum hominum : varietatem rerum pulchritudinemque sectari atque complecti. Tum etiam sic censeo : minime multos locupletes inveniri qui ipsas litteras, ne dicam litterarum voluptates, multi esse faciendas existiment. Nimis enim plereque alie undique divitibus voluptates suppeditant, ut maior illis cura sit notis voluptatibus inter amicos perfrui quam

pour attirer le regard sur lui-même, mais pour qu'en éclairant tous les avantages et les inconvénients des lettres, il indique avec netteté la conduite à tenir ; de plus, il renoncera aux formes d'expression qui visent à susciter l'émotion, ainsi qu'à un certain nombre de modes d'argumentation, cela dans le but de ne pas donner l'impression de vouloir livrer les lettres et les autres disciplines au mépris. 15. Une fois connue, la question, aussi bien, je crois, que notre argumentation, seront de la plus grande utilité pour arracher à l'erreur ceux qui demandent aux lettres autre chose que la sagesse et la pure érudition ; et il ne sera pas inutile de confirmer les hommes d'étude qui ont quelque discernement et quelque fécondité, dans le choix qu'ils font de ne rechercher dans les lettres que leur qualité d'expérience et de contenu, et de n'accorder au reste que fort peu de valeur. Entrons donc dans le vif du sujet.

III. 1. Je pense, pour commencer, qu'un homme dans la gêne, par le simple fait qu'il manque d'argent, c'est-à-dire de la condition nécessaire à ses plaisirs, ou du moins du moyen le plus efficace de les obtenir, ne peut guère trouver de satisfaction dans l'étude de quelque discipline que ce soit. Si le plaisir, comme on l'a dit, est ce qui met les sens en mouvement et caresse l'âme par un mélange d'agrément et de douceur — car c'est un fait qu'on ne saurait sans argent profiter largement de tout ce qui titille les sens : festins, parfums et autres éléments du même genre —, comment un pauvre pourra-t-il jouir d'un plaisir de cet ordre ? et à quelle douceur de l'âme saura-t-il goûter, si son esprit est accaparé par le besoin de se procurer ce qui est nécessaire à l'existence plus que par ce qui la rend agréable ? 2. C'est un privilège des oisifs et des riches, que de rechercher la variété et la beauté des choses, et de s'y complaire.

Je pense même qu'on trouverait fort peu de gens aisés qui soient d'avis de faire grand cas des lettres, pour ne pas dire des plaisirs qu'elles procurent. Car ils sont trop bien pourvus de toutes les autres satisfactions, pour ne pas préférer jouir entre amis des plaisirs qu'ils connaissent, plutôt que de se mettre en quête avec nous des lettres apud nos litteras investigare ignotas. (3) Quod quidem etsi fortassis hi quesituri erunt, videamus an ex sententia illis succedat res. Illud iam maxima ex parte conspicientibus ex sese patet quod paulo ante a me commemorabatur : studiosorum vitam multis magnisque difficultatibus esse refertissimam ; ab ipsa quidem pueritia omnem per etatem premi ac perstringi laboribus, tum vigiliis, diuturnaque cura et sollicitudine nunquam eosdem esse vacuos litteratos videmus, ut eos nemo facile credat tam laboriosa in vita multa comperire que vel mediocrem sapiant voluptatem.

(4) Etenim voluptatum prestantissima et libero homine digna una illa est per urbes provinciasque vagari, multa et templa et theatra, menia atque omnium generum edificia spectare, locaque ambire que tum natura amenissima, grata, munitissima, tum manu et ingenio hominum fuerint ad conspectum pulchra, adque impetum hostium continendum reddita tutiora. (5) Qua insigni voluptate utrum illi omnino non privantur qui sese litteris dedicarunt ? Non quidem proficiscentes per itinera trahere libros, neque novis regionibus contemplandis occupati multa possunt lectitare, quod si parum multa parumve sepius lectitantem fieri te litteratum putabis, nihil erit quod ab hac discurrendi per provincias voluptate retraham.

(6) Cave tamen ne omnes profectiones non solum incommode studiis, sed etiam studiosis longe vituperande sint ; id quidem cum ceteras ob res tum vel maxime quod in ipsa patria litterati paulum proclivius amena prosequentes vituperantur. Namque, ut cetera omittam, celebritates quidem nuptiarum, choreas, cantus, iuventutis ludos, amena hec quis ignoret quam litteratorum presentiam dedignentur atque oderint ? (7) Relique omni iuventuti fidium musice, saltandi eiusmodique dulcissime artes non minimum laudi conceduntur, liberale in illis officium putatur. Qui in his ipsis artibus vel mediocriter periti sunt, hi grati sunt omnibus atque iucundi. Itaque

qu'ils ignorent. 3. Et à supposer qu'ils aient l'intention de s'y prêter, on peut se demander si la réussite suivra. Il est évident, à n'en considérer même que l'essentiel, que la vie des hommes d'étude est remplie de difficultés aussi pénibles qu'innombrables : je l'ai rappelé à l'instant ; nous voyons les lettrés, à tous les âges de leur vie, et cela depuis l'enfance, être si écrasés de travail, si harassés par les veilles, sans un seul moment pour les distraire de leurs soucis et de leurs tourments familiers, qu'il est difficile de croire que leur vie de labeur puisse leur apporter le moindre plaisir.

4. Et en effet, l'un des plus grands plaisirs qu'ait un homme libre, et qui soit digne de lui, c'est d'aller de ville en ville, de province en province, d'y contempler la profusion de temples, de théâtres, de murailles et d'édifices en tous genres qui s'offrent à sa vue, de faire le tour de tous les lieux auxquels la nature a donné le plus d'agrément, de grâce, de sécurité, ou que l'intelligence et l'industrie humaines ont embellis pour le regard, et fortifiés contre l'éventualité d'attaques ennemies. 5. Les hommes qui se sont dédiés aux lettres ne sont-ils pas privés d'un plaisir si précieux ? Les voyageurs ne peuvent guère traîner de livres avec eux, ni, s'ils sont occupés à contempler de nouveaux paysages, faire de nombreuses lectures ; mais si tu crois que tu peux te cultiver en lisant peu et en ouvrant rarement un livre, je n'ai évidemment aucune raison de te priver du plaisir de battre la campagne.

6. Prends garde cependant que tous les voyages sont non seulement désavantageux aux études, mais particulièrement à déconseiller aux étudiants ; et cela, entre autres raisons, parce que même s'ils restent dans leur propre pays, on reproche aux lettrés leur peu de penchant pour les agréments de la vie. Songeons, pour n'évoquer que ce point, aux festivités des mariages, aux danses, aux chants, aux délassements de la jeunesse, aux douceurs de ce genre : qui ne sait que la présence des lettrés s'y heurte à l'hostilité et au mépris ? 7. Quand la jeunesse pratique la musique, la danse, ou d'autres arts qui aient cet agrément, on la loue sans réserve, et l'on voit en eux une activité libérale. Avoir de ces arts le moindre vernis, c'est aussitôt se rendre agréable à chacun, et en être bien reçu. Aussi voit-on qu'on invite,

invitantur, rogantur omnes qui in eiusmodi artibus aliquid valere existimantur; litterati vero tantum refelluntur, excluduntur. (8) Nam si ad hec accesserint pallenti, ut solent, vultu, aut ridiculi sane sint omnibus aut graves, sive se immiscuerint quantos ciebunt risus, quantas continuo audient obtrectationes! Quis non succenseat canenti aut saltanti litterato? Mimos, histriones levissimosque se haberi prorsus conspicient, penitebit, dolebit, si sapiant.

(9) Itaque quod aliis alacritatem affert, id ipsum istis litteratis tristitiam refert; quod aliis datur honori, his ad vituperium impingitur; quo alii invitantur, isti expelluntur, ut non stulte deditis litteris adolescentibus meo iudicio precipiatur ne per alienas provincias solatii causa discursitent, cum ne propria quidem in patria rebus amenis et iucundis sine ignominia inservire liceat. (10) Quare si quid fame et laudi consulendum putabunt pulchre domi sese occlusos detinebunt, resque omnes foris elegantes, amenas, admirationeque dignas abdicabunt a se atque proscribent, quo maiori, ut opus est, assiduitate ad litterarum cognitionem sese offirment, ac denique nullam patientur apud se visendi voluptatem tantum valere ut animo alias ad res distracti non queant multam litteris atque necessariam quam debent operam contribuere.

(11) Proxime his amatorie sunt voluptates a quibus litteratos admodum cupio esse alienos; nam cum illas quidem omni hominum generi maxime nocuas esse sapientes omnes persuaserint, multo tamen magis studiosis admodum pestifere ac pernitiosissime sunt. Quis enim amore occupatus poterit circa litteras mente integra et firma inherere? quis animo ad disciplinam impenso, ad preceptiones intento, ad communiendam memoriam solerti? Quis, inquam, furoribus amoris captus aut voluntate aut ingenio aut opera satis

qu'on s'arrache même ceux qui ont quelque réputation de compétence dans ces domaines ; mais les lettrés, eux, on se contente de les refuser et de les exclure. 8. Car s'ils se joignent à ces festivités en montrant cette mine fatiguée qu'ils ont d'ordinaire, et qu'ils y soient ridicules ou ennuyeux ou même qu'ils se mêlent aux autres, ce sera l'éclat de rire général, et des dénigrements sans fin ! Qui ne s'irriterait contre un lettré chantant et dansant ? Ils verront bien qu'on les prend pour des mimes, des bouffons, des moins que rien, et ils en souffriront aussi sûrement qu'ils s'en repentiront, s'ils ont du bon sens.

9. Ainsi ce qui donne aux autres de l'entrain ne rapporte aux lettrés que de la tristesse ; ce qui fait honorer les uns fait critiquer les autres, qui sont chassés des lieux où les premiers sont conviés. Aussi est-il raisonnable, à mon sens, d'engager les jeunes gens qui se consacrent aux lettres à ne pas voyager dans d'autres provinces pour y chercher quelque consolation, quand leur propre patrie leur refuse de se livrer sans honte aux divertissements les plus simples. 10. Et donc, s'ils pensent devoir prendre soin de leur réputation, ils se calfeutreront soigneusement chez eux, renonceront à tout ce que l'extérieur offre d'élégant, d'agréable et de digne d'admiration, afin de fournir comme il se doit un effort plus constant dans la connaissance des lettres, et se garderont de souffrir qu'aucune des satisfactions du regard ait chez eux tant d'empire, qu'elle les distraie d'autre chose, et qu'ils ne puissent ainsi apporter aux lettres l'attention laborieuse et continue qui leur est nécessaire.

11. En second lieu, viennent les plaisirs de l'amour, auxquels je souhaite que les lettrés restent étrangers ; car si tous les sages ont montré qu'ils sont particulièrement nocifs aux hommes, quelle que soit la catégorie à laquelle ceux-ci appartiennent, les dangers mortels qu'ils comportent sont encore plus redoutables pour les gens d'étude. Quand on est occupé par l'amour, peut-on être tout entier à l'étude, et y consacrer les ressources les plus solides de son esprit ? Peut-on rester soucieux de s'instruire, attentif à l'enseignement qu'on reçoit, capable enfin de fortifier sa mémoire ? Quand, dis-je, on est en proie aux agitations de l'amour, la volonté, l'esprit, le travail ont-ils assez de

constanti et firma esse ad bonas ullas artes valebit ? (12) An ignoramus quid soleat amor ? Vires labefactare, mores depravare, ingenia hominum pervertere, animum curis conficere, mentem erroribus obruere, ad insaniam redigere : hec quidem amoris munera et dotes sunt. Sed de istiusmodi voluptatibus omnibus (eas ut omnes amplectar) non insisto illis quam difficilius litterati quam ceteri potiantur, non quid inter venustatem competitorum et litteratorum tristitiam intersit ; non vestium splendorem, non licentiam sectandi, non hec omnia prosequor. Eadem missa omnia faciamus in quibus certe omnium iudicio longe sunt inferiores litterati.

(13) Sed sic haberi hoc loco velim : voluptates omnes neque non vituperandas esse in litteratis neque non maxime nocuas. Conviviorum et Veneris consuetudines animum in primis in desidiam et negligentiam (quod nemo ignorat) evocant atque a perseverantia lectitandi avertunt, sine qua et ea quidem ingenti fallitur qui se fortassis putat egregie litteratum fore. (14) Habent enim studia litterarum in se nescio quam vim ut, cum plura didiceris, tum semper multo plura ignorare te, multoque tibi ardentiore studio esse opus dignoscas. Tum etiam fit epularum et vini exhalationibus atque Venere ut mens evacuetur sensu, oppleatur tenebris, crassetur ingenium, perspicuitas obtundatur, tum memorie sedes multarum suspicionum recordatione ac variis amatoriis imaginibus occupate assiduo perturbetur. (15) Denique etiam fit ut voluptatibus implicitus ac amatoriis facibus incensus animus infinitis levibus ac instabilibus voluntatum et expectationum motibus et fluctibus sempiterne exagitatus vehementer estuet. Quo homine ob amorem sic animo et mente affecto quis poterit ad concipiendas amplissimas disciplinas et artes

fermeté et de constance pour s'appliquer avec succès à l'art qu'on étudie ? 12. Ne connaissons-nous pas assez les effets ordinaires de l'amour ? Il affaiblit les forces, dérègle la conduite, introduit le trouble dans l'esprit, accable l'âme de soucis et l'intelligence d'erreurs, fait perdre aux hommes tout bon sens ; oui, voilà les présents que l'amour leur fait. Mais à propos de tous les plaisirs de ce genre — pour en évoquer l'ensemble d'un mot —, je ne m'arrêterai pas à montrer la plus grande difficulté où sont les lettrés d'en disposer par rapport aux autres, ni la différence qu'il y a entre la grâce de ceux qui sont faits pour eux, et la tristesse de ceux qui se destinent aux lettres. Inutile d'évoquer la splendeur des vêtements, la liberté d'allure, et tous les éléments de cet ordre ; laissons-les de côté, car il est évident que les lettrés s'y montrent nettement inférieurs. Nul ne me contredira.

13. Je voudrais ici que l'on considère bien que tous les plaisirs sont absolument condamnables chez les lettrés, et qu'ils leur causent les plus grands torts. L'accoutumance aux plaisirs de la table et de l'amour a pour premier effet, comme chacun sait, d'inciter l'âme à la négligence et à la paresse, et de la détourner de la persévérance que la lecture exige ; c'est une persévérance qui ne tolère aucun relâchement, et l'on se tromperait beaucoup en croyant que l'on peut atteindre sans elle une culture véritable. 14. Les études littéraires ont en effet je ne sais quelle puissance en elles, qui fait qu'à mesure qu'on apprend, on se rend compte qu'on ignore toujours plus de choses, et qu'il faut sans cesse redoubler d'efforts. À l'opposé, les fumets gourmands, les vapeurs du vin, les plaisirs de l'amour ont pour effet de vider l'esprit par la sensation, de le remplir de ténèbres, d'épaissir l'intelligence, d'émousser la capacité d'examen, et de troubler la faculté de mémoire, qui n'est occupée que par le souvenir de soupçons infinis et le ballet des images amoureuses. 15. Enfin, l'âme embarrassée dans les plaisirs et enflammée par les torches de l'amour est la proie des mouvements infinis, légers et instables des volontés et des désirs, et elle ne cesse d'être agitée des troubles les plus violents. Quand l'amour affecte ainsi le cœur et l'esprit d'un homme, est-il possible d'imaginer qu'on soit plus incapable des dispositions nécessaires à l'apprentissage des disci-

esse inutilior atque ineptior? (16) Sit idcirco studiosis ex cibo et Venere nulla aut perexigua voluptas, sit somni et quietis brevissima copia, sitque iocorum et festivitatum rarissima semper modicaque licentia. Denique ita se in omnibus gerant ac si laboribus ea lege astricti sint ut a longa rerum meditatione, a sempiternis lucubrationibus, a perpetua studiorum cura non sine ignominia discedere posse opinentur, intelligantque nisi assiduus fuerit etiam acerrimum et vehementissimum laborem in litteris periturum. (17) Nam habet quidem plus dispendii vel modica interlaxatio studiorum quam habeat compendii multa et bene longa evigilatio; nam citiusque e memoria elabuntur ea que tenebantur quam aut ediscantur postea aut recuperentur. Omnes igitur huiusmodi sensuum voluptates si minime litteris conceduntur, minime etiam petende sunt, si plurimum nocent, plurimum etiam fugiende sunt. Ac ne illud quidem vere dici poterit: in voluptatibus animi litteratos habere quippiam quamobrem possint cum laude non sine multa iactura studiorum commorari.

(18) Utrum multa animi voluptate perfruetur is qui eam de se expectationem haberi non ignoret quam si modice adimpleverit nihil se abiectius futurum sciat? Utrum is liberum a curis gravissimis et vacuum animum geret qui affines, amicos, et notos conspiciat omnes desiderare atque expectare ut quam egregie proficiat, tum idem etiam non sit nescius diversa ex parte emulos, invidos, obtrectatores (quod genus hominum non rarissimum est) omnes esse paratissimos ad derogandum et diffamandum si quid per negligentiam, per luxum, per voluptatem admiserit, quominus in summam eruditionem devenerit? (19) Ne vero animus huic erit iacens in voluptatibus qui tanto ac tam laborioso periculosoque negotio fuerit destinatus! An potius sollicitudine, cura et metu quodam vituperationis vehementer perturbato animo vivet? Illum ego qui has partes suas esse cognoscat per

plines et des arts les plus considérables ? 16. Il faut donc que les hommes d'étude ne tirent aucun plaisir de la table ou de l'amour, ou qu'il soit du moins très restreint ; que leur sommeil et leur repos soient aussi brefs que possible, et qu'ils ne s'accordent que très rarement, et toujours dans les proportions les plus modestes, la licence de prendre part à des jeux et à des fêtes. En un mot, qu'ils se comportent en toutes choses comme si le travail où ils se sont engagés leur faisait une loi de penser qu'ils ne peuvent sans honte abandonner une méditation, des veilles, une attention à l'objet de leurs études qui doivent être de tous les instants, et qu'ils comprennent que même le travail le plus passionné et le plus fougueux, s'il n'est pas acharné, est, dans les lettres, condamné à l'échec. 17. Car un relâchement de l'étude, même de courte durée, entraîne une perte supérieure au gain qu'apportent des veilles assidues : ce que la mémoire avait retenu s'efface en moins de temps qu'il n'en faut pour l'apprendre et le retrouver plus tard. Les lettrés doivent donc éviter les plaisirs sensuels de ce genre, et même se les interdire, et les fuir à proportion du préjudice qu'ils peuvent en subir. On ne saurait même avancer que les lettrés trouvent dans les voluptés de l'âme de quoi pouvoir avantageusement se reposer, sans nuire considérablement à leurs études.

18. Peut-on jouir d'un grand plaisir de l'âme, quand on sait que l'on sera horriblement mal considéré si l'on répond insuffisamment à ce que les autres attendent de vous ? Se sentira-t-on libéré des soucis les plus pesants, se sentira-t-on vraiment libre, si l'on voit tous ses amis et ses connaissances attendre et désirer de votre part les réussites les plus éclatantes ? Si l'on se rend compte qu'en face de vous, des rivaux, des envieux, des critiques malveillants — ce genre d'hommes est légion — n'attendent que l'occasion de vous rabaisser et de vous diffamer sitôt qu'ils peuvent trouver dans votre application le moindre signe de négligence, de luxe, ou de volupté ? 19. On sera donc enfoncé dans le plaisir jusqu'à l'âme, quand on s'est destiné à un travail aussi pénible et aussi périlleux ? Ne sera-t-on pas plutôt en proie aux plus vives inquiétudes, et à la crainte d'être un jour critiqué de la sorte ? Je pense pour ma part que si l'on sait que son rôle

studiorum labores, per summam vigilantiam amicorum expectationibus satisfacere, invidorum obtrectationem effugere, infamiam evitare, laudem attingere oportere, eundem hunc ipsum ita esse animatum arbitror, ut plerunque gravissimum durissimumque onus studiorum non subisse malit quam susceptum iam deponere. (20) Quo illud etiam molestissimum inest : quod nisi cum dedecore queas arduam, asperam, difficilemque initam litterarum provinciam deserere, quam eandem non sine maximo labore et erumna sustineas. Accedit quoque quod pertimescis dari tibi ad levitatem si studia iam suscepta sine ingenti causa deseras ; adde his etiam quod honestius putas quidvis gravissimum perferre quam aut ingenio te esse inepto ad litteras profiteri aut animo pro virtute ad labores pusillo.

(21) Illud preterea odiosum est : quod litterati aliarum artium insueti et ignari nullam rem circumspiciunt preter litteras ad quam, si quid consiliorum mutent, possint cum laude sese conferre. Quid ergo ? Num erit studiosi animi grandis voluptas, quandoquidem omnino constet se abiectissimum ac pene infamem futurum nisi sempiternis, acerrimis extremisque laboribus insudarit summam in cognitionem discipline cui se dederit evadere ? (22) Quid enim erit apud tuos abiectius quam eum non esse te quem per omnem etatem futurum elaborasti ? quam non ea in re te prebere doctissimum cui semper fueris deditus ? quam non esse in ea disciplina clarissimus in qua diutius commorans potuisti excellere ? Num vero is erit modice sollicitus qui si aliquando se a continuis studiorum laboribus subripuerit confestim comperiat suum ad consequendam laudem cursum retardari atque abrumpi ? Miser qui voluptatibus serviens vituperantium et obtrectatorum acies offenderit.

(23) Preterea non minime in voluptatibus dolendum erit iis qui omni vel etiam modica studiorum intermissione multarum lucubra-

— et son devoir — est de satisfaire l'attente de ses amis par le travail, l'étude et une attention sans relâche, d'éviter l'infamie et de mériter l'éloge, on est disposé à croire qu'il vaut mieux ne pas se charger d'un fardeau aussi pénible et aussi lourd, plutôt que de le déposer une fois qu'on l'a pris sur ses épaules. 20. Mais il y a encore beaucoup plus ennuyeux : c'est qu'on ne peut abandonner sans déshonneur la province des lettres où l'on est entré, province abrupte, âpre, et difficile, et qu'il faut pour en soutenir la charge le plus grand travail et des peines infinies. Sans compter la crainte qu'on n'attribue à la légèreté l'abandon des études qu'on a entreprises, si cet abandon n'a pas les motifs les plus graves ; à quoi il faut ajouter que l'on trouve plus honorable de supporter n'importe quelle épreuve, plutôt que de reconnaître qu'on n'a pas pour les lettres les qualités intellectuelles requises, ni le courage qu'exige leur étude.

21. Il y a ceci de fâcheux, par ailleurs, que les lettrés, qui n'ont pas l'habitude d'autres domaines, et qui n'y connaissent rien, n'envisagent, hormis les lettres, aucune autre discipline où ils puissent briller s'ils changeaient d'avis. Qu'en conclure ? Un homme d'étude peut-il avoir de grandes satisfactions, quand il est évident que le seul moyen pour lui d'éviter les reproches les plus dégradants, et même la ruine presque complète de sa réputation, c'est de poursuivre sans relâche des efforts harassants pour avoir une connaissance parfaite de la discipline à laquelle il s'est voué ? 22. Que peut-il y avoir de plus humiliant, au regard de ses proches, que de n'être pas celui qu'on a travaillé à être sa vie durant ? que de ne pas se montrer de la compétence la plus absolue dans le domaine même auquel on s'est toujours consacré ? que de ne pas briller dans la discipline où de si longues recherches auraient dû permettre d'exceller ? Ne se fera-t-on pas les plus grandes inquiétudes, si, pour s'être soustrait de temps à autre aux efforts de chaque instant que l'étude demande, on se voit aussitôt retardé ou disqualifié dans sa course au mérite et aux éloges ? Malheur à celui dont le goût des plaisirs aura dressé contre lui l'armée des détracteurs et des critiques !

23. En outre, on sentira bien de la souffrance se mêler à ses plaisirs, si l'on se rend compte que la moindre interruption dans l'étude

tionum suarum perditionem fieri manifeste comperiant. Quas quidem res omnes qui ita futuras non dubitet, ut future quidem sunt, quam iucunditatem poterit degustare? Ne vero in illum poterit cadere amenitas aut suavitas ulla, aut dulcedo voluptatum, quem capessendi honoris acris sollicitudo exanimet ac evitande infamie metus vehementer perterreat! (24) Non sane integrum gaudium, non festivitatem aut letitiam aliquam senties, mi studiose, qui in litteris occupatus, inter libros involutus atque inter chartulas sempiterne sepultus fueris. Tibi quidem nullam egregiam voluptatem aut alacritatem amplecti licebit, ubi vastissimum studiorum onus partim cupias, partim metuas deponere. Neque hoc loco memoro quanta sit sollicitudo laudis cupidorum, emulos pro viribus superare aut a nullo superari contendentium. Ex quo etiam istius vita studiosi, ni fallor, est longe acerbissima, eoque magis si quid inciderit cupiditatum ad quas ipsa duce natura omnis generosa iuventus admodum prona est. (25) Nam si ad equos, ad canes alendos, si ad palestras exercendas, si ad reliquas res libero homine dignas animo aut opere amplectendas fuerit proclivis, quantum erit huic animus molestie plenissimus, ubi omnia que iuventuti decus et ornamentum comparant deserere et sese apud bibliothecas obdere verecundia illaudationis cogatur, nullam rem aliam quamvis optimam et nobilissimam preter lucernam et libros tractare permittatur! Non sine ingenti, mihi crede, dolore eadem illa ceteris laudatissima eo a nobis deserentur, quod studiis adversentur, et omnium ora ad obloquendum concitent.

(26) Stat tanquam censor ac iudex morum multitudo, in litteratos gravius animadvertit quam aut debeat aut in ceteros consuescat: non decere istac hora, preter mores istis vestibus, hanc nolim societatem, ab honestate is locus, preter officium id factum, preter decus id

entraîne la perte définitive du fruit de son travail et de ses veilles. Et si l'on se persuade que c'en est là la conséquence inévitable, quel agrément pourra-t-on jamais goûter ? Comment la moindre douceur, la moindre satisfaction, la moindre caresse de plaisir sauraient-elles échoir à quelqu'un que la recherche inquiète de l'honneur épuise à ce point, et que la crainte de l'infamie plonge dans un abîme d'angoisse ? 24. Non, mon cher étudiant, tu n'éprouveras jamais une joie pleine et entière, tu ne sentiras jamais d'allégresse ou de gaîté, toi qui es toujours occupé de littérature, encombré de livres, enseveli sous tous ces papiers ! Tu n'auras aucune possibilité de ressentir un grand plaisir, ni même le moindre entrain, si tu es pris sans cesse entre le désir de supporter un fardeau si imposant et la crainte d'avoir à le déposer. Inutile de rappeler ici quel souci il y a, quand on désire la gloire, à vouloir autant que possible l'emporter sur ses rivaux, sans être dépassé par aucun d'eux. Voilà qui montre aussi que la vie d'étude, telle que je viens de la décrire, est de loin la plus pénible, et qu'elle l'est encore plus si survient l'un de ces plaisirs auxquels tout jeune homme bien né est particulièrement enclin, s'il prend la nature pour guide. 25. Car s'il se montre attiré par les chevaux, par les chiens ou les exercices du gymnase, ou par quelque autre activité qui sied à un homme libre et l'engage à y consacrer son effort et son attention, quelle déception n'aura-t-il pas à subir, quand la crainte de ne pas mériter d'éloges le fera quitter tout ce que la bienséance et le goût de s'illustrer offrent à la jeunesse, et l'obligera à s'enfermer dans une bibliothèque, sans avoir la permission de nourrir d'autre pensée, aussi noble et admirable soit-elle, que celle de ses livres et de sa lampe ! Ce ne sera pas sans une immense douleur, crois-moi, que nous abandonnerons tous ces plaisirs si universellement aimés, au motif qu'ils s'opposent aux études, et qu'ils nous exposent au mépris général.

26. Quoique la multitude se pose toujours en censeur et en juge de la conduite des hommes, elle reprend plus sévèrement les lettrés qu'elle ne le devrait ou n'y est accoutumée pour les autres : « cela ne convient pas à cette heure », « voilà une étrange façon de s'habiller », « je ne voudrais pas de ces relations », « ce lieu choque l'honnêteté »,

dictum. Denique omnes infinitis odiis ad studiosorum famam dilacerandam pervigilant, ut nisi te velis scurram aliquem levissimum ac nebulonem haberi plane non tuo arbitrio et libertate sed artissima censura plebis tibi sit vivendum.

(27) Quod si dixeris plebis iudicium esse aspernandum, quid illud ? Nonne, si vestes cupiveris, inquiet bibliotheca : — Has mihi pecunias debes, veto ? ; si venationem, si musicam, dimicandive artem, aut palestram ipse prosequare, nonne inquient littere : — Tu nobis has operas surripis, tibi nos famam et nomen non referemus ? ; si ingenia, picturam, formas exquiras, inquient discipline : — Hac tu nos occupatione defraudas, te nos maximarum rerum cognitione privabimus ?

(28) Denique si animi causa rus petere (non dico extremas provincias discursitare) volueris, illico te inde incepta professio detorquet ad libros et litteras apud quos, nisi sese multo opere et vigilia excultissimas reddideris, multam infamiam non defuturam littere ipse minitantur. Adde his quod a grata atque dulcissima suorum civium familiaritate privari, solitudine gaudere, sermones fugere omnes, preter eos qui disciplinam ac senilem tristitiam quandam sapiant, litteratis necesse est. (29) Prescriptum tempus litteratis ad amicos consalutandos, prescripta inambulandi loca, prescripte amicorum copie sunt ; alias lectitandi, alias audiendi horas, paucissimas dispatiandi habent, ut ferme nulle ad plenas voluptates appetendas relinquantur. En igitur maximas voluptates ! in quibus palam est non licere litteratis ullos quibus astricti sint labores dimittere aut interlaxare, quibusve obnoxii aliorum arbitrio vivere, iuventutis munera,

« cette action est malheureuse », « ces propos sont déplacés ». Bref, tous s'emploient à alimenter des haines infinies, et à ruiner la réputation des lettrés ; ce qui fait qu'à moins de vouloir passer pour un bouffon ou un vaurien ridicule, tu ne pourras nullement vivre à ta guise, librement, mais il te faudra composer avec la censure que le peuple exerce sans jamais relâcher sa vigilance.

27. Et que va-t-il se passer si tu soutiens qu'on doit mépriser le jugement du peuple ? Si tu as envie de t'acheter des vêtements, la bibliothèque ne va-t-elle pas te dire : « Ah ! non, tu me dois de l'argent » ? Si tu t'adonnes à la chasse, à la musique, à l'escrime, à la culture physique, les lettres ne vont-elles pas s'écrier : « Tu nous as volé le temps que tu leur donnes ; eh bien ne compte pas sur nous pour ta gloire et ton renom » ? Et si tu recherches l'inspiration, la peinture, les belles formes, ne vas-tu pas entendre les reproches des grandes disciplines : « Tu nous as trompées en t'occupant ainsi : tu peux dire adieu à la connaissance des réalités les plus hautes » ?

28. Enfin si tu veux aller à la campagne pour te récréer l'âme (encore ne s'agit-il pas de sillonner des provinces reculées), l'état que tu as commencé d'embrasser te ramènera aussitôt aux livres et aux lettres, où les lettres elles-mêmes te menaceront de la pire infamie, si tu ne les rends pas plus belles encore à force de travail et de veilles. Ajoute à cela que devoir être privés de la présence agréable et si douce de leurs concitoyens, ne se réjouir que de la solitude, éviter toutes les conversations qui n'aient pas un goût d'érudition mêlé d'un parfum de tristesse et de vieillerie, — tout cela est le lot commun des lettrés. 29. Pour eux, interdiction de passer du temps à se saluer entre amis, de se promener ici ou là, d'avoir des foules de camarades ; leur journée se divise entre lectures à faire et leçons à écouter, et ils n'ont que de loin en loin le temps de se dégourdir les jambes. En sorte qu'il ne leur reste presque aucun moment pour chercher à goûter des voluptés pleines et entières. Voilà donc les plaisirs qu'ils ont, et de quelle intensité ! des plaisirs, ce n'est que trop évident, qui ne leur permettent pas la moindre relâche dans les efforts auxquels ils sont enchaînés, ni de les abandonner jamais ; qui soumettent continuellement leur vie au juge-

etatis dulcedinem, vite florem, omneque evum inter chartas et mortuas pecudes (ut sic libros noncupem) habere sepultum oporteat, ac veluti perpetuo carcere illic contineri ipsique nature nunquam non adversari necessitas cogat.

(30) Itaque si amena omnia valent animum studiosorum distrahere a studiis, sive infinita (ut videre licet) amenissima studiis litterarum nocent, sive ab illis omnibus litterati se abstineant oportet, que idcirco hominum vita quam istorum litteratorum asperior poterit comperiri ? Si studii temporibus nunquam debet studiosus a rerum investigatione ac perceptione neque voluptatibus avocari, neque somno et otio retardari, neque commodis aliquibus distrahi, si rursus modica et rarissima sunt tempora non debita studiis, quis igitur erit qui se voluptatis causa litteris operam dare audeat dicere ? (31) Non tamen ego in eum locum detrudo ac compingo litteratos ut eos dicam omni vacuos voluptate litteris operam dare ; tantos enim nequirent labores perferre nisi aliqua voluptatum opinione relevarentur. Sunt qui non inviti lugeant quoniam ad voluptatem ducant eo pacto se piissimos et amicitiarum nimium memores haberi. Tum etiam plerisque in rebus dum institutis et opinioni satisfaciamus multa nobis videntur aspera minus quam re ipsa sint. (32) Sed eiusmodi litteratorum voluptas est ut eam rectius possis dolorem dicere quam voluptatem : sedere enim sempiterne, continuo lectitare, assidue meditari, perpetuo esse in solitudine, eternum privari festivitate et ioco, hanc ipsam vitam degere, non sum ita agrestis aut durus

ment d'autrui, et les obligent à ensevelir les dons de la jeunesse, la douceur qui l'accompagne, le bel âge de la vie, leur existence entière enfin, entre des tombereaux de papiers et des peaux de bêtes mortes (car c'est ainsi qu'il faut appeler les livres), comme si la nécessité les condamnait à être enfermés dans une prison à vie, et à s'opposer sans cesse à la nature.

30. Aussi, à considérer que tous les agréments de l'existence peuvent détourner de l'étude ceux qui s'y sont consacrés, ou que des douceurs en nombre infini, comme on peut le voir, nuisent à l'étude des lettres, ou encore que les lettrés sont dans l'obligation de s'en abstenir, saurait-on jamais trouver parmi les hommes une vie plus pénible que la leur ? Si, durant le temps de son étude, l'esprit qui s'y applique ne doit jamais laisser le plaisir le détourner de la recherche et de la compréhension des choses, ni le sommeil et le loisir y faire obstacle, ni la moindre facilité l'en distraire ; si enfin l'on ne peut faire entorse à l'application de l'étude qu'en de très rares occasions, et de courte durée, osera-t-on jamais prétendre que c'est pour le plaisir qu'on se consacre aux lettres ? 31. Loin de moi, cependant, l'intention d'enfermer les lettrés dans cette situation, et de dire que leur dévouement aux lettres ne s'accompagne d'aucune espèce de plaisir : car enfin ils ne pourraient se donner tant de peine s'ils n'avaient pour les en soulager quelque idée du plaisir qu'ils peuvent y goûter.

Il y a des gens qui s'effondrent volontiers en larmes, parce qu'ils pensent que c'est un plaisir de donner par ce moyen l'impression d'une fidélité et d'une mémoire extraordinaires en amitié. Dans la plupart des domaines, le consentement que nous donnons à l'habitude et à l'opinion nous fait paraître les choses moins difficiles qu'elles ne sont en réalité. 32. Mais le plaisir qu'éprouvent les lettrés est d'une sorte qui rend plus légitime de parler à son sujet de douleur plutôt que de plaisir : être toujours assis, ne jamais cesser de lire, méditer sans relâche, rester continuellement dans la solitude, être indéfiniment privé des amusements et des jeux, mener donc cette vie-là — il faudrait être particulièrement rustre pour oser dire que c'est de l'ordre du plaisir. Il existe aussi, dans le châtiment de l'offense, dans les rivalités homo id ut ausim dicere voluptuosum esse. Est quoque in vindicandis iniuriis, in simultatibus, inimicitiisque, contentione et viribus superandis voluptas quedam insita; concertationes tamen et odia sustinere plenissimum est doloribus. (33) Quod ipsum in litteris persimile evenit: nam satisfacere libidini ediscendi prebet illud quidem voluptatem, sed hic studiorum labor acerbissimus animique hec gravissima sollicitudo semper plus affert quod angatur quam quod gaudeat, vel tandem si quam discendo sumunt voluptatem, eam curis et laboribus maximis obruunt. Verum iidem in hoc maxime differunt, quod concertationum et inimicitiarum pondus brevius, studiorum vero anxietas diuturna, infinita immensaque est. (34) Habentur enim in litteris innumerabilia cognitu dignissima, neque facile dici potest quam earum studiosum ingenium ediscendi cupiditas premat. Incidit in difficilem doctissimorum disceptationem, aut rem comperit elegantem, dignam, plenam eruditionum; studiosus non dormit, non comedit, non quiescit, nullam penitus voluptatem sentit; stat mordax cura rem totam recognoscere atque tenere. Ea quidem magno labore apprehenditur, multa solertia detinetur, grandi sollicitudine servatur.

(35) Post hanc sequitur etiam alia atque alia inaudita, incognita, versuta, subtilis et callida ratio, aut singulare quoddam exemplum, aut ornatissima persuadendi vis. His omnibus in rebus studiosus homo discendi cupiditate nec modum ullum, nec finem invenisse potest; neque enim sedato esse animo licet nisi omnium rerum occultarum ignoratione sublata. Itaque nimis, ut vides, pertricosa res est studiosus homo; ex quo fit ut nunquam sibi vel minima quidem

dont on triomphe, dans les inimitiés et les luttes dont on vient à bout, dans l'exercice victorieux de ses forces, une sorte de plaisir ; mais il reste que soutenir des conflits et affronter la haine n'engendre que les pires souffrances. 33. Et c'est exactement ce qui se passe dans les lettres : car si satisfaire au désir d'apprendre apporte bien quelque plaisir, les fatigues et les difficultés de l'étude, jointes à la contention si éprouvante de l'esprit, causent plus d'angoisse que de joie ; et finalement, on voit se perdre dans des soucis et des peines considérables le plaisir qu'on a goûté en s'instruisant. Il y a par ailleurs cette différence irréductible entre les deux domaines que je compare, que le poids des rivalités et des luttes ne dure qu'un temps, tandis que l'anxiété où nous plongent les études n'en finit pas, et semble n'avoir pas de mesure. 34. C'est qu'en effet les lettres renferment des objets innombrables qu'il serait du plus haut intérêt de connaître, et l'on ne saurait dire avec quelle violence le désir de les apprendre tourmente un esprit qui en est curieux. Il tombe sur les débats fort épineux des savants les plus éminents, ou découvre quelque chose d'élégant, quelque chose de valeur qui fourmille de connaissances ; alors cet esprit studieux ne dort pas, ne dîne pas, ne prend pas de repos, et reste bien éloigné de ressentir le moindre plaisir : et tant qu'il ne parvient pas à comprendre et à maîtriser l'ensemble de la question, il n'en démord pas, et sent cette inquiétude le ronger. Car c'est là une chose qui exige beaucoup d'efforts pour être saisie, comme une grande habileté pour être retenue, et une attention sans relâche pour être parfaitement possédée.

35. Après quoi c'est un autre raisonnement qui se présente, puis un autre encore, que l'on ne connaissait pas, ingénieux, subtil et pénétrant, ou bien un exemple remarquable, ou encore un passage d'une force de persuasion extraordinaire. Dans tout cela, l'homme d'étude, animé par la passion d'apprendre, ne peut trouver ni mesure ni fin ; et son esprit ne saurait s'apaiser avant qu'il ait triomphé de l'ignorance où il est de tout ce qui lui est caché. Tu vois donc qu'un homme d'étude, c'est une chose d'une rare complication ; et voilà ce qui explique qu'il n'ait jamais la moindre relâche, la moindre liberté d'esprit ni de mouvement. 36. Une triste solitude, un travail acharné, une

aut corporis aut animi vacatio adsit. (36) Tristis solitudo, acerbus labor, extrema vigilantia, difficilis sollicitudo, summa occupatio, flagrans cura, ut cum in hoc studioso voluptas nulla reperiatur, tum in ommi eius vita nulla penitus sit intercapedo laborum et molestiarum. Que cum ita sint, in litteris constare hoc arbitror : prudentem neminem voluptatis causa ad litterarum labores compulsum iri, honoris et dignitatis gratia fortassis aut divitiarum aut amplitudinis spe credideris eos ad litteras accessisse.

IV. (1) Videamus idcirco quemadmodum ad divitias iuvent littere, qui locus divitiarum post voluptates erat edisserendus. Nego studiis litterarum maximas divitias comparari, qua quidem in re non illud disputo : possitne quispiam circa questum versari, qui, ut debet, omnem prorsus litteris operam impertiatur ; sed hoc haberi volo : ex litteris magnam divitiarum vim etiam ab industriis et cupidissimis minime congregari. Quod si ostendero, constabit sane minime prudentem esse illum qui spe divitiarum se laboribus studiorum dedicarit. (2) Quid hoc rei est quod ex tanta multitudine quantam per omnes provincias intuemur studiosorum, tam paucissimos tamen videmus prodire litteratos quorum divitias admiremur ? Forte potui nonnullos ipse in litteratorum numero non egenos vidisse, quos non iniuria dixerim aut non egregie divites putandos aut non ex litteris, verum aliunde, esse factos locupletes. Quod si litterarum adiumentis opes comparantur, cur non eque litterati omnes bene fortunati reperiuntur ? Cur tam multos litteris prestantes viros in humili fortuna constitutos videmus ? (3) Unde ista disparitas ut ceteri litteratissimi egestate summa laborent, hic autem unicus haud mediocriter doctus inter divitias gaudeat ? An idcirco negabimus litteras parum admodum iuvare ad questum ? An potius eam ob rem esse litteratos omnes extrême attention, une inquiétude constante, une occupation de tous les instants, un souci brûlant — on serait bien en peine de trouver le moindre plaisir chez cet homme, ni le moindre moment, sur l'ensemble de sa vie, où l'on verrait s'interrompre ses travaux et ses peines. Aussi est-il absolument certain, à mon sens, qu'en ce qui concerne les lettres, aucune personne de bon sens ne peut être incitée à en épouser la carrière par l'attrait du plaisir. Va-t-on croire alors que c'est par désir d'honorabilité et d'importance sociale qu'on s'y lance, ou bien parce qu'on en espère la richesse et l'aisance ?

IV. 1. Voyons donc de quelle manière les lettres aident à s'enrichir ; c'est un point qu'il fallait développer après la question du plaisir. Je soutiens qu'on ne peut pas faire fortune par l'étude des lettres ; je ne discuterai pas à ce sujet sur le point suivant, à savoir si l'on peut penser au gain quand on se consacre entièrement aux lettres comme il se doit ; ce que je veux prouver, c'est qu'avec les lettres, il est impossible d'accumuler de la richesse, quelle que soit l'activité qu'on déploie et le désir qu'on en a. Si je parviens à le montrer, il sera établi que ce serait perdre le sens commun que d'embrasser la pénible carrière de l'étude dans l'espoir de s'enrichir.

2. Comment se fait-il que sur la multitude des lettrés que nous voyons dans toutes les provinces du pays, nous en trouvions si peu dont nous admirions les richesses ? Sans doute ai-je pu en voir quelques-uns sur ce nombre qui ne soient pas dans la gêne ; mais je dirais sans risque de me tromper qu'il ne s'agit pas là d'une richesse bien considérable, ou que si leur fortune dépasse ce niveau, c'est qu'elle provient d'ailleurs que des lettres. Si les lettres aident à s'enrichir, pourquoi ne voyons-nous pas tous les lettrés jouir de la même aisance ? Et pourquoi rencontrons-nous tant d'éminents savants qui vivent fort humblement ? 3. D'où vient cette différence qui fait que pour un homme médiocrement instruit qui regorge de richesses, nous en trouvons mille d'un savoir éminent qui sont financièrement aux abois ? Dirons-nous que les lettres n'ont aucun effet sur la possibilité de gagner de l'argent ? Ou devrons-nous avouer que si tous

egenos fatebimur, quia litteris occupati cetera admodum omnia negligendo cum valetudinis, tum multo magis rei familiaris et pecuniarum curam aut solere aut posse habere non maximam videntur? (4) Mihi sane utraque causa videntur litterati discludi a copia opum, nam altera cupiditas, altera facultas ditandi tollitur. Que enim bonis litteris comparantur, modestia, magnanimitas, virtus ac sapientia, ea ingenuum spe studioque rebus magnis deditum prohibent animum questibus infinitisque rebus implicari, rectamque mentem inter caducas res prosterni eadem sapientia et virtus non sinit. Quo circa laudantur qui abiecta cupiditate non divitias que studiosis denegantur, sed mirificarum rerum cognitionem sectari didicerint.

(5) Etenim que sit ditandi facultas ac modus queritur. Quod si quis ad divitias accumulandas dixerit duas patere mortalibus vias, alteram quam fortuna nobis aperuisse, alteram quam ars et industria comperisse soleat, recte is quidem meo iudicio dixerit. Fortuna enim ditamur veluti hereditatibus, legatis, donationibus et huiusmodi largitionibus que fortune beneficio dedita, non virtute nostra parta deveniunt; industria vero, sicut mercatura, salariis et huiusmodi questibus. Quare in his rebus quantum littere commodissime inveniantur pervestigandum est.

(6) Quoniam igitur instituimus de commodis litterarum atque incommodis disceptare, fortassis de litteratorum fortuna dicere non convenit, que quidem omnium litteratorum sententia potius utcunque illa fuerit ferenda est, quam existimatione pensanda. Eam

ceux qui s'occupent des lettres vivent dans l'indigence, c'est parce que cette activité, qui leur fait négliger tout le reste, paraît les éloigner ou même leur interdire de prendre beaucoup de soin, non seulement de leur santé, mais surtout de leurs propres affaires et de leur situation de fortune ?

4. Il me semble que les deux raisons s'unissent pour ôter aux lettrés toute possibilité de s'enrichir : la première leur en enlève la capacité, et la seconde, le désir. Ce que les belles lettres procurent, en effet — à savoir la modestie, la magnanimité, la vertu et la sagesse —, empêche une âme bien née, et qui se consacre avec espérance et attention à de grands sujets, de se laisser prendre à des affaires de gain, comme aux détails infinis que celles-ci supposent ; et cette même sagesse, cette même vertu, ne sauraient souffrir qu'un esprit droit s'abaisse à des sujets aussi infimes qu'éphémères. Aussi fait-on l'éloge de ceux qui, ayant renoncé à l'appât du gain, ont appris à rechercher non pas des richesses qui se refusent de toute façon aux hommes d'étude, mais la connaissance des réalités les plus extraordinaires.

5. Demandons-nous en effet quelle est cette faculté de s'enrichir, et quelles limites elle admet. On aura, à mes yeux, raison d'avancer qu'il existe deux moyens d'accumuler de la richesse : le premier provient des dons que la fortune nous fait, le second des efforts de l'art et de l'industrie. La fortune nous enrichit entre autres par des héritages, des legs, des donations, et d'autres dons du même genre, lesquels ne sont dus qu'au bienfait dont elle nous flatte, et non à l'effet de notre vertu ; l'industrie, quant à elle, nous enrichit au moyen du négoce, par exemple, des salaires et des gains de cette nature. Aussi faut-il tâcher d'établir le degré de commodité que les lettres nous offrent dans ce domaine.

6. Puisque donc nous avons entrepris de débattre des avantages et des inconvénients des lettres, peut-être ne convient-il pas de parler de la fortune des lettrés, qu'il vaut mieux, de l'avis unanime des intéressés, supporter comme elle est, plutôt que la soumettre à une estimation rigoureuse. Mais c'est justement pour cela que nous voulons évoquer leurs gains ; nous ne négligerons pas le reste pour autant, s'il a

ob rem de questibus primum disseramus, reliqua ut in rem incident non negligemus, sed ea omnia ita brevissime ut plura possint a me videri consulto pretermissa quam ingenio et arte collecta; malo enim non censeri obtrectator quam videri curiosus.

(7) Iam vero divitias tum grandes fieri et subitas dicunt cum questus magni et frequentes, tum impense modice ac rare sunt: pulchre dictum hoc quidem. Nam crescit domi cumulus cui addideris plura in dies quam detraxeris; quod quidem apud litteratos cum omnino sit contra, cum minima lucra excipiant, maximas per omnem etatem pecunias dissipent, nimirum idcirco eosdem pauperes esse oportet. Sed si est fortassis quispiam qui dubitet in studiis litterarum maximas pecunias disperdi, habeo sane argumentum ad rem accomodatissimum quo non modo patebit ingentes opes in studiis exarescere, sed omnem penitus familiam multis atque ultimis incommodis affici.

(8) Venit in mentem quod apud Bononiam, dum in studiis litterarum illic versarer, de quodam honestissimo cive cui erat filius iurisconsultus plane litteratissimus persepius intellexi: nullius eque rei penitere atque quod operam litteris filium dare permisisset. Ob id enim multis incommodis affectum se asserebat, primum quod in rebus agendis nunquam utilem esse operam filii senserit, quem voluit nunquam a studiis litterarum agende rei familiaris gratia distrahi. (9) Quamobrem sibi fuisse filium inter domesticos superfluum admodum asserebat. Quod ni illum maluisset occupari litteris multa per eum quidem esset assecutus que per conductos magnis salariis procuratores efficere sibi necesse fuerit, ex quo lucra plena impensarum atque idcirco perexigua reddita sunt. Nam secus accidisset ubi fuisset in negotiis non extranei, sed filii opera usus. Minime enim

quelque rapport avec le sujet, mais ne ferons que le survoler, quitte à donner l'impression d'oublier volontairement plus de choses qu'une réflexion attentive n'a permis d'en rassembler ; je préfère en effet n'être pas pris pour un censeur, plutôt que passer pour un curieux.

7. On dit qu'on atteint une fortune aussi soudaine que considérable, quand on a des gains importants et fréquents, et des dépenses modestes et rares ; et c'est ce qui s'appelle bien parler. Car si l'on veut voir s'accumuler la richesse, il faut régulièrement y ajouter plus qu'on en retranche. Étant donné qu'il en va tout à l'opposé avec les lettrés, puisqu'ils ne perçoivent que des profits ridicules, et jettent toute leur vie l'argent par les fenêtres, il leur faut nécessairement connaître la pauvreté. Peut-être va-t-on douter que les lettres donnent l'occasion de faire des dépenses considérables ; mais je peux avancer un argument parfaitement adapté à mon propos, et qui prouvera non seulement qu'un argent considérable disparaît dans les études, mais que toute la famille en subit de nombreux inconvénients, qui la plongent dans la dernière extrémité.

8. Je me rappelle qu'à Bologne, où je me trouvais étudier les lettres, j'eus plus d'une fois à me rendre compte des sentiments d'un citoyen fort honorable, qui avait un fils juriste de la plus grande culture : eh bien, il n'y avait rien au monde dont il se repentît davantage, que d'avoir autorisé son fils à se consacrer aux lettres. Il affirmait qu'il avait à en subir toutes sortes de désagréments, à commencer par le fait que son fils ne lui servait à rien dans ses affaires, comme il ne le comprenait que trop, alors qu'il aurait voulu ne le voir jamais distrait par ses études du devoir de s'occuper de la gestion familiale. 9. Aussi assurait-il que son fils, au milieu de ses commis, était vraiment une bouche inutile. S'il n'avait pas préféré s'occuper des lettres, il lui aurait apporté une aide précieuse, celle-là même qu'il était obligé de demander à des intendants engagés à haut salaire, ce qui faisait que ses bénéfices étaient tellement grevés de dépenses qu'ils se réduisaient à une peau de chagrin. Il en serait allé tout autrement, s'il avait pu mettre son fils à contribution dans ses affaires plutôt que des étrangers. Les revenus ne seraient pas rognés par les traitements, il n'y aurait plus à

forent redditus diminuti salariis, neque in familia fuissent habende tam inutiles impense, que certe non modo inutiles, sed etiam admodum gravissime exstiterunt. (10) Solutum magistris, datum grammaticis, contributum dialecticis, adhibitos ceteros pedagogos, emptos libros, et item alios atque item alios libros comparatos, ut nunquam denique librarii, nunquam expostulatores defuerint. Preterea super accessisse temerarias illas pompas quas doctoratum nominant : illic donata et dissipata esse quam multa, erogatas ingentes pecunias, factas vestes et togas, structum epulum ; tum domus refulcita et ornata ac postremo multis modis insanitum, ut pene fortunas omnes familiares exhauserit. (11) Atque utinam eo pacto rebus esset impositus modus, ne in dies impense et domi et foris excrescerent ! Suorum enim se maiorum more solitum antea private, parce atque honeste vivere, nunc autem, assumpta toga doctoratus familiaque facta celebriori, omnia lautiora et affluentiora requiri. Quo fit ut nunquam sibi tanta rependi premia expectet, quanta pro acceptis incommodis deberentur.

(12) Addebat huic aliam multorum iudicio bonam, sed omnino apud me incognitam, huiusmodi rationem ; sic enim aiebat : — Si pecunie que inter libros et vestes filii dormiunt, ipse ille, ut potuissent, pecunie negotiate fuissent, habe hoc, maximam gazam accumulassent, et quas exposui pecunias in filium tenerem atque simul quantum annuis lucris deberetur excepissem. (13) Itaque his rebus diligens pater quantum damni et detrimenti accepisset non raro disputabat. Verum cum hec ita essent non se tamen eo vehementius affici enarrabat quod immoderatas et nimium dissolutas impensas filius attulerit, sed eo magis dolere profitebatur, quod sibi videbat de filio non optime sperare licere, quem intueretur ob litterarum curas

tenir compte dans la famille de ces dépenses si inutiles, dont non seulement le caractère superflu était flagrant, mais la charge écrasante. 10. Sans compter les émoluments des maîtres, les versements aux grammairiens, le salaire des dialecticiens, et tous les autres pédagogues en jeu dans l'affaire, les livres à acheter (on n'arrête pas d'acheter des livres), et qui font qu'on ne manque vraiment de personne pour vous demander de l'argent, ni libraires ni autres. À quoi il fallait ajouter ces cérémonies d'un faste tout à fait inconsidéré qu'ils nomment doctorat : c'était à y engouffrer tout son argent, on vous demandait des sommes considérables, il fallait commander des habits et des toges, et dresser un buffet pour la compagnie ; et la maison refaite à neuf, pimpante, des folies en tout genre — bref, encore un peu et avec ses lubies, il ne restait rien de toute la fortune familiale. 11. Si au moins on mettait ainsi un terme au processus, pour éviter de voir les dépenses augmenter de jour en jour à la maison comme au dehors ! Car il avait auparavant l'habitude de vivre comme ses aïeux, donc de mener une vie simple, économe, honnête ! Mais à présent, avec sa toge de docteur, et l'éclat qui en rejaillit paraît-il sur la famille, on prétend à un autre train ! Avec tout cela, il n'y avait pas à attendre un dédommagement proportionné aux inconvénients très lourds qu'on avait dû supporter.

12. Ce brave citoyen ajoutait à cela une autre raison, qui semblait décisive aux yeux de bien des gens, mais qui m'était totalement inconnue ; elle ressemblait à ceci : — Cet argent qui dort entre les livres et les habits de mon fils, eh bien, si on avait pu l'investir, bon an, mal an, c'est sûr qu'il aurait fait des petits ; et j'aurais touché, avec l'argent que j'ai dépensé pour lui, tous les intérêts qu'il aurait rapportés.

13. Comme c'étaient des choses auxquelles le père se montrait fort attentif, il n'était pas rare de l'entendre discuter des pertes et des dommages qu'il y avait subis. Mais la situation avait beau être celle-là, il avouait que ce qui l'affligeait le plus, ce n'étaient pas les dépenses inconsidérées que son fils lui avait occasionnées ; non, il souffrait surtout, disait-il, de voir que c'en était fini des hautes espérances qu'il avait conçues à son sujet : il suffisait de considérer la mauvaise santé

esse valetudinarium effectum ac intelligeret imbecilli filio quietem futuram nunquam.

(14) Idcirco merore affectus ob pietatem multis modis filium suum tentasse a libris in iocum aliquem distrahere sepeque iussisse ne vigiliis et ieiunio sese usque adeo affligeret. At filium instanti sibi sic respondere solitum : — Desine, mi pater, nos ab hoc instituto deterrere. Te enim scire oportet me hanc pro officio litteris assiduitatem debere ; atque si sapis, si nostra tibi dignitas cara est, hoc ages ut vehementius prosequar, atque hortabere ut nunquam e bibliotheca progrediar. (15) Cave ne quam nostra cura et diligentia adepti sumus famam velis his monitionibus tuis deficere. Te quidem ego libentius audiam, mi pater, si iusseris ut prestitam clientibus fidem susceptasque amicorum causas omni studio et viribus tuear ; siquidem hoc intelligere perfacile potes, quam pro expectatione amicorum ne mediocrem quidem omnibus meis vigiliis me semper patronum exhibeam. Ergo me sine, mi pater, nostrum negotium prosequi.

(16) Itaque homo prudens hic pater familias cum ceteris ex causis, tum quod hoc pacto de vita valetudinarii filii maiorem in modum pertimesceret, omni arte illum ab studiis abducere frustra conabatur ; quamobrem piissimus pater quod robustum, letum, incolumemque habere filium tametsi imperitum, quam enervatum, tristem, exanguem ac valetudinarium prestare arbitretur, idcirco indoctum sibi sepius quam hunc quem haberet litteratissimum filium optasse adiurabat. (17) Satis enim commodum esse filium aiebat eum qui nullas patri et familie erumnas afferret ; hunc vero sibi esse incommodissimum quem sustinere in vita sumptibus maximis oporteret. Hec igitur vir ille modestissimus non opinione aliqua motus, sed re ipsa, ut videre licet, doctus edisserebat. Quare, si probatissimis viris credendum est, dum hic civis sua in urbe primarius multo cum audientium

où les soucis littéraires l'avaient mis, et de s'apercevoir que, faible comme il était, son fils ne trouverait jamais de repos.

14. Aussi son affection le faisait-elle se ronger d'inquiétude pour son fils ; il avait tout essayé pour le distraire des livres et l'amuser un peu, et lui avait souvent ordonné de ne pas s'épuiser ainsi à veiller et à jeûner. Mais son fils répondait invariablement à ses prières : « Arrête, s'il te plaît, de vouloir nous détourner de notre projet. Car il faut que tu saches que c'est pour moi un devoir d'étudier les lettres avec cette assiduité ; et si tu as du bon sens, si tu te soucies de notre dignité, tu veilleras à ce que je m'y applique plus ardemment encore, et tu m'encourageras à ne jamais quitter la bibliothèque. 15. Garde-toi de vouloir que la renommée que nous nous sommes faite à force d'application et de travail ne vienne à s'évanouir à cause de tes remontrances. Je t'écouterais plus volontiers, mon cher père, si tu me demandais de veiller avec toute l'attention, toutes les forces dont je suis capable, à la loyauté que je dois à mes clients et aux affaires des amis dont je suis chargé ; oui, tu peux facilement comprendre que je ne doive pas décevoir l'attente de mes amis, et que je me montre, en veillant comme je le fais, un avocat qui soit toujours à la hauteur. Alors, s'il te plaît, laisse-moi faire mon travail. »

16. C'était une raison de plus pour que ce père de famille, cet homme avisé, redouble d'inquiétude pour son fils, et craigne plus encore pour sa vie, en le voyant de santé si fragile ; aussi essayait-il par tous les moyens de le détourner des études — mais en vain. Ce père si aimant pensait qu'il eût mieux valu avoir un fils robuste, joyeux et de bonne constitution, fût-il par ailleurs totalement ignorant, plutôt que ce rejeton sans énergie, triste, anémié et souffreteux ; et il se prenait souvent à jurer qu'il aurait souhaité un fils ignare plutôt que ce savant qu'il avait. 17. Il disait en effet qu'il était bien assez avantageux d'avoir un fils qui ne cause pas de misères à son père ni à sa famille ; mais que celui-là ne cessait de lui faire subir toutes sortes d'inconvénients, avec les dépenses considérables qu'exigeait son entretien.

Ce qui faisait parler ainsi un homme si mesuré, ce n'était pas quelque opinion préconçue, mais la réalité même dont il avait fait consensu hec que rettuli attestabatur, nonne satis edocebat litteras minime ad questum valere? Nonne persuasum relinquebat non sequenda inde lucra, sed tristem et enervatam vitam prebentes litteras penitus esse graves et laboriosas et fugiendas? (18) Etenim cum ille filium apud se educando ita senserit, quid illi facient patres qui filios longinquas apud civitates habuerint, quo loco ex patriis agris nihil deportari, nihil quanquam minimum sine nummo comparari queat, contra quicquid ad victum cultumque corporis attinet id omne ex fortunis parentum emungitur? Si vestis deest, si libros cupiunt, si egrotant (que res persepius accidunt), quante sunt continuo pecunie illuc profundende? Neque item facile dici potest maiorum metu atque presentia soluti adolescentes quantum apud socios sint prodigi. (19) Que tum omnia si ad calculum referas, comperies procul dubio studiosos litterarum dum litteris operam dedant, longe plures exposuisse pecunias quam ex ullis litteris recuperaturi unquam sint. Quid igitur? Questusne tam certi tamque maximi expectantur, ut omnes tibi domestice fortune primum exponende sint? Optima erit quidem institutio hec que patria et avita bona primo absorbeat, nihil vero aliud postea rependat nisi tantum spem ipsam meram. (20) Quod an ita litteris eveniat videamus ut apertius intelligamus quam sint ignavi qui in litteris nummum exculpere conantur. Constat quidem ex artibus acquiri divitias cum premia frequentia deferuntur, aut cum non frequentia sed amplissima; simul enim permagna et non rarissima lucra, ni fallor, ars nulla conferet. Grandia namque premia extremis atque ultimis laboribus et artibus pretiosissimis singularibusque rebus debentur, in quorum altero artifex, in altero solet emptor deficere.

(21) Velim igitur hoc loco fieri certior, studiose, speres ne minutissimis illis questibus, veluti cum puerum instruxeris, cum libellus edi-

l'expérience, comme on voit, et qui l'avait instruit. Aussi, puisqu'il faut s'en remettre aux hommes les plus estimés, quand ce citoyen fort éminent dans sa ville recevait l'approbation unanime des auditeurs en tenant ce langage, ne démontrait-il pas assez que les lettres ne valent rien pour s'enrichir ? N'était-il pas établi une fois pour toutes qu'il fallait avec elles ne caresser aucun espoir de profit, et qu'en n'ayant à offrir qu'une vie de tristesse et de fatigue, elles étaient un fardeau épuisant à fuir absolument ? 18. Et en effet, si cet homme avait ces sentiments en élevant son fils auprès de lui, que feront des pères dont les fils vivent dans des villes lointaines, où ils ne peuvent rien emporter de leur patrimoine, ni rien se procurer sans argent, pas même l'objet le plus insignifiant, alors que tous les frais de nourriture et d'habillement sont pour les parents ? S'ils manquent d'un vêtement, s'ils désirent un livre, s'ils sont malades (ce qui arrive assez souvent), comme il faut aussitôt vider son porte-monnaie, et c'est sans fin ! Quand les jeunes gens sont délivrés de la crainte et de la présence de leurs aînés, on n'imagine pas comme ils peuvent se montrer prodigues avec leurs amis. 19. Tout bien calculé, tu t'apercevras à coup sûr que les étudiants en lettres dépensent beaucoup plus d'argent durant leurs études qu'ils sauront jamais en récupérer plus tard de leur activité.

Qu'en conclure ? Attend-on des gains si assurés et si considérables, qu'il faille épuiser toutes les ressources familiales ? La meilleure éducation sera celle qui engloutit les biens paternels et ancestraux, sans rien rapporter d'autre en échange que d'amères espérances. 20. Nous le constatons pour les lettres, et cela nous fait mieux comprendre l'inanité de ceux qui s'efforcent de faire de l'argent dans ce domaine. Il est sûr qu'on peut s'enrichir par les arts, lorsqu'on en retire souvent des avantages, ou qu'on en reçoit d'importants à défaut de fréquents ; car à mon sens, il n'y a pas d'art qui puisse assurer les deux. Les grands avantages sont réservés aux chefs-d'œuvre les plus aboutis, aux arts les plus précieux, et aux objets uniques : et dans ce cas, c'est tantôt l'artiste, tantôt l'acheteur qui manque.

21. Je voudrais donc tu en sois bien informé, cher étudiant : n'espère pas t'enrichir du moindre centime, ni par le préceptorat, ni par

tus sit, cum causam oraris, febrem curaris, aut cum de lege plurimum declamitaveris, aut istiusmodi rebus ditari. Minime quidem, nam adeo modice sunt ut ee vix quotidianis necessitatibus satisfaciant; tum adeo rare sunt ut sero magnum divitiarum cumulum conducere possint. (22) At sunt litterati nonnunquam divites. Nolo hic esse pertinax; eos esse interdum non egenos fateamur, tamen pecuniosos factos unde vis aliunde quam ex litteris putamus; nisi forte avaritia, scelere ac fraude rem quesitam ostentent, quos quidem questus turpissimos splendore litterarum honestare cupientes mea sententia bis redarguendi sunt; primum quod ipsos se cumularint vitio, proxime quod decus litterarum et dignitatem sua obscenitate contaminent. (23) Ne ergo honestissimi litterati erunt prorsus egeni! Erunt quidem, si litteris abundare quam nummis, si virtute quam ere, si animi quam domus suppellectile ornati esse volent. Quid si litteras una et divitias consectentur? In utroque parum egregie proficient. Quid id? Namque diversa et omnino pugnantia esse studia oportet litteris deditorum et cupidorum hominum; nam illi fenori, furtis, rapinis et flagitiis advigilent, quo quid potest esse turpius? Isti decori, laudi, posteritatique serviant, quo quid potest esse preclarius? Rursus illi auro quam gloria, argento quam fama, caducis rebus quam gratia et benevolentia civium abundare malunt; isti preter solidam integramque virtutem minime quicquam expetendum ducunt.

(24) Itaque quod cupidi maximopere sequuntur, litterati et bonarum artium studiosi aspernabuntur; quod studiosi expetent, cupidi negligent. Denique in augenda re preda et avaritia cupidi utuntur, cum litterati in amplificanda fama liberalitate et iustitia delectentur.

l'édition, ni par le barreau, ni par la médecine ou l'étude de la loi, ni par rien de ce genre. Non, il n'y a rien à en espérer : les revenus y sont si modestes, qu'ils suffisent à peine aux besoins quotidiens ; et ils sont trop rares pour permettre d'amasser des richesses à foison, même sur le tard. 22. « Mais il arrive que des intellectuels soient riches. » Je ne veux pas m'entêter sur ce point ; je reconnais qu'il y en a qui ne sont pas dans la dernière misère, mais je crois que leur aisance vient d'ailleurs que des lettres, et, du reste, peu importe d'où. À moins qu'ils ne fassent étalage d'une fortune que la cupidité, le crime et la malhonnêteté ont amassée : mais dans ce cas, il faut à mon avis dénoncer doublement des gens qui désirent couvrir leurs gains malhonnêtes du lustre et de l'éclat des lettres ; d'abord parce qu'ils ont fait fortune par le vice, et ensuite parce qu'ils souillent par leur bassesse l'honneur et la dignité des lettres. 23. « Les intellectuels les plus honnêtes seront-ils décidément dans le besoin ? » Oui, s'ils veulent être dotés de culture plus que d'argent, de vertu plus que de monnaie, et veiller à l'équipement de leur âme plus qu'à celui de leur intérieur. « Et si l'on recherche à la fois la richesse et les lettres ? » Ils réussiront aussi peu dans un domaine que dans l'autre. « Pourquoi cela ? » Parce qu'il faut nécessairement que les intellectuels soient différents des hommes d'argent, et même qu'ils s'y opposent du tout au tout, les voyant ne songer qu'à l'intérêt, aux escroqueries, aux vols et aux bassesses, où se résume toute la honte du monde, tandis qu'eux-mêmes se font les serviteurs de la beauté, de la gloire et de la postérité, ce qui est la plus noble des conduites. Et là où les uns préfèrent les richesses de l'or à celles de la gloire, l'argent à la renommée, les biens périssables à la reconnaissance et à l'affection de leurs concitoyens, les autres pensent qu'il n'y a rien d'autre à rechercher que la vertu, dans ce qu'elle a de plus stable et de plus intègre.

24. Aussi les intellectuels et les chercheurs mépriseront-ils les fins que les hommes d'argent se donnent ; et inversement, ce que les premiers recherchent, les autres le négligeront. Finalement les uns, pour augmenter leur fortune, manifesteront leur goût du profit et des mauvais procédés, tandis que les autres, dans leur volonté d'étendre leur

Sed ut negotium hoc statuam, sic ipse censeo : non fieri divites litteratos, aut si ex litteris ditantur, turpiter eosdem ditari. Nemo enim animo ingenuo preditus (ut reliquas cupidorum turpitudines omittam), nemo non turpe ducet elegantiam doctrine suppeditare questibus, nemo non flagitiosum putabit doctrinam facere sibi nundinariam. (25) Quod si tandem preter mores, preter veterem bonorum consuetudinem quispiam iuste opulentus erit futurus ex doctrina, is plane sit cui fortuna facilior, scientia profundior, auctoritas prestantior, amicorum observantia cultior longe quam ceteris atque amplior fuerit, cuius item facundia, facilitas, ingenium, versutia, calliditas acceptior atque ad hominum aures et opinionem accomodatior. (26) Talem enim hunc esse litteratum oportet ut dum ei non dubitet civitas universas fortunas commendare suas, tum frequentissimos questus et premia porrigere assuescat. At vero in eo quidem gradu claritatis perpaucissimi reperientur ; addo quod qui multorum gratiam concupierit, non parsimonia, non his artibus quibus res et divitie comparantur, sed beneficio, liberalitate prodigalitateque contendat oportebit, rebus, ut vides, ad cogendas divitias minime accomodatis. (27) Vel esto sane : sint multi quorum se fidei omnis civitas commendare audeat, preterea fieri possit ut omnes questus qui ex litigiis, qui ex sententiis, qui ex morbis iuste capiuntur, omnes, inquam, hi questus in unum cogantur et uni tantum congerantur litterato, non illi quidem omnes (ita me superi adiuvent) meo iudicio questus aut tanti aut tam frequentes erunt ut divitias existimem deditas esse amplissimas. (28) Et quantos morbos, vel potius pestes, quam multas in civitate discordias agi et quam solertes questuum aucupatores, superi boni, nos esse oportet, antequam iustis salariis litterarum locupletemur, antequam non aliorum mercedibus, sed nostris opibus vitam degere honeste liceat !

réputation, ne se plairont qu'à la générosité et à la justice. Je pense donc, en définitive, que les intellectuels ne peuvent s'enrichir, ou bien que si les lettres les enrichissent, ce ne peut être qu'au détriment de leur droiture. Car il n'y a pas d'esprit bien né (et cela sans parler des autres bassesses des hommes d'argent) qui ne trouve honteux de soumettre au gain l'élégance de sa pensée, ni révoltant de mettre son savoir sur le marché. 25. Mais si finalement quelqu'un est destiné à voir sa pensée l'enrichir, sans que cela remette en cause sa conduite, ni l'habitude du bien qu'il aura prise de longue date, c'est qu'il aura une fortune mieux disposée, une science plus profonde, une autorité plus nette, un sens de l'amitié beaucoup plus aigu et plus heureux que les autres, ainsi qu'une éloquence, une facilité, un esprit, une finesse, une adresse mieux reçus du public, et plus adaptés à l'oreille des hommes comme à leurs opinions. 26. Il faut en effet que cet intellectuel soit ainsi fait, qu'il s'habitue à mettre le plus souvent possible la main sur les récompenses et les distinctions quand l'État n'hésite pas à lui confier l'ensemble de ses destinées. Mais il y en a un nombre infime qui parvient à ce degré de célébrité; et j'ajoute que si l'on désire les suffrages de la foule, il faut, non pas faire preuve d'économie ni déployer tous ces stratagèmes qui permettent d'acquérir des richesses et du bien, mais rivaliser de générosité, et même de prodigalité, ce qui est évidemment de nature à n'enrichir personne. 27. Mais supposons qu'il y en ait beaucoup à qui la cité confie ses destinées; supposons aussi que tous les justes profits que rapportent les différends, les procès, les maladies soient réunis, et qu'ils ne reviennent qu'à un unique lettré (puissent les dieux me faire cette faveur!) : eh bien, tous ces gains, à mon avis, ne seraient ni assez importants ni assez fréquents pour me faire penser qu'il s'agit là de richesses hors du commun. 28. Et quelles maladies ou plutôt quels fléaux doivent-ils se déclarer dans l'État, combien de discordes l'agiter, quelle habileté devons-nous déployer dans la chasse au gain, grands dieux! avant que les justes salaires qui sont dus à notre activité puissent nous enrichir, et que nous parvenions non plus à vivre aux crochets d'autrui, mais à mener par nos propres moyens une existence honorable! — Tout cela pour

Quorsum hec ? Plane ut intelligatur sua rata questuum parte studiosos nequicquam posse ditari, quandoquidem ex tanta multitudine fieri vix unum posse divitem persuasimus.

(29) Neque hoc loco eos audiendos puto vulgatum illud afferentes quo aiunt : — Qui in fide non deficit, opes non facit, qui non decipit, lucra non capit. Esset enim ea lucri faciendi ratio ab institutis et laude litteratorum longe alienissima ac sunt preterea non pauce ad certissimas divitias comparandas honeste ac civiles artes, quas longum quidem esset enumerare. Sed illud non pretermittatur : nullas fore artes aut disciplinas quibus non multo facilius ditemur quam ex litteris. (30) Si enim ad rem militarem accesseris, persepius dabitur ut illic amplissimas quam hic in litteris mediocres divitias assequaris ; armatis enim militibus mediis in campis patent complures vie vel ad ingentes divitias coacervandas, vel ad supremam amplitudinem consequendam. Litteras vero qui esse voluerit questuosas humilem se ac mercenarium prebeat opus est. Quid si te mercatura exercueris ? Nonne tandiu lucraberis quandiu voles ? Nonne undique astant portus provincie ac gentes innumere que te aliquid conducentem expectent ? (31) Quid preterea si te ad agriculturam conferas ? Quenam vita beatior erit ? Que uberior, questuosior aut sanctior merces poterit inveniri ? Sola enim agricultura pacata et libera indoctis quietem, doctis felicitatem poterit contribuere. Nam cum nulla quidem expectatio certior ex te aliqua est quam que ex agro bene culto suscipitur, tum ager quidem ad bene beateque vivendum otii plurimum atque ab omni strepitu et molestia vacationem mirificam exhibet. Adde his quod nulla grandior atque perennior utilitas est quam que ex rustico

bien faire comprendre que les intellectuels ne peuvent en aucun cas s'enrichir grâce à la part de gain qu'ils croient leur appartenir, étant donné que nous avons montré que sur le nombre qu'ils forment, il est déjà bien difficile d'en trouver un seul qui ait un peu d'aisance.

29. Je ne pense pas devoir tenir compte ici d'une opinion très répandue qui soutient qu'à ne pas se montrer déloyal, on ne s'enrichit pas, et qu'à ne pas tromper les gens, on ne fait pas de profit. Cette façon d'accumuler des gains serait en effet on ne peut plus étrangère aux habitudes comme à l'honneur des lettrés, sans compter qu'il existe un grand nombre de moyens honnêtes et civils d'accéder à des richesses assurées, qu'il serait trop long d'énumérer ici. Ce sur quoi je voudrais simplement insister, c'est qu'il n'y a pas d'art ou de discipline qui ne soit mille fois mieux fait que les lettres pour enrichir les gens. 30. Car si l'on fait profession de soldat, on touchera les revenus les plus considérables, et cela bien plus souvent que les lettres n'en peuvent donner de médiocres ; c'est que les guerriers sur le champ de bataille voient se présenter devant eux des moyens presque infinis d'accumuler des richesses impressionnantes, ou de parvenir à l'aisance la plus avantageuse. Mais si l'on veut que les lettres soient lucratives, il faut se montrer humble et mercenaire. Et que dire si l'on s'adonne au négoce ? Ne parviendra-t-on pas à s'enrichir à son gré aussi longtemps qu'on le souhaite ? Ne trouvera-t-on pas de tous côtés des ports, des provinces, des nations innombrables qui attendront vos marchandises ? 31. Et si l'on se consacre à l'agriculture ? Y a-t-il une vie plus heureuse que celle-là ? Peut-on imaginer un produit plus abondant, plus lucratif ou plus sacré que celui qu'elle rapporte ? Car l'agriculture, si on la pratique dans un temps de paix et de liberté, est seule à pouvoir apporter le repos à des hommes sans éducation, aussi bien que le bonheur à des savants. Il n'y a pas d'espérance plus assurée que celle qu'un champ bien cultivé permet de concevoir ; et si l'on veut bien vivre, et vivre heureux, il n'y a pas mieux pour faire goûter à tous les charmes du loisir, et procurer une liberté absolue à l'égard de toutes les agitations et de tous les désagréments imaginables. Ajoutons qu'on ne saurait trouver avantage plus conséquent ni plus durable que

penu trahitur. Sed de laudibus agriculture deque artibus questuosis alias. (32) Sit vero in illis ipsis atque in istiusmodi artibus et rebus omnibus locupletandi quedam ratio posita: in litteris vero doctrine elegantia et laus florescet, qua ducti prudentes solent putare omnes questus esse eiusmodi ut sit pulchrius sapientie gratia ferre paupertatem fortiter quam ditari sine laude. Quod si qui ita impudentes erunt, ut, spreta religione ac decore litterarum, tantum cupiditate ducantur ac sibi persuasum habeant fieri posse ut, fraude perfidiaque adhibita, litterarum suffragiis locupletentur, velim se sciant vehementer errare. (33) Nam sunt quidem infiniti casus in vita hominum, quibus acti mortales paucissimi istuc perveniunt ubi ipsas primas litterarum mercedes sint suscepturi. Et omittamus quidem illud: patrias prius fortunas esse exhaustas in studiis quam ille tantum litteris profecerit ut auctione litterarum sese sustentet. Exploratissimum est eum qui questum facturus sit ex litteris non prius ad eas venditandas accessurum quam se in eisdem bene egregieque eruditum exhibuerit. (34) Nempe videmus ipsi ut publicis declamationibus disputationibusque ac reliquis scolarum et gymnasiorum causis et certaminibus magnopere quid valeant ingenio et litteris ostentent. Neque vero transire ad questum fas est, nisi prius eam de se populo iniecerint opinionem ut docti vulgo existimentur, cum qua se posse ad lucrum magis quam cum virtute existimant. Proxime dici se doctores fibulamque auream demirari volunt, que talia tanti faciunt ut cum his plurimum sapere, sine his nihil didicisse videantur.

(35) Verum hoc loco querendum videtur utrumne antequam cum auro et auctoritate ab studiis domum redierint annum vel plus trigesimum summo cum labore insudarint, patrias fortunas labefactarint, se ipsos confecerint. Quid etiam quod accedunt ad hos anni admodum decem quibus nondum fama et rebus gestis ita claruisse potuere

les provisions fournies par la campagne. Mais je ferai l'éloge de l'agriculture et des métiers lucratifs une autre fois.

32. Laissons à ces métiers comme à d'autres et à toutes les choses du même genre la faculté d'enrichir ceux qui les pratiquent ; dans les lettres, ce sera l'élégance et l'allure de la pensée qui se signaleront : et d'après les hommes avisés qui se laissent guider par elles, tous les gains qu'on y peut faire se résument à ce qu'il soit plus beau de supporter courageusement la pauvreté pour l'amour de la sagesse, que de s'enrichir sans gloire. Et s'il y en a qui ont la sottise de se laisser guider par la seule convoitise en méprisant l'honneur et la droiture des lettres, et qui croient fermement pouvoir s'enrichir au moyen de la littérature en y employant des procédés malhonnêtes, je voudrais qu'ils sachent qu'ils se trompent lourdement. 33. Car les hasards sont infinis dans la vie des hommes : et il y a fort peu de mortels qui en sont suffisamment aidés pour mettre à leur portée les premières retombées des lettres. Sans compter que les études ont épuisé la fortune familiale avant même qu'on y ait fait des progrès assez nets pour vivre de la littérature. Il est absolument certain que si l'on est destiné à y gagner sa vie, on ne réussira pas à vendre son talent avant d'y avoir montré une compétence indéniable, et même de premier ordre. 34. Car nous mesurons nous-mêmes le nombre de déclamations publiques, de disputes, de joutes oratoires et d'exercices qu'il faut pour montrer la qualité de son esprit et sa valeur dans les lettres. Il n'est assurément pas permis de passer au stade du gain si l'on n'a pas d'abord convaincu le peuple de l'éminence de sa culture, et c'est cette conviction qui, pense-t-on d'ordinaire, aide au profit plus sûrement que la vertu. Aussi veut-on se faire appeler docteur et laisser admirer sa fibule d'or : on accorde tant de prix à ces vanités, que si l'on semble merveilleusement savant avec elles, on paraît sans elles ne rien y connaître du tout.

35. Il faut se demander à ce stade, me semble-t-il, si, avant de retourner chez eux avec le prestige et la fortune que l'étude leur aura donnés, ils n'ont pas dû s'échiner pendant plus de trente ans, ruiner les finances familiales, et s'épuiser eux-mêmes. Sans compter la période d'environ dix ans durant laquelle leur renom et leurs ouvrages

ut quas teneant litteras easdem bene fecerint venales? Anni ergo non pauciores quadraginta prius perditi sunt quam hi cupidissimi lucrum occeperint, hominum pene ultima etas, quam ad etatem quot mihi dabis attigisse? (36) Quot ex mille viris quanquam nulla anxietate studiorum, nullis angoribus animi oppressis, vitam omnino alacrem et iucundam ducentibus putas annum quadragesimum excessisse? Profecto cum ceteros bellissimam vitam agentes paucos, tum longe paucissimos mihi litteratos dabis quadragenarios. Valetudo enim imbecilla, vita fragilis, etasque admodum brevis est studiosorum hominum quorum nemo fuit nature usque adeo robuste quin laboribus, vigiliis ac reliquis studiorum nocumentis non penitus conficiatur.

(37) Iuvat hanc rem redigere ad numerum, quo argumentatio nostra clarior sit. Consuevere prudentissimi viri, cum interdum a me rogantur quot ex mille hominum numero censeant ad annum quadragesimum etatis sue pervernire, communi, atque, ut opinor, vera sententia statuere vix CCC ex M hominum numero nedum ad quadragesimum, sed ne ad trigesimum annum vitam perducere. Illud etiam iidem viri peritissimi statuunt: eum rarissimum esse qui ante illam quadragenariam etatem possit familiam suam satis opulentam reddere. Ita quidem illi prudentes viri asserunt dum rogantur.

(38) Nos vero ne hunc locum pro nostro instituto minime negligendum orationis cursu pretervolemus, repetamus hunc vite computum, ut litteratos qui per etatem ditari queant selectos habeamus, atque, si quando in divitiarum cupiditatem inciderimus, sciamus in quem annorum et litteratorum numerum atque gradum nos fore asciscendos prius optandum sit. Quare ad rem proficiscamur.

(39) Quero igitur abs te, litterate, ex istis ipsis CCC prolixam vitam ducentibus quot sint per omnem vitam omnibus fortune iniuriis liberi, quotve sint, qui quotidianis malis atque erumnis ita

n'ont pu briller encore de cet éclat qui leur permet de tirer des avantages financiers des connaissances acquises. Soit donc un total de quarante ans au moins avant que leur volonté de gagner de l'argent trouve à se réaliser ; or, quarante ans, c'est presque le dernier âge de la vie : et combien d'hommes, d'après toi, l'ont atteint ? 36. Prenons mille personnes qui n'aient même pas subi la pression des études et les soucis qu'elles font naître, mais qui ont mené une vie aussi agréable que facile : combien y en a-t-il parmi elles qui aient excédé quarante ans ? Sachant qu'on trouve déjà très peu de quadragénaires chez ceux qui ont eu la vie la plus heureuse, chez les intellectuels, ce sera de l'ordre de l'exception. Ils ont en effet une santé fragile, une existence délicate, et une espérance de vie très courte ; aucun d'entre eux n'a jamais eu une nature si robuste, qu'il ait pu résister aux fatigues, aux veilles et aux autres épreuves fort préjudiciables dont l'étude s'accompagne.

37. Évoquons quelques chiffres, pour rendre l'argumentation plus claire. Les esprits les plus sérieux, quand je leur demande combien il y a de personnes qui, à leur avis, sur un ensemble de mille, parviennent à quarante ans, font cette réponse fort répandue et que je crois juste : qu'il y en a à peine trois cents qui atteignent, non pas même quarante ans, mais trente. Et ces mêmes esprits, forts de leur expérience, ajoutent qu'il est très rare qu'un homme puisse assurer une aisance relative à sa famille avant sa quarantième année. Voilà la réponse qu'ils donnent quand je les interroge.

38. C'est un point que nous ne devons absolument pas négliger dans le cours de notre développement ; aussi faut-il bien rappeler ce calcul : il nous permettra de mettre à part les intellectuels qui peuvent s'enrichir durant leur vie, et, s'il nous arrive d'être sujets au désir de faire fortune, de savoir avant de former ce vœu le nombre d'années que cela suppose, le peu de personnes concernées, et le niveau qu'elles ont dû atteindre. Ce point éclairci, poursuivons.

39. Je te demande donc ceci, cher intellectuel : sur ces trois cents personnes qui ont une existence agréable, combien y en a-t-il qui ont vécu toute leur vie sans subir une seule de ces épreuves dont la fortune est coutumière ? ou qui ont eu une existence si libre et si peu encom-

vacuam, expeditam et liberam vitam duxerint, ut suis studiis freti nulla calamitate interpellante summam doctrine prestantiam attigerint. An ignoramus quam sint artium rationes prolixe atque amplissime quamque ad tantam disciplinarum amplitudinem colendam sit ingenium hominum debile? (40) Accedit quod fallax et imbecillis adversus impetum fortune atque adversus reliquas fraudes hominum est nostra et ratio et facultas mortalium, quo fit ut cum difficile sit ceteras quasvis artes egregie tenere, tum longe omnium difficillimum mihi videatur totam rem litterariam (ut sic loquar) amplecti. Statuamus idcirco inter nos quot ex CCC in eam longam etatem viventibus non cogantur variis fortune casibus in medio proficiendi cursu studia litterarum deserere aut interrumpere. Hoc ut rectius statuamus considerandum fortassis est quanta dentur discidia ab studiis maxima et pene innumerabilia; proxime meminisse oportet omnem pertinaciam studiorum facilius casu abrumpi quam interruptam postea consilio retexi.

(41) Tu vero si dixeris litterarum studia nunquam quicquam recipere ut tibi ab opere intersedendum sit, profecto aut nimium felix es, aut minime studiosus; nam id quidem in omni cursu vite in dies experimur: studia, operas atque instituta nostra omnia variis et fortune et rerum, casibus perturbari, partim vi bellorum, partim locorum infectione et peste, partim fortune volubilitate, partim animi aut corporis morbis, partim rebus extrinsecis urgentibus, veluti paupertate, iniuriis, inimicitiis, reliquisque calamitatibus interpellantibus, infinitisque (ut est hominum vita refertissima) detrimentis, incommodis et difficultatibus compellentibus. (42) Has ob res prudentes

brée par les maux et les troubles quotidiens, qu'ils aient atteint, forts des études qu'ils ont faites, et sans être victimes d'un malheur quelconque qui les en prive, une éminence toute particulière dans l'ordre de l'esprit ? Ne savons-nous pas combien le domaine intellectuel et les connaissances qu'il met en jeu sont vastes et profonds, et combien l'esprit humain doit avouer sa faiblesse quand il s'agit de cultiver des régions si étendues ? 40. À quoi il convient d'ajouter que face aux épreuves que la fortune nous envoie et aux difficultés qui se rencontrent dans le commerce humain, notre raison et nos capacités d'êtres mortels sont bien fragiles et bien frêles ; ce qui fait que s'il est déjà difficile d'avoir une grande compétence dans l'art qu'on voudra, il me semble presque impossible d'embrasser, pour ainsi dire, l'ensemble du domaine littéraire. Calculons donc parmi nous le nombre de ceux qui, sur ces trois cents, voient des circonstances diverses les contraindre à abandonner ou à interrompre l'étude des lettres au beau milieu des progrès qu'ils y faisaient. Peut-être devons-nous, pour mieux y parvenir, songer aux congés définitifs et presque innombrables qu'on a signifiés aux études ; et rappelons-nous aussi que l'opiniâtreté qu'on y montre cède plus aisément à la force des circonstances, qu'elle ne se retrouve quand on a dû un jour y renoncer.

41. Si tu affirmes de ton côté que tu n'as jamais été dans la situation de devoir interrompre tes études pour une raison ou pour une autre, c'est que tu jouis d'un bonheur tout particulier, ou alors que tu n'es vraiment pas studieux ; car s'il y a bien quelque chose dont nous faisons l'expérience tous les jours, et cela durant la vie entière, c'est que les caprices de la fortune et du monde comme il va ne cessent de troubler nos études, nos activités et tous nos projets : tantôt c'est la guerre qui en est cause, tantôt la peste ou quelque épidémie, ou les variations de la fortune, les maladies qui affectent l'âme ou le corps, ou encore la pression des circonstances extérieures, comme la pauvreté, les offenses qu'on subit, les inimitiés auxquelles on se heurte ; bref toutes sortes de malheurs se jettent à la traverse, et des préjudices infinis (la vie humaine en est remplie), des obstacles et des difficultés sans nombre s'emploient à contrarier nos desseins. 42. Quand j'inter-

aliqui familiares, cum de his rebus a me rogantur, statuisse soliti sunt circiter centum ex CCC esse quorum cepta studia his malis intacta possent evadere. Non recusemus hunc a prudentibus viris constitutum numerum, tametsi pauciores esse perplures existimassem ; nos tamen in hac summa liberales sumus. Centum ergo ex mille studiosis viris fortuna et vita ad lucra ex litteris excipienda perveniant ; iam ad decimam totius summe partem devenimus : M posueram, centum delegimus. (43) Rursus quero quot ex istis centum putes esse memoria validos, mente potentes, ingenio aptos ad doctrinas. Non enim qui volent omnes, sed quibus fata singulare id munus ita concessere ad capessendam doctrinarum magnitudinem accomodati sunt ; memoria enim atque ingenium pene divinum quo studiosos maximarum artium prestare oportet fato quodam hominibus perpaucissimis ab ipsa natura concessum est. Nam si Hortensio memoriam, Ciceroni ingenium fata elargita sunt, aliis quidem ex tanto rhetorum numero in his rebus singularem laudem vix ullam concessere. (44) Sed preter quod polliciti sumus egredimur, nudam orationem nostram futuram prediximus, sola veritate contentam et honestam ; idcirco hos omnes amplificationum locos fugiamus, ad rem redeamus. Hos quidem ingenio et memoria ad doctrinas non ineptos, aliqui plures, multi vero pauciores comperiri attestantur ; nos autem quod utranque opinionem sapiat teneamus. Esto ex centum ingenio, facultatibus et vita integris decem sint ad perficiendam in studiis laudem compotes, ex quibus quidem omnibus nescio ne ad summum roge des esprits avisés de mon entourage, ils me disent qu'il y a environ cent personnes sur trois cents dont le cours des études peut s'achever sans avoir subi ces différents maux. Ne refusons pas ce chiffre, sachant que ce sont de bons esprits qui le fixent, quoique à mon avis il faille le revoir à la baisse ; mais soyons malgré tout généreux dans nos estimations. Soit donc cent hommes d'étude sur mille qui parviennent, grâce à l'aide de la fortune et au confort de leur vie, à tirer des lettres des avantages matériels ; nous en voilà déjà venus au dixième : nous étions partis de mille, nous en sommes à cent. 43. Je demande à nouveau combien parmi eux peuvent être raisonnablement crédités d'une bonne mémoire, d'une intelligence puissante, et d'un esprit qui les rende aptes à l'acquisition des connaissances. Car ce ne seront pas tous ceux qui en ont la volonté, mais simplement ceux auxquels un destin singulier a accordé cette faveur d'être disposés à saisir toute l'ampleur des connaissances à acquérir : la mémoire et l'esprit presque divin dont il faut être doté pour étudier les arts les plus hauts ne se rencontrent que chez un nombre de personnes extrêmement restreint, auxquelles la nature les a accordés par une décision du destin. C'est ainsi qu'Hortensius a reçu le don de la mémoire, et Cicéron celui de la capacité intellectuelle ; mais d'autres, sur le nombre considérable des orateurs, ne se sont presque rien vu attribuer de remarquable dans ces domaines.

44. Mais nous sortons des limites que nous avions promis de respecter ; nous avions dit que nos propos seraient sans fioritures, et que seule la stricte vérité leur donnerait leur valeur ; tâchons donc d'éviter tous ces points qui prêtent à amplification, et revenons au sujet. Des esprits qui ne sont pas dénués des qualités d'intelligence et de mémoire qu'exigent les connaissances, on en rencontre, disent certains, en nombre assez important ; mais beaucoup pensent qu'ils sont bien moins nombreux. Examinons ce que valent ces deux opinions. Sur la centaine de personnes dont l'esprit, les facultés et la vie n'aient pas subi d'atteintes, mettons qu'il y en ait dix qui soient capables d'atteindre la gloire par l'étude ; sur ces dix, il y en a trois tout au plus, à mon sens, qui sont ainsi disposées à l'égard des lettres — par l'amour

tres ita litteris affecti, ita disciplinarum amatores et cupidi, ita studiis dedicati sint, ut totas quas recitavi studiosorum erumnas et anxietates per omnem etatem vel audeant, vel valeant perferre. (45) Nam si ad humanos casus incertosque motus fortune ac nature imbecillitatem extremi quoque labores accesserint qui sane, ut docui, in litterarum studiis et permaximi sunt et interlaxari minime possunt, quos putas tanti divitias facturos, ut non plus vite sue consultum iri velint? Hac ergo enumeratione compertum fecimus ex mille studiosis viris tres ad summum in eam etatem annorum quadraginta cum ea facultate, animo, ingenio, viribus atque instituto perdurasse quo satis apti ad questum suis litteris esse possint. (46) Et neque latet tametsi litteris claruerint tamen eosdem ante futuros senes quam questibus litterarum possint ornatam et locupletem familiam reddere. De iis fortassis illud Catonis persimile dicetur: studuisse istos ut apud inferos divitias pararent. Quod si quis erit litteratus in vita sua ditior, habeat is quidem gratias fortune non virtuti et sciat non meritorum laborum id premium esse, sed largitatem, vel potius stultitiam fortune; que cum in ceteris rebus bonos omnes odisse consueverit, hunc tamen litteratum delegerit cui preter consuetudinem suam donare collibuerit. (47) Ceterum et hoc apud litteratos detrimentum quanti existimabimus, quod nunquam queritur quisnam constantior inter litteratos aut modestior aut integrior sit, sed illud in primis sciscitantur: quisnam ad forensem strepitum, quis ad insidias et fraudes litigiorum exercitatior, callidior, audentior atque procacior sit. Non secus atque omnes boni sint cum ab extorquenda pecunia rudes, tum ad causas defendendas inepti. (48) Quod si de litteratorum peritia recte iudicaretur, fortassis assentationes, dicacitatem ac versutias improborum et le désir qu'elles ont pour les différentes disciplines, et par l'intensité de leur engagement dans les études —, qu'elles aient l'audace ou la force de supporter leur vie durant les tourments et les angoisses que j'ai décrits. 45. Car si la fatigue et l'épuisement, qui atteignent, comme je l'ai montré, un degré tout particulier dans l'étude des lettres, et qui n'admettent jamais de relâche, viennent s'ajouter aux hasards de la vie, aux mouvements capricieux de la fortune et à la faiblesse de notre nature, croira-t-on qu'on trouvera qui que ce soit pour se faire de la richesse une si haute estime, qu'il ne préfère pas plutôt veiller sur sa vie ? Voilà donc un calcul qui montre que sur mille hommes d'étude, il y en a trois au maximum qui puissent parvenir jusqu'à l'âge de quarante ans avec toutes les facultés — courage, esprit, force, persévérance — leur permettant de gagner de l'argent par l'activité littéraire. 46. Et il est bien évident que malgré l'éclat que les lettres auront pu leur donner, ces trois candidats seront des vieillards avant de voir les gains qu'elles leur auront valus assurer à leur famille une aisance de bon aloi. Le mot de Caton pourrait s'appliquer ici : ils n'ont étudié que pour accumuler des richesses après leur mort. Si d'aventure il arrive à un lettré de jouir d'un certain confort dans sa vie, qu'il en rende grâce à la fortune plus qu'à ses qualités propres, et qu'il sache que ce n'est pas la juste récompense de travaux méritoires, mais l'effet des largesses ou plutôt de la sottise dont la fortune est capable ; c'est simplement qu'elle sera allée contre son habitude, et qu'elle aura choisi un lettré à qui son caprice aura fait ce cadeau, malgré la haine qu'elle porte ordinairement aux hommes de bien dans toutes les situations où elle les trouve. 47. Quelle importance accorder, du reste, au préjudice subi par les lettrés, quand ce n'est nullement le plus constant parmi eux, le plus modeste ou le plus intègre qu'on cherche, mais avant tout celui qui montrera dans les mêlées du barreau, les malversations et les escroqueries des procès, le plus de rouerie, de finasserie, d'audace et d'impudence ? Tout se passe comme si les gens de bien étaient d'une maladresse insigne pour extorquer de l'argent, et d'une incapacité totale à défendre un parti. 48. Si l'on se faisait une juste idée des compétences des lettrés, on apprécierait non plus quam modestissimorum simplicissimorumque scientiam facerent, sed nunc plus malitia quam virtus, deceptio, levitas, petulantia quam humanitas et modestia valent apud vulgus, quorum iudicio litterati nisi probentur nunquam erunt non egeni. Iam vero vulgus cum ea decipiendi et predandi mente qua ad litigium accessit patronos nequeat fraudare, cumve fraudem contraria fraude collidi sentit, illico hunc magnifaciunt a quo perfidia superentur. (49) Quod si causam iniustissimam audacissimus litteratus susceperit, illico hunc summum patronum, optimum virum preclarumque amicitiarum cultorem esse predicant. Ex quo fit ut fraudem virtutem putent, simulandi ac dissimulandi artem tanquam doctrine quandam eximiam vim admirentur, malitiamque ac nequitiam et fallacias ex litterarum cognitione deductas existiment; bonum vero, rectum sanctumque virum ipsa iustitia et equitate merita causarum metientem non calliditate et perfidia disceptantem, iuri ac scientie non tergiversationibus fidendum statuentem, non decipiendo lucra, sed vincendo laudem exposcentem hunc quidem ipsum inutilem, indoctum, causarumque naufragium noncupant. (50) Denique odisse simplicitatem ac detrahere virtuti non desinunt, quam ob rem non modo cupidi, sed etiam ii qui quotidianum victum sibi ex litteris suppeditari volent profecto his que dixi perfidiis animum imbuere coguntur. Itaque avaritia et scelere divitias cupidi litterati adipiscuntur, quandoquidem (ut ipsis oculis intuemur) versuti et fallaces petuntur, boni et simplices deseruntur.

peut-être moins les flatteries, les railleries, les fourberies des esprits malhonnêtes que la science des esprits les plus modestes et les plus simples ; mais la malice est mieux vue des gens que la vertu, et l'escroquerie, la futilité, l'impudence ont auprès d'eux plus de prestige que la modestie et l'humanité. Si les lettrés veulent échapper à la pauvreté, il faut que le jugement du peuple les adoube. Étant donné que le peuple ne parvient pas à tromper les avocats avec le même esprit de tricherie et de rapine qui l'a fait venir au procès, et qu'il sent que ses manœuvres malhonnêtes se heurtent en face à des manœuvres de même nature, son estime se porte aussitôt sur l'homme dont la bassesse et la mauvaise foi peuvent dépasser les siennes. 49. Et si un lettré se charge de défendre une cause particulièrement injuste, les gens voient immédiatement en lui le meilleur avocat de sa génération, un homme d'une valeur exceptionnelle qui accomplit mieux que quiconque tous les devoirs de l'amitié. D'où suit qu'on prend sa fourberie pour de la vertu, qu'on se pâme devant son art de la simulation et de la dissimulation comme devant un prodige de science, et qu'on est persuadé que sa malice, sa perversité et ses mensonges ne peuvent provenir que de sa connaissance des lettres. Quant à l'homme de bien, l'homme droit qui mesure à l'aune de la justice et de l'équité l'intérêt des causes à défendre, qui ne cherche pas ses arguments dans l'arsenal de la ruse et de la mauvaise foi, qui a décidé une fois pour toutes de se fier au droit et à la science, et non aux dérobades et aux calculs, qui s'efforce d'obtenir l'approbation par sa victoire, et non par les profits qu'il pourra détourner, — c'est justement cet homme-là qu'on traite ordinairement de catastrophe en affaires, en soulignant son ignorance et son inutilité. 50. On ne cesse pour finir de détester sa simplicité et de rabaisser ses qualités, ce qui a pour effet, évidemment, que non seulement les hommes d'argent, mais même ceux qui espèrent leur pain quotidien de leur activité littéraire, se voient contraints d'être contaminés par les bassesses que j'ai décrites. Aussi les intellectuels qui aiment l'argent demandent-ils à la convoitise et au crime de le leur procurer, sachant bien, comme on peut le vérifier de ses yeux, qu'on recherche les esprits fourbes et retors, et qu'on laisse sans emploi les âmes valeureuses et intègres.

(51) O duram igitur studiosorum sortem! Quid hoc primum mali est? Mille hominum labores, innumerabiles anxietates, pregrandes vigilie, iterum maior in dies atque longe incredibilis assiduitas apud studiosos non plus quam tribus fructuosa futura, atque iis fructuosa futura est, qui perfidia prestent, quibus fortuna ad gratiam comparandam, ingenium ad calliditatem, mens ad mendacium, vita ad turpitudinem fuerit prona et assuefacta, quos indocti doctissimos attestentur, de quibus temerarium vulgi iudicium vigeat. (52) Itaque unicus bonis litteris adversator, bonorum morum hostis, iustissimarum causarum inimicus ac ad omne scelus et flagitium paratissimus universorum litteratorum emolumenta sua petulantia et protervitate preripiet, laudem aliorum sua temeritate offuscabit, nomen et famam ambitione restinguet. O rem duram ex mille studiosis vix unum atque eum quidem nequissimum divitem fieri! Reliqui omnes mendicabitis, litterati, si probi eritis, si improbi non tamen omnes eritis locupletes: fortuna enim non semper omnibus ex instituto eadem facilis est. (53) Quas ob res stultissimum esse illum arbitrari oportet qui spe divitiarum se dedicarit litteris. Sunt enim vel non honesta vel non liberalia lucra litterarum, tum ut vidisti perexigua atque postremo, quecunque illa sint, paucissimis et minime bonis concessa sunt, que quidem, etsi magna honestaque exciperentur, non tamen eiusmodi sint ut superioribus impensis satisfaciant. Iam vero quid hoc loco dicent arguti viri? An vera que a me dicta sunt esse negabunt? (54) Non erunt, ut opinor, ita impudentes ut verissimas notissimasque a me deductas rationes infitientur, sed fortassis illic insistent, ut divitem aliquem litteris tinctum in medium afferant, ac

51. Ah ! triste sort des intellectuels ! À quoi ressemble leur malheur ? Des fatigues égales à celles de mille hommes, des angoisses sans nombre, des veilles infinies, une persévérance toujours plus grande qui atteint un degré incroyable — tout cela n'étant pas destiné à profiter à plus de trois personnes… Encore s'agit-il de ceux qui se signalent par leur perfidie, et dont la fortune est disposée autant qu'accoutumée à s'attirer la reconnaissance, le caractère à user de fourberie, l'esprit de mensonge, et la vie de bassesse ; ce sont eux que les ignorants trouvent les plus savants, et qui suscitent ces suffrages populaires aussi favorables que téméraires. 52. Aussi n'y aura-t-il qu'un seul adversaire des bonnes lettres, un seul ennemi des bonnes mœurs, un seul opposant aux causes les plus justes, toujours prêt à tous les déshonneurs et à toutes les compromissions, pour s'arroger par son impudence et son effronterie le salaire de tous les lettrés, obscurcir leur gloire par son audace, et ternir leur réputation et leur nom par les manœuvres où il est passé maître. Ah ! comme il est cruel de voir que sur mille intellectuels, il n'y en a jamais qu'un pour s'enrichir, et le pire de tous ! Les lettrés que vous êtes seront tous condamnés à mendier, si c'est l'honnêteté qui vous anime ; mais quand la malhonnêteté vous attirerait, loin s'en faut que vous puissiez tous vous enrichir ! Car la fortune n'a pas pour habitude de faire à tous les mêmes amabilités.

53. Aussi faut-il croire frappé de démence l'homme qui se consacrera aux lettres dans l'espoir de s'enrichir. Les gains qu'elles sont capables de procurer n'offrent ni le caractère de l'honnêteté, ni celui de la droiture ; ils sont par ailleurs, comme on l'a vu, absolument insignifiants ; et enfin — peu importe alors à quoi ils ressemblent — ils ne sont accordés qu'à fort peu de gens, et aux moins vertueux. Seraient-ils du reste aussi importants qu'honorables, qu'ils ne seraient pas de nature à couvrir les dépenses antérieures.

Qu'en penseront les esprits fins ? Vont-ils prétendre que ce que j'avance est faux ? 54. Je ne crois pas qu'ils pousseront l'audace jusqu'à contester la validité et l'évidence des arguments que j'énonce ; mais peut-être voudront-ils jeter dans la discussion je ne sais quel personnage riche et cultivé, et me demander pourquoi à mon avis les autres rogabunt quidni et ceteros quoque litteratos divites posse fieri existimem. Quibus ego si forte dixero quem producant litteratum malis artibus pecunias acquisivisse, plane sim dignus odio quod de meis litteratis invide iudicem ; si autem dixero eiusmodi perpaucissimos esse, illi quidem inquient : — In hoc eruditorum minimo quem videmus numero vel unus admodum sat est, tum omnes qui sese questus gratia litteris applicarint ii contra me testes et dictorum meorum reprehensores adducentur.

(55) Has igitur ob res liceat nobis causam hanc brevissima quadam excursione membratim resumere copiasque nostras iterum collustrare. Nam proderit id quidem, ni fallor, ad tollendam cupidorum studentium imprudentiam, quos precor, ut, posita (si quam fortassis habent) cupiditate lucri, rationes parumper nostras perlegant ; nam hoc si fecerint posthac nunquam ad libros ac scientias nisi spreta cupiditate accedent. Itaque ad rem procedamus.

(56) Ex omni quidem litteratorum multitudine, que infinitas pene in disciplinas distincta est, solas admodum tres esse questuosas professiones constat : unam eorum qui causas et contractus notant, aliam illorum qui iuridicundo presunt ; tertia est eorum qui valetudines curant ; reliquas omnes intueor non magis erudimentis claras esse quam paupertate. Neque id quidem iniuria, nam que solum corporis ac fortune bonis deserviunt, eedem ad questum artes nate et accomodate sunt ; que vero artes animum et ingenium alunt, aliquid maius et incorruptibile ac sempiternum exposcunt. (57) Tu vero si hec negabis, rogabo utrumne grammatici, rhetores philosophique parum tibi dare litteris operam videantur, proxime rogabo ex illis ipsis quot comperias esse divites. Nonne tu ferme omnes eiusmodi litteras per civium

lettrés seraient incapables de devenir aussi riches que lui. Si d'aventure je leur dis que le lettré qu'ils produisent ainsi a dû sa fortune à de mauvais procédés, je m'attirerai une haine farouche au motif que c'est la jalousie qui influence le jugement que je porte sur les lettrés de mon bord. Et si je dis qu'il ne peut y en avoir que très peu du genre du leur, et qu'ils me répondent que dans le tout petit nombre d'érudits que nous voyons, même un seul peut suffire, ils citeront comme témoins contre moi et comme critiques de mes propos tous ceux qui se sont voués aux lettres dans l'idée d'en tirer profit.

55. Qu'on nous permette donc, pour cette raison, de reprendre brièvement point par point la cause que nous défendons, et de passer en revue les arguments dont nous disposons. Ce petit détour ne sera pas sans utilité, je crois, si l'on veut tirer de leur imprudence ceux que l'espoir de s'enrichir pousse à l'étude ; je les prie donc d'oublier un moment le désir éventuel qu'ils en ont, pour se pencher un peu sur les éléments que j'avance. Car s'ils le font, ils n'aborderont les livres et les sciences qu'en ayant fait taire en eux toute convoitise. Mettons-nous donc à l'œuvre.

56. L'ensemble très considérable que constituent les intellectuels se divise en un nombre de disciplines presque infini ; sur cet ensemble, les professions lucratives se réduisent très exactement à trois : la première consiste à enregistrer les contrats et les affaires ; la deuxième, à énoncer les termes du droit ; et la troisième, à soigner les malades. Toutes les autres ne se signalent pas moins à mes yeux par la pauvreté où elles sont que par les connaissances qu'elles requièrent. Il n'y a là rien que de normal : les arts qui se mettent uniquement au service des biens du corps et de la fortune sont naturellement faits pour gagner de l'argent ; mais ceux qui nourrissent l'âme et l'esprit demandent quelque chose de plus grand, d'incorruptible et d'infiniment durable. 57. Si tu me refuses ce point, je te demanderai d'une part si les grammairiens, les rhéteurs et les philosophes te semblent consacrer trop peu d'énergie à leur activité, et ensuite combien tu parviens à trouver de riches parmi eux. N'as-tu pas remarqué que presque toutes les activités littéraires de ce genre en sont à mendier dans les établissements

domos pedagogas mendicare animadvertis? Doceo quid pulchre respondeas: dicito philosophos tanquam ultimum malum sprevisse pecunias, itaque merito iacent inopes, egeni. (58) Denique usque adeo adducta sit res, ut scriba, medicus ac iurisperitus, tres hi tantum prestantes atque utiles didicisse litteras putentur, quoniam easdem bene fecerint nundinarias; relique autem doctrine de ingenio, de natura rerum, de moribus deque ceteris maximis prestantissimis atque elegantissimis rebus inculte et sordide a civibus contemnantur atque reiciantur soleque venales littere in pretio sint.

(59) Ego autem minime unquam tanti faciam illorum trium generum opulentiam, ut non sit apud me pulchrius hic sapientie gratia ferre fortiter paupertatem quam illic ditari sine laude; nam honestissimos quidem scribas plures egenos quam quadruplatores aut rabulas divites vidi, ut in toto scribarum ordine dubitem an ulli ferme questus fraude ac perfidia careant. Certe hoc pace bonorum dicere audeam, nam qui succenseat improbis bonis favere existimandus est. (60) Ego de tabellionibus improbis sic censeo: putari posse illud plerunque in eis esse verum quod aiunt vulgo, in tabellionibus signum maxime nequitie tum apparere cum sine calamo ad aurem assito deambulent. Non enim licet scribam una et divitias et mores velle ostendere, nam nemo ignorat quam tenue aurum calamus notariorum expuat. Ergo qui scriba nolet furtum profiteri, paupertatem pre se ferat oportet; sed hoc loco de bonis atque improbis notariis credant alii quid velint, mihi certe non fit verisimile notariorum quempiam obsignatarum tabellarum mercedulis ditari.

publics de formation ? Je vais te dire quelle est la belle réponse à faire : rappelle que les philosophes ont toujours méprisé l'argent, qu'ils n'y ont vu que le dernier des maux, et qu'il est donc naturel qu'ils soient pauvres et sans ressources. 58. La situation en est au point que le notaire, le médecin et le juriste sont considérés — à proportion de l'éminence et de l'utilité qu'on leur reconnaît — comme les seuls à avoir appris les lettres, au motif qu'ils sont capables de les rendre lucratives ; mais les autres connaissances qu'on peut avoir sur l'esprit, sur la nature, sur les mœurs, et sur tous les sujets les plus importants et les plus distingués, étant perçues comme de grossières sottises, sont tenues pour rien dans la cité : donc on les rejette, et on n'accorde du prix qu'aux lettres qui savent se vendre.

59. Pour ma part, je n'estimerai jamais assez la richesse qu'atteignent les trois professions que j'évoquais, pour ne pas trouver plus beau de supporter courageusement la pauvreté par amour de la sagesse, que de m'enrichir sans gloire avec elles ; car j'ai vu plus souvent dans la pauvreté des notaires d'une honnêteté scrupuleuse, que je n'ai vu dans l'opulence des délateurs ou des brailleurs du barreau. En sorte que dans toute la corporation des notaires, je me demande si l'on peut faire le moindre gain sans que des malversations s'en mêlent. Je tiens là un langage audacieux, mais les gens de bien m'y autoriseront : quand la malhonnêteté vous écœure, on ne peut vous ranger que dans le parti de la vertu. 60. Voici donc mon avis sur les notaires véreux : il se peut que le mot du peuple à leur sujet soit généralement vrai, à savoir que chez eux, le signe indubitable de leur malhonnêteté n'apparaît jamais mieux que lorsqu'ils se promènent sans crayon sur l'oreille. Il est impossible en effet qu'un notaire veuille montrer à la fois ses richesses et ses mœurs, car personne n'ignore avec quelle parcimonie le crayon d'un notaire crache son or. Donc le notaire qui ne veut pas avouer son larcin doit nécessairement exhiber sa pauvreté. Que les autres se fassent l'opinion qu'ils veulent sur les bons notaires et les notaires véreux ; pour moi, je trouve absolument invraisemblable qu'un notaire puisse s'enrichir rien qu'avec les modestes revenus que lui font ses signatures sur un registre.

(61) Tum de medicis prolixius dicerem, ubi non viderem multos et eos quidem viros et medicos bonos cum egestate luctari semper duros, acres, semper ad convitiandum accinctos ; de quibus quidem omnibus in ore omnium illud est quod fertur : quas res mortales ducunt tristes et abhorrendas, vulnera, morbos, pestes, mortem, has omnes maiorem in modum cupidi medici hominum generi optent et sequantur necesse est. (62) Tum preterea in his ipsis horrendis rebus paulo maiores divitias affectantes utrum avare, crudeliter desperateque versentur aliorum sit iudicii. Iuvat hunc locum cum brevitatis causa preterire, tum ne quid videar nimis accurate colligere si quid possit ad vituperium litterarum adduci. Taceatur idcirco fraus, perfidia, falsa attestatio, corrupte contractus atque hereditatis formule, taceantur subacta venena, nutrite febres, productus morbus potionibus et pharmacis, multa denique alia scelestissima et nefaria cupidorum tabellionum atque medicorum crimina sileantur. (63) Neque insuper enumerentur morbosi aeris atque inimicitiarum pericula que notarios omnes atque medicos cupidiores subire opus est. De opere autem prestatione servili, obscena et omnium sordidissima dicere fedum esset. Verum apud ingenuum presertim atque nobilitatum litteris animum sit par non posse ditari et nolle divitias cum turpitudine. Malint quidem preclara ingenia mores assequi quam divitias, oderint docti scelus et dedecus magis quam paupertatem ; nemo sit usque adeo stultus qui tam turpem ac nefariam cupidorum scribarum et medicorum servitutem non penitus abhorreat. (64) Ceteri enim quos servos nostros dicimus, aut bello superati aut predonibus capti, servitutem inviti subiere, medici vero atque scribe sponte servitia

61. Je parlerais plus longuement des médecins, si je n'en avais pas vu beaucoup, et même de bons médecins qui sont également hommes de bien, lutter contre la pauvreté en se montrant toujours durs, désagréables, et avec l'injure perpétuellement à la bouche ; c'est une vérité générale à leur sujet, que les choses qu'on juge les plus tristes et les plus épouvantables, les blessures, les maladies, les épidémies, la mort, eh bien les médecins qui ont, chevillé au corps, le désir de gagner de l'argent, doivent nécessairement les souhaiter au genre humain et en seconder les effets. 62. Je laisse à d'autres le soin de juger si, en outre, dans ces situations épouvantables, le désir d'avoir toujours un peu plus ne révèle pas chez eux une cupidité et une cruauté désespérantes. Je ne m'attarde pas sur le sujet, parce que je souhaite être bref, et que je ne voudrais pas laisser croire que je mets un soin excessif à recueillir tous les éléments susceptibles de faire blâmer les lettres. Passons donc sous silence les fraudes, les mensonges, les fausses attestations, les contrats et les testaments bidons, comme les poisons administrés de force, les fièvres soigneusement entretenues, les maladies causées par les potions et les remèdes, et toutes les autres turpitudes criminelles que l'amour de l'argent pousse les notaires et les médecins à commettre. 63. Inutile aussi d'énumérer les dangers de l'air fétide ou des inimitiés que tous les médecins et les notaires les plus cupides doivent affronter. On répugne à parler des procédés dont sont faits des métiers aussi serviles et écœurants ; il n'y en a pas de pires. Il est donc fort convenable qu'un esprit bien né et anobli par les lettres soit dans l'incapacité de s'enrichir, et qu'il repousse des richesses qui s'accompagnent de telles turpitudes. Les esprits de qualité préfèreront rechercher la droiture de la vie plutôt que les richesses, et les lettrés auront plus d'aversion pour le déshonneur et le crime que pour la pauvreté ; personne ne sera assez insensé pour ne pas éprouver le dégoût le plus profond devant la servitude si scandaleuse et criminelle à laquelle sont condamnés les notaires et les médecins qui veulent s'enrichir. 64. Car enfin, ceux que nous appelons nos esclaves, et qui ont été vaincus à la guerre ou pris par des pirates, ne sont pour rien dans l'esclavage qu'ils subissent ; mais les médecins et les notaires, eux,

prebent; servi autem apud dominos, ut gratiam atque perinde libertatem consequantur, summa et fide et diligentia operas prestant quantum licet honestissimas; tabelliones vero et medici ut pecuniam excerpant nullas tametsi vilissimas operas respuunt. Servi pro domini salute, in quem, vel ob expectationem libertatis vel ob facilitatem in se, summa observantia et amore affecti sunt, pericula atque, si opus fuerit, mortem adire non recusant; medici vero atque scribe volentes et cupidi ad omnes inimicitias, ad pestes, ad contagiosos morbos, ad ultima mortis pericula sese pro quovis ignoto sola paucorum nummorum mercede adducti offerunt.

(65) Ceterum de nostris iurisconsultis quidnam preclarum referam? Quid de pontificio iure deque civium legibus? Nam ex his grana, ex ceteris bonis disciplinis atque artibus omnibus colligi paleas dicunt. Superi boni, grandes littere, amplissimi codices, sarcine, proh superi, immanes, quas qui ordine similique apparatu in tabernam apud forum exposuerit, quo iurisconsulti domi pompam apertam atque dispositam ostentant, certe illic plures, procul dubio longe plures ille pecunias si pretio ad rem visendam intromittat accipiet quam iurisperiti cum suis omnibus impedimentis librorum machinisque atque architecturis bibliothecarum sint soliti capere. (66) At queso, adhibe huc animum: putasne ullius esse vim tantam pecuniarum que in hac tanta tamque amplissima librorum congerie comparanda non exarescat ac penitus deficiat, ut summe quidem inscitie sit divitias tantis impensis consectari? Quod si quis tam multis libris, tam grandi impensa divitias concupiverit, nonne is persimilis erit illis quos Cesar solitus erat dicere hamo aureo piscari? Adde his quod summe stultitie est tantis non modo impensis, verum etiam laboribus atque vigiliis questum exposcere. (67) — Cras, inquit, causam te orare oportebit, modica tum porrigit cliens, plura in crastinum

s'y soumettent spontanément. Les esclaves font preuve du plus grand soin et de la plus grande loyauté dans l'activité, aussi honorable que possible, qu'ils déploient pour leur maître, afin d'obtenir sa reconnaissance et de gagner leur liberté ; mais les notaires et les médecins ne reculent devant aucun procédé, fût-il le plus bas, pour soutirer de l'argent. Les esclaves, pour sauver leur maître, auxquels ils sont liés par une obéissance et une affection profondes — qu'ils en attendent leur liberté, ou simplement des témoignages de bonté —, ne refusent pas d'affronter le danger, ni même, si la situation l'exige, de s'exposer à la mort ; mais les médecins et les notaires, avec l'avidité qu'ils ont, ne s'exposent aux hostilités de toutes sortes, aux épidémies, aux maladies contagieuses, et finalement aux risques d'y perdre la vie, que pour le maigre salaire que des inconnus leur versent.

65. Qu'aurais-je enfin de bien remarquable à dire de nos juristes, du droit canon et des lois civiles ? C'est là qu'on récolte le grain, dit-on, tous les autres arts et disciplines ne produisent que de la paille. Ah ! grands dieux, ces piles gigantesques de courriers, ces volumes énormes, ces fardeaux colossaux, si on les exposait dans les tavernes et au marché dans le même ordre et avec la même présentation que font chez eux les juristes avec tout leur décorum, on se ferait beaucoup plus d'argent, oui, beaucoup plus, à faire payer pour le droit de les voir, que les juristes n'ont coutume d'en percevoir avec tous leurs tas de livres, leurs échafaudages et leurs architectures de rayonnages. 66. Mais considère, s'il te plaît, le point suivant : penses-tu qu'on puisse avoir de l'argent au point de n'être pas mis sur la paille et totalement ruiné par une telle accumulation de livres ? Elle montre en réalité qu'il y a bien de la bizarrerie à vouloir s'enrichir en faisant d'aussi grandes dépenses. Et si l'on en a un tel désir qu'on s'encombre de tous ces livres, et qu'on y consacre tant d'argent, ne va-t-on pas ressembler à ces hommes dont Auguste disait qu'ils pêchaient avec un hameçon d'or ? Sans compter que c'est tout de même le comble de la folie, non seulement de courir après le gain au prix de telles dépenses, mais de vouloir le trouver dans ces peines et ces veilles infinies. 67. « Tu devras plaider demain », dit le client en te tendant quelques honoraires ; et il

pollicetur. Tu quicquid porrigitur accipis, totam deinde noctem inter libros ad nidorem lucerne pedibus manibusque algentibus somnescis, queritans, pervolvens machinas et libros omnes atque te ipsum cura, somno, inedia frigoreque conficiens. Ergo prodis ad causam rauca voce, obtorto collo, rubentibus atque gementibus ocellis, astas animo non minus avido et sollicito ad lucrum quam ad ledendum parato atque incenso. (68) Denique ipsis illis vastissimis evigilatissimisque recitationibus legum paraphorum et glosarum multa voce conclamitas, omnes precordiorum ramices misero tibi erumpuntur, neque vereris contra primarios et prepotentes cives conductus premio disceptare atque cavillari; minitantur, convitiantur, mordent, inculpant; tu infelix ad hec omnia famam ac dorsum tuum venale expositum habes. (69) Siccine idcirco qui hec faciunt, qui petita pecunia evigilent, proclament, crepent, qui invidiam pretio subeant, aliorum vices exorent, in rixa aliorum minitentur ac reliqua omnia in hoc ordine litteratorum quos legistas dicunt desiderata qui faciunt, ut pro viribus iurisperiti omnes lucris impliciti faciunt, annon hi vident sese quam sint publica et deterrima in servitute constituti? (70) O preclaras lucri faciendi rationes, que non modo questum non faciunt, sed maximam rei familiaris iacturam patribus tametsi locupletibus afferunt, inimicitias afferunt, nullas nisi serviles cum maximis laboribus mercedes afferunt. At dixerit fortasse quispiam: — Quid ni, cum a studiis domum se litterati receperint, parta illis auctoritas cum ad gratiam proderit, tum etiam iuvabit ut ditissimas uxores comperiant? Nemo enim tam insipiens est qui eruditi et famosi viri affinitatem recuset. (71) — Huic pulchre posset in hunc modum responderi:

attendra le lendemain pour te verser le solde. Toi, tu prends tout ce qu'il t'offre, et tu passes la nuit qui suit dans les livres, à tâcher de garder les yeux ouverts sous la faible lumière d'une lampe, avec des fourmis dans les jambes, des picotements aux mains, à fouiller dans des dossiers, à déménager des armoires et à ouvrir tous les livres ; et le soin que tu prends, l'absence de sommeil, le jeûne et le froid te ruinent la santé. Tu vas donc plaider le lendemain d'une voix de rogomme, avec un torticolis sévère, les yeux rouges et bouffis, non moins avide et déterminé à y gagner ton argent qu'à léser l'adversaire. 68. Pour finir, tu dois t'égosiller à faire la lecture infinie et pointilleuse de lois et de commentaires sans intérêt ; tu te ruines la santé en y crachant tes poumons, et tu ne crains pas, en louant tes services pour t'opposer aux citoyens les plus puissants, de discuter et de chicaner pour obtenir quelque avantage. En face, menaces, insultes, injures, accusations ; et toi, tu te condamnes au malheur d'y exposer ton dos et ta réputation. À vrai dire, tu les vends.

69. Ceux donc qui font cela, et qui, pour de l'argent, veillent, déclament, pérorent, s'exposent à l'envie pour un salaire, veulent la place des autres, s'énervent dans des querelles qui ne sont pas les leurs, font tout ce qu'exige cet ordre de lettrés qu'on appelle des légistes, comme le font tous les juristes pris au piège de leurs gains, eh bien tous ces gens ne voient-ils pas l'effroyable servitude publique dans laquelle ils se sont établis ? 70. Ah ! que voilà de belles raisons de gagner de l'argent ! Le problème, c'est que non seulement elles ne permettent pas de faire de bénéfices, mais qu'elles signifient pour les pères, même les plus riches, un gaspillage sans égal des ressources du patrimoine, et de toute manière de violentes inimitiés, au mieux un vague salaire, ou plutôt des émoluments d'esclaves en échange des plus grandes fatigues.

On dira peut-être : « Mais pourquoi n'aurait-on pas envie, quand on retourne chez soi après des études de lettres, et qu'on s'y trouve auréolé de leur autorité, de partir à la découverte des épouses les plus riches ? Car enfin personne n'est assez insensé pour refuser une alliance avec un homme instruit et renommé. » 71. À quoi l'on pour-

— Immo quis litteratus non dementissimus divitiarum gratia cuiquam hominum subservire cupiat? — Libertatem in primis vir doctus cupit, in primisque fugiet cum ceteris, tum omnium maxime servire mulieri. Sit enim ab iis qui litteras sectantur omne servitutis genus procul, non quidem eam decet auctoritatem studiis litterarum induere cum qua nos in servitio honeste versari putemus; potius omnem auctoritatem et fastum litterarum exuamus quam id velimus, ut nos pecunie gratia servitutem inisse videamur. (72) Nam qui eiusmodi mente ac cogitatione consistunt, ut malint cum servitute divitias quam cum libertate laudem assequi, sunt illi quidem onmi auctoritate indignissimi. Etenim quis ignorat magnam servitutis partem esse aliorum causam procurare atque aliorum ad se litigia advocare? Tum plane ab iis qui opulentas dotes sectantur, eadem hec semper exposci quis dubitat? Nonne videmus ut causas sempiternas, que nunquam sopiri, nunquam confici queant, ab affinibus, ab affinium affine atque ab illorum amicis congerantur litteratique opem atque auxilium gratis petant? (73) Tum preterea quis negabit genus esse turpissimum servitutis eorum qui garrientem suorumque semper divitias et amplitudinem referentem uxorem sibi in animum induxerint perferre, quibus quidem rebus opulente dotes sunt nunquam non refertissime, hominum infortunium? Nam est genus mulierum stultum, arrogans, contentiosum, audax, insolens atque temerarium suapte natura. Hanc vero tu qualem futuram uxorem putas, cui maiorem fortuna licentiam dederit quam vel tu vel potius ipsa possit sustinere queve inter delitias educata propter divitiarum affluentiam insaniat? (74) Quot leges imponet et quotiens nullum esse te, o noster litterate, sine suis opibus uxor exprobrabit? Sed de mulierum natura et ineptiis satius est nihil referre quam infinitam rem atque notissimam libare, ut ita dixerim. Illud tamen persuasum esse cupio:

rait répondre sans difficulté qu'au contraire, il faudrait qu'un intellectuel soit frappé de la dernière folie pour vouloir se soumettre à qui que ce soit par goût de la richesse. Un homme cultivé désire avant tout la liberté, et ce qu'il fuira comme la peste, c'est d'être l'esclave de quiconque, et surtout d'une femme. Quand on se consacre aux lettres, il faut absolument éviter toute espèce de servitude ; il est déshonorant de demander à l'étude des lettres de nous revêtir d'une autorité que nous pensons capable de rendre honnête notre esclavage ; mieux vaut se dépouiller de toute l'autorité et de tout l'éclat des lettres, que de vouloir laisser croire que nous nous sommes faits esclaves pour de l'argent. 72. Car avoir l'esprit et la pensée portés à préférer la richesse dans l'esclavage à la gloire dans la liberté, c'est se montrer totalement indigne de la moindre autorité. Qui ne sait que la servitude, en ce cas, consiste pour l'essentiel à s'occuper des procès d'autrui et à s'en faire l'avocat ? Et qui peut douter que chercher de beaux partis, c'est se voir sans cesse demander la même chose ? Ne voyons-nous pas assez des procès sans fin, qui ne peuvent jamais s'apaiser ni s'achever, s'accumuler à proportion des liens de parenté — parents de parents, amis de parents, etc. —, et exiger des lettrés un concours qu'on se garde bien de rémunérer ? 73. Qui niera en outre que le genre de servitude le plus honteux, c'est de se mettre en tête de supporter une femme qui n'arrête pas de jacasser et de vous rappeler l'aisance de sa famille, situation particulièrement pénible dont les beaux partis s'accompagnent toujours, pour l'infortune des hommes ? Car la gent féminine est naturellement stupide, arrogante, querelleuse, audacieuse, prétentieuse et téméraire. Tu vois donc la femme que tu auras ; sa fortune lui donnera une liberté trop grande pour que tu puisses la soutenir, ou plutôt qu'elle le puisse elle-même ; élevée dans le luxe, sa folie n'aura d'égale que l'abondance de ses richesses. 74. Ah ! cher lettré, que de lois elle va t'imposer ! Que de fois elle va te reprocher de n'être rien sans sa fortune !

Mais concernant la nature féminine et sa sottise, mieux vaut ne rien dire que de s'épancher à l'infini, si l'on me passe l'expression, sur ce que tout le monde connaît. Je voudrais cependant qu'on se convainque d'une chose : c'est que, comme on l'a dit, rien n'est plus femina divite, ut aiunt, esse nihil intolerabilius. Que cum ita sint, ne erimus ipsi nos litterati qui tantopere ex dotibus divitias affectemus, ut non servitutem magis quam paupertatem oderimus! (75) Verum esto, sane cupiant, deceat uxoribus litteratos ditari; quis tam erit improbus atque audax qui apud matrem fortunatam et locupletem inopi litterato virginem cum dote opulenta dandam persuadeat? Nonne acclamabit mater: — Veto, prohibeo illi semivivo, illi incompto ac tristi litterato dari filiam nostram; nonne rursus reclamabit: — Filie mee virum dari quero, non magistrum; ac virgo ipsa nonne sue rei sollicita eadem apud matrem instabit, animo in suum aliquem amatorem pendens, atque cupiens aliunde sibi quam ex dictis philosophorum satisfieri; tum fratres nonne preferent urbani ac lepidi alicuius affinitatem? (76) Excludetur igitur malam in rem noster litteratus matris, fratrum ipsiusque puelle iudicio atque sententia. Verum ego quid in his commoror ac si tantum egeni litterati opulentas dotes affectent? Quero, poterintne quoque comperiri divites qui divitem virginem non recusent? Poterunt sane. Iuro idcirco, si aderunt, mi litterate, excludere, abiciere, cum tua omni Minerva et Pallade despiciere. (77) Ne certa inops cum locuplete, ne te pallentem ac tristem cum ceteris adolescentibus compara, ne auctoritatem apud puellas pulchritudini preposueris! Abi, potius, fuge, obde te tuam in bibliothecam. Nam agilis, festivus, venustus comptusque adolescens suam sibi amatam ne preripias omni arte et ingenio curat; irrideberis, impexe mi litterate et squallens, si de re uxoria cum nitido et polito amatore contenderis, quod si te fucatum exhibueris omnem et auctoritatem et dignitatem litterariam amiseris.

insupportable qu'une femme riche. Sachant cela, les lettrés que nous sommes se garderont de vouloir s'enrichir par ce moyen, ce qui reviendrait à préférer l'esclavage à la pauvreté. 75. Mais admettons qu'ils aient raison de le vouloir, et qu'il soit honorable pour eux de s'enrichir par leur mariage : qui sera assez malhonnête, qui aura assez d'audace pour persuader une mère riche et fortunée de donner sa fille en mariage à un intellectuel sans le sou, avec une belle dot en prime ? Cette mère ne va-t-elle pas s'écrier : « J'interdis formellement de donner notre fille en mariage à ce personnage qui tient à peine debout, cet intellectuel sinistre et déguenillé ». Et elle renchérira : « C'est un mari que je veux pour ma fille, pas un professeur ! » Quant à la jeune fille, qui se fait tout de même du souci pour son affaire, ne va-t-elle pas tenir le même langage à sa mère, en songeant à un tout autre amant qu'elle a en vue, dans l'espoir que les satisfactions qu'elle en recevra ne devront rien aux œuvres des philosophes ? Ses frères enfin, ne préféreront-ils pas la voir s'unir à un jeune mondain plein d'esprit ? 76. Bref, la chose ne tournera pas à l'avantage de notre intellectuel ; la mère, les frères, la jeune fille elle-même rendront le même verdict.

Mais qu'ai-je à m'attarder là-dessus comme s'il n'y avait que les intellectuels dans le besoin pour être à l'affût de belles dots ? Et je pose la question : pourrait-on trouver des riches qui ne refusent pas la main d'une jeune fille fortunée ? Oui, bien sûr. Et donc, s'il y en a, mon cher lettré, tu seras tout naturellement exclu, repoussé, méprisé, et toutes tes Pallas et tes Minerves avec toi. 77. N'aie pas de riche pour rival : tu es pauvre ; ne te compare pas aux autres jeunes gens : tu es pâle et de triste mine ; ne pense pas qu'auprès des filles ton prestige l'emportera sur la beauté ! Laisse plutôt la place, enfuis-toi, et va te cacher dans ta bibliothèque. Car il y a toujours un beau garçon, bien découplé, avenant, enjoué, pour s'ingénier par tous les moyens à t'empêcher de lui ravir sa bien-aimée ; et il se moquera de toi, mon cher lettré mal rasé, mal peigné et en guenilles, si tu cherches à rivaliser en matière de mariage avec un amant poli comme un sou neuf. Quant à te montrer bien pomponné, tu y perdrais tout ton prestige et ta dignité littéraires.

(78) Durum dixeris me qui uxores nolim dari litteratis : quin volo esse in litteratos non solum nihil durus, sed etiam non usquequaque mitis, ut velim cupidos litteratos fastidio uxorum carere. Quam ergo dandam iudicabimus ? Primo consulo pauperem tanquam ultimum malum fugiant, proxime moneo ne cupiant iuvenem : ea est enim etas infensa et parum tuta studiosis ; novi quid dicam, verum exempla cessent. (79) Capiat igitur litteratus viduam aliquam vetulam a qua minus quam a ceteris mulieribus aspernabitur, nam istiusmodi vetule cum filiorum contumacia, tum iniuriis affinium coacte nimirum se exhibent ut spe divitiarum aliquem illiciant, cum quo vel apud iudices ad quos in dies trahuntur ab infestissimis affinibus sint tutiores, vel domi sine sollicitudine et solitudine requiescant. (80) Ac recte circa divitias litterati secum agi existiment ubi istiusmodi dotibus tametsi litigiosis atque refertissimis inimicitiarum ditentur ; quod si fortassis videor in hac uxoria disceptatione iocari, repete animo coniugia litteratorum, non dico ut de pudicitia uxorum, sed de etatibus ac dotibus perscrutere. Facile quidem cerno quid sentias, sed missa hec ridicula faciamus.

(81) Meminisse autem oportet quam sint lucra litteratorum minuta, tarda, turpia ac paucis concessa, atque illud superius memoria tenendum est quod docui : quam graves impense, quam multe ac diuturne quamve rebus familiaribus pernitiose sint. Quibus ex rebus constare arbitror litteras non modo ad questum minime valere, verum etiam detrimenti plenas esse ac penitus incommodas.

(82) Ex quo duabus primis partibus nostre institute disceptationis plene a me satisfactum esse existimo : quod si dubitarem non satis rei

78. Tu me trouveras bien dur de vouloir refuser le mariage aux lettrés : c'est tout le contraire. Non seulement je me refuse à être dur envers les lettrés, mais je souhaite me montrer envers eux d'une douceur si constante, que je voudrais leur éviter la fatigue d'une épouse, s'ils aiment vraiment les lettres. À qui donc les marier ? Je suis d'avis tout d'abord qu'ils fuient comme la peste une femme sans le sou ; ensuite, je leur conseille de ne pas en rechercher de jeunes : voilà un âge en effet fort rebelle à l'étude, et trop peu sûr pour ceux qui s'y consacrent. Je sais ce que je dis, inutile de prendre des exemples. 79. Qu'un intellectuel choisisse donc une vieille veuve qui le regardera avec moins de mépris que les autres femmes ; car les vieilles de cette espèce, en proie qu'elles sont à la révolte de leurs enfants et aux basses manœuvres de leurs parents, sont tout à fait prêtes à faire miroiter leurs richesses pour attirer un galant qui leur offre, auprès des juges et dans leurs procès infinis, une protection plus valide contre les attaques de leurs parents, ou qui leur assure, chez elles, un repos fort plaisant qui les distraie de la solitude. 80. Les intellectuels considèreront le problème comme réglé quand ils jouiront avec des dots de ce genre d'une bonne situation de fortune, quoiqu'elle n'aille pas sans chicanes incessantes ni hostilités infinies. Et si je te donne l'impression de plaisanter dans cette discussion matrimoniale, songe aux mariages des intellectuels, et considère l'âge et la dot des épouses, pour ne rien dire de leur chasteté. Je devine aisément ton sentiment ; le sujet prête à rire, passons à autre chose.

81. Ce qu'il faut se rappeler, c'est que les gains que les intellectuels ont à espérer sont très réduits, très lents, très compromettants, et qu'ils ne sont accordés qu'à fort peu de gens ; et ne perdons pas de vue non plus ce que je disais tout à l'heure, à savoir que les dépenses, elles, sont considérables, qu'on ne cesse jamais d'en faire, et qu'elles ne tardent pas à ruiner le patrimoine. Voilà donc établi, je crois, que les lettres non seulement ne valent rien si l'on veut s'enrichir, mais n'offrent que les incommodités les plus fâcheuses.

82. Il me semble donc avoir satisfait aux deux premières parties de notre discussion. Mais si je ne donnais pas cette impression, j'aborde-

factum videri, alio verterem orationem, ostenderem quidem quam pusilli servilisque animi sit is qui labores litteratum spe divitiarum ductus subierit neque tacerem quam preclaros eruditosque animos honoris atque animi prestantia et claritas plus quam cupiditas et avaritia debeat movere. (83) In qua quidem re possem diutius commorari si placeret ingenii mei vires ostentare aut si ad laudem ducerem hoc loco nostre facundie, que plane minima est, aut copie longius periculum facere. Nam est ea quidem materia patens, ampla, spatiosa, ut quivis laxatis habenis facile possit multa cum oratione per omnes exornationis locos bellissime discursitare; sed frustra atque ab instituto esset in eiusmodi notissimis atque approbatissimis sententiis expoliendis vagari. (84) Nam quis est tam imprudens qui hoc dixerit esse non turpissimum : que artes animi morbos, avaritiam, cupiditatem ac libidinem sedare, tollere exterminareque debuerant, queve animum illis imbutum flagitiis in libertatem, decus, laudem inque caducarum rerum despicientiam erigere ac stabilire sint solite, easdem ipsas artes et disciplinas avaritie et cupiditatibus subditas et morigeras velle reddere, tum ipsum animum disciplinarum elegantia imbutum sinere turpitudinum mole pressum atque obrutum esse? (85) Est plane ab officio alienum ac turpe cum omni generi hominum, tum litteratis animum non extollere quantum licet ad laudem et virtutem, turpius tamen pessundari avaritia atque ignominia, turpissimum rerum caducarum illecebris duci sapientem; turpius divitias disciplinis et sapientie titulis aucupari, turpissimum decus et libertatem pro viribus parum tueri; turpius mercedibus illiberalissimis servire. Sed ista omnia omittamus siquidem mihi ipse imperavi et nihil non valde necessarium prosequi in hac re et esse omnino quam possem brevissimus, quod plane quantum in me est hactenus effeci.

rais d'autres points : je montrerais par exemple quelle bassesse d'âme, quelle servilité il faut avoir pour s'engager dans des travaux intellectuels dans l'espoir de s'enrichir, et je soulignerais que c'est la supériorité et l'éclat de l'intelligence, comme de l'honneur qui s'y attache, qui doivent motiver les âmes de qualité et les esprits cultivés, plus que le désir et l'appât du gain. 83. Je pourrais m'y attarder plus longuement si je voulais faire étalage de mes capacités intellectuelles, ou si je croyais digne d'éloge de donner ici une plus longue carrière à notre éloquence et à notre abondance, qui en réalité sont bien réduites. Car le sujet ouvre un espace véritablement infini : n'importe qui pourrait s'y laisser aller, et en parcourir tous les recoins à force de beaux discours rehaussés de toutes les fleurs de la rhétorique ; mais il serait hors de propos, et sans profit pour quiconque, de multiplier les détours en donnant du clinquant à des pensées de ce genre, qui sont aussi connues qu'universellement acceptées. 84. Car enfin, est-on assez insensé pour ne pas trouver abominable la volonté de rendre esclaves de l'avarice et du désir les arts et les disciplines qui devraient apaiser, supprimer et exterminer les maladies de l'âme que sont précisément l'avarice, la cupidité et le désir, et qui d'ordinaire arrachent l'âme à la bassesse où elle se vautre pour l'établir dans la liberté, l'honneur, la gloire et le mépris de l'éphémère ? et de laisser une âme baignant dans l'élégance du savoir être accablée et anéantie sous la masse des sujets d'infamie ? 85. Car, si pour tous les hommes, et surtout pour les intellectuels, il est honteux et contraire au devoir de ne pas élever son âme autant qu'il est possible vers la gloire et la vertu, il l'est plus encore de voir un sage submergé par l'avarice et l'ignominie, et absolument scandaleux de le voir pris au piège de l'éphémère ; il est honteux de courir après la richesse sous couvert de savoir et de sagesse, et scandaleux de ne pas déployer tous ses efforts pour l'honneur et la liberté ; il est honteux de se faire l'esclave de marchandises incompatibles avec la liberté.

Mais laissons tout cela, puisque je me suis soumis à cette exigence de ne m'en tenir au strict nécessaire et d'être aussi bref que possible, ce que j'ai fait jusqu'à présent de mon mieux. Car tu as pu le voir, nos

Nam succincta et lenis, ut vidisti, nostra fuit oratio eritque quoad pro rei qua de agimus magnitudine permittatur facillima et brevissima.

V. (1) Dixi ex studiis litterarum neque voluptates captari neque accumulari divitias; proximum est ut de litteratorum auctoritate et honoribus a me dicendum esse videatur. Honores etenim non negandum est deberi litteratis admodum maximos; nam si bene meritis honos quasi premium refertur, in exhibendo certe honore quem preponemus litteratis ? (2) Si quis bonas inter artes fortiter ac diu labores ferendo, si quis pro aspicienda virtute ac sapientia etatem in studiis conterendo, si quis omnes voluptates aspernando, omnes cupiditates eiciendo meretur, si quis industrie sudoribus, sumptu, tempore, fortunis atque vita pro amplissimis et necessariis hominum generi atque omnium gratia dignissimis rebus comparatis meretur, ut sunt bone artes, bona instituta, prestantissimi mores atque sapientia que in litteris adipiscimur, quis erit tam improbus qui esse litteratos omnibus omnium generum hominibus anteponendos infitietur ? Sunt ergo litterati omnium iudicio non postponendi. (3) Ceterum cum reliquis animantibus omnibus homo in multis rebus excellat, tum vel maxime longe superior est quod cognitionis et rationis vi quadam fruitur qua facile persuaderi potest hominum mentes esse natura ab celestium genere non alienas; nam constat quidem et mari et terra queque moveantur omnia ingeniis hominum subigi et suppeditari. Idcirco hominem in natura rerum esse animantium honoratissimum atque principem omnes fatentur. (4) Que cum ita sint, homo qui eandem ipsam rationem vel mentem qua a natura iam est rerum dominus constitutus habuerit absolutam, perfectam artibus, cultam et expolipropos ont été rapides et succincts, et ils le seront encore, dans la mesure du moins où les dimensions du sujet autoriseront la légèreté et la brièveté.

V. 1. J'ai dit qu'il ne fallait compter, avec l'étude des lettres, ni sur les plaisirs, ni sur les richesses ; ce que je dois évoquer à présent, me semble-t-il, c'est l'autorité et les honneurs qu'elles procurent. Il faut en effet affirmer qu'on doit aux lettrés les plus grands honneurs ; si ces honneurs sont en effet la récompense que s'attirent de bons et loyaux services, qui préfèrerons-nous aux lettrés ? 2. Si l'on a supporté avec courage les longues fatigues que fait naître la pratique des arts nobles, si l'on a consacré toutes ses années à l'étude afin d'apercevoir enfin la sagesse et la vertu, si l'on a méprisé tous les plaisirs et repoussé toutes les convoitises ; si l'on n'a pas épargné sa peine, ses dépenses, son temps, sa fortune et sa vie pour donner au genre humain les biens les plus vastes, les plus nécessaires et les plus dignes de sa reconnaissance — comme sont les arts nobles, de bonnes institutions, des mœurs d'une droiture incomparable, la sagesse enfin que les lettres nous permettent d'atteindre, — qui sera assez malhonnête pour contester la supériorité des lettrés sur les hommes qui ont fait de tout autres choix ? Chacun s'accorde donc à reconnaître qu'on ne doit pas leur donner une place secondaire. 3. L'homme, du reste, qui l'emporte en bien des domaines sur tous les êtres animés, ne le fait jamais mieux que par la jouissance qu'il a de sa capacité à penser et à raisonner : et cela montre bien que l'esprit humain n'est pas étranger par nature au genre auquel appartiennent les esprits célestes. Il est établi, en effet, que tout ce qui se meut sur la terre ou dans la mer est soumis à l'esprit humain, et que cette abondance n'est là que pour le servir. Ainsi est-il universellement reconnu que l'homme, dans la nature, est l'être animé qui a reçu le plus d'honneur et le prince de tous les autres. 4. Par suite, si cette raison ou intelligence, par laquelle l'homme a été naturellement constitué comme maître des choses, se rencontre chez lui dans son degré le plus accompli, avec cette perfection que donnent les arts, cette allure et cette finesse nées de l'étude et de l'ingéniosité, et tam studio atque solertia, quive eadem ipsa ratione et intelligentia inter homines maxime superior fuerit, nonne idem hic inter mortales precellens maximis honoribus ac reverentia ab omnibus erit prosequendus? (5) Denique deus ipse cum ceteris infinitis in rebus prestet, tum non in postremis ad divinitatem est quod verum a falso secernere, quid sit optimum eligere, ac rebus ratione et providentia moderari perfecte noverit; homo autem qui in huiusmodi divinis rebus doctum et eruditum se prebeat, nonne inter homines prope divinis honoribus erit concelebrandus, nonne omnibus preferendus hominibus? (6) Qua igitur ratione compertum est ut equester ordo in publicis cetibus antecedat litteratos, aut quivis ex ordine equestri litterato comparetur? Qua impudentia rudem, inexpertum rerum atque plerunque temerarium militem litteratis omnibus anteponamus? Hec ego non institutis maiorum, sed insolentia et temeritate quadam militum id sibi arrogantium in usum accessisse arbitror. (7) Nisi forte maiores nostri iudicarint litteris quam auro minus habendum esse honoris; alioquin perversa ratio, turpis mos, iniusta licentia est hunc militem preponere in quo nullus virtutis, morum aut sapientie splendor inest, quive tantum gemma et auro se velit admodum conspicuum videri; hunc vero litteratum postponere qui moribus, virtute, ingenio, litterarum ac rerum optimarum cognitione ac ratione sit probatissimus atque clarissimus.

(8) Sed missam faciamus hanc disceptationem recte ne miles preponatur, quanquam quidem ea ipsa disputatio esset hoc quoque loco non negligenda. At dicamus militiam esse publicum aliquod munus militisque ipsius munus et officium esse non mediocris negotii: virgines, viduas destituas atque indefensas atque pupillos atque pauperes

que cette même raison ou intelligence se révèle chez un homme d'un caractère encore supérieur à ce qu'elle est chez les autres, ne devra-t-on pas entourer des plus grands honneurs et du plus grand respect le mortel qui fait ainsi la preuve de son excellence ? 5. Pour Dieu lui-même, qui est en toutes choses d'une supériorité infinie, est-ce un point négligeable de sa divinité qu'il sache parfaitement séparer le vrai du faux, choisir le meilleur, et donner aux choses la mesure de sa raison et de sa providence ? Or, l'homme qui se montre instruit de la connaissance de ces choses divines ne doit-il pas jouir parmi les hommes d'honneurs presque divins, ne doit-il pas être préféré à tous les hommes ? 6. Comment expliquer, alors, que dans les réunions publiques, l'ordre des chevaliers ait la préséance sur les intellectuels, ou que l'on puisse comparer n'importe quel chevalier à un lettré ? Par quelle impudence osons-nous préférer à tous les lettrés un soldat grossier, sans expérience du monde, et la plupart du temps d'une folle témérité ? C'est là un usage qu'à mon avis seules l'audace et la prétention des soldats qui le revendiquent permet d'expliquer, et qui ne doit rien à la tradition reçue des ancêtres. 7. À moins que ceux-ci n'aient pensé qu'il fallait accorder aux lettres moins de considération qu'à l'or, on doit bien reconnaître qu'il s'agit là d'un défi à la raison, d'un usage honteux, et d'une liberté aberrante qui bafoue la justice : donner la préséance aux militaires, où l'on chercherait en vain l'éclat de la vertu, de la conduite ou de la sagesse, et qui ne veulent paraître qu'à proportion de l'or et des pierreries qu'ils exhibent ! Et faire passer les lettrés après eux, quand leur conduite, leur vertu, leur esprit, leur admirable connaissance des lettres, leur remarquable intelligence des choses les mettent dans une lumière dont chacun reconnaît l'éclat !

8. Mais laissons la question de savoir si l'on a raison de donner aux soldats plus d'importance, quoique cette question même, ici encore, soit loin d'être négligeable. Disons simplement que la carrière militaire est une sorte de charge publique, et que la fonction et le devoir de soldat ne sont pas de tout repos : il s'agit de veiller sur les jeunes filles et les veuves abandonnées sans défense, sur les mineurs, les pauvres et tous ceux qui sont dans le malheur, de veiller dans le même

omnes eiusmodique afflictos omnes una et rem publicam omnem sua ope, rebus et armis tueri, tegere atque defendere. (9) Eiusmodi esse militis officium arbitror; quam vero probe pro officio sese gerant milites, quamve idcirco sint honore dignissimi censeant ceteri; nobis tamen cum nemo negaverit viros doctos suis studiis plurimum et rei publice et miseris omnibus et fortunatissimis etiam civibus conferre utilitatis, quis tum ulla ratione defendet stultos prudentibus, indoctos peritis, inutiles commodis, desidiosos agentibus et bene in dies merentibus litteratis ulla in re debere anteponi? (10) Neque solum apud hunc militarem ordinem meritis honoribus defraudantur litterati, sed etiam apud quosvis despiciuntur. Quem enim in civitate divitiis et amplitudine paulum egregium civem dederis, qui non se in omni re supremum velit fore, quive non illico paupertatem floccipendat, ac studia penitus, artes et ingenia pauperum non oderit? Quis enim ita moratus dives aderit qui non plus deberi fortunis suis iudicet quam aliorum virtuti?

(11) — Enimvero, qua de causa illum mihi litteratum preferes? inquiunt divites. — Nonne una eademque patria nobis omnibus est? An mihi fortassis humiliores affines et parentes, an stirps nostra quam istius degenerosior est? An vero in senatu quia grammaticem nesciam, sententia et vota minus nostra quam litterati valebunt? Libera nobis est civitas, liber animus, liceat sane nostra materna inter nos lingua loqui, atque ea quidem sic loquamur libere, ut inviti tacuisse nihil videamur. (12) Gaudeat iste sane litteratus inter libros suis exquisitis vocabulis, nos autem divites curemus ut apud senatum nostra in primis sententia vigeat, quod scio pulchrius nos quam quivis

temps sur la république, et de mettre ses forces, ses moyens et ses armes au service de leur défense et de leur protection communes. 9. Voilà à mon sens à quoi ressemble le devoir des soldats ; quant à la droiture avec laquelle ils s'en acquittent, et l'honneur à leur marquer en conséquence, je laisse à d'autres le soin d'en juger. Ce qui m'apparaît simplement, puisque personne ne peut nier que les savants, par les études qu'ils mènent, sont d'une extrême utilité à l'État comme à tous les citoyens dans le malheur et même aux plus fortunés d'entre eux, c'est que personne ne peut trouver d'arguments pour prétendre qu'on doit en quelque domaine que ce soit préférer les fous aux sages, les ignorants aux savants, les esprits inutiles aux esprits féconds, les paresseux et les oisifs aux lettrés dont l'activité incessante rend tous les jours les plus grands services. 10. Mais ce n'est pas seulement face à cet ordre militaire que les lettrés sont privés des honneurs qu'ils méritent : ils sont, par rapport à n'importe qui, tenus dans le plus grand mépris. Prenons une ville : peut-on citer un citoyen passablement en vue par ses richesses et son influence, qui ne veuille tenir le haut du pavé en tous les domaines, ne méprise sans hésiter la pauvreté, et ne voue aux études, aux arts et à l'esprit dont elle est capable la haine la plus profonde ? Trouvera-t-on un riche disposé à ne pas penser qu'on doit à sa fortune plus de considération qu'à la vertu d'autrui ?

11. « Eh oui, disent les riches, pourquoi donc me préférer ce lettré ? N'avons-nous pas, tous autant que nous sommes, une seule et même patrie ? À moins peut-être que mes parents et alliés soient plus humbles que les siens, ou que ma famille ne puisse se prévaloir de la même noblesse ? Et, sous prétexte que j'ignore la grammaire, va-t-on faire moins de cas de mes avis et des mes votes au Sénat que des siens ? Nous sommes dans une cité libre, nous avons la liberté de penser, qu'il nous soit donc permis de parler entre nous notre langue maternelle ; et exprimons-nous avec assez de liberté pour ne pas donner l'impression que nous nous sommes tus malgré nous. 12. Laissons ce lettré s'amuser avec ses mots recherchés, et nous, les riches, veillons simplement à assurer à nos avis la première place au Sénat ; nous y parviendrons mieux, évidemment, avec l'autorité de nos richesses que

litteratissimus suis preponderatis exercitationibus nostra divitiarum auctoritate assequemur. Nos enim deauratas, illi laureatas sententias proferunt, et cedat auro laurus. (13) Tu vero si litteratorum causam susceperis enim — Desine hunc tandem litteratum magnificare, inquient. Quid illi assurgam ? Quid cedam e via aut discoperiam ? Quid mihi cum illo est negotii ? Novit litteras, quid ad me ? Regat ille quidem ludum ac instruat pueros. Meminit leges, quid ad me ? Ganniat ille quidem, proclamet, inscribat dicas, expilet viduas, predetur litigantes, prodat clientulos ut lubet, patronum se ac consultorem civibus futurum prestet, quid ad me ? Bene erit orba civitas illa que tales tutores complectatur. (14) Medicinam profitetur, quid ad me ? Curet ille quidem ebrios, edaces, helluones, venditet pharmaca et venena, pertractet omnia feda, spurcissima, ut volet, quid ad me ? Divina sectatur, quid ad me ? Compleat ille quidem vetulas clamoribus, deliret in pulpitis, ut volet, quid ad me ? Quod quidem male illi succedat litterato ; omnia norit, cuncta didicerit, universa teneat, quid, inquam, ad me ? Istorum ego, si quando mihi aliquis fuerit necessarius, faciam uno nummo omnes horas noctium trium dierumque trium vigilans connumeret. (15) Iam quidem sint illi litterati suis demum nugis et disputatiunculis contenti, non prodeant in publicum suis cum venalibus cavillatiunculis, potius ad quam olent lucernam redeant. Aut denique, superi optimi, abicite hanc pestem hominum e conspectu, qui, nisi essent, nullus litigiorum strepitus, nulla in litigiis calunmnia adesset, iurgia rixeque tollerentur, summa concordia in urbibus vigeret, pax inter cives constituta servaretur, non litigiorum eternitas, non causarum immortalitas perseveraret, sub equo et bono natura duce simplici quadam equitate cause discernerentur.

(16) Hec verba (ita me superi ament) ut a multis neque infimis neque vulgaribus nostris civibus quam sepissime audivi ! Pro rei

le plus savant des lettrés avec ses discours aussi travaillés que faiblards. Car nous y parlons d'or, quand ils n'y parlent que de laurier ; et entre l'or et laurier, il n'y a pas à hésiter. 13. — Mais toi, puisque tu défends la cause des intellectuels, cesse enfin de les grandir ! Pourquoi devrais-je faire place à un lettré ? Pourquoi devrais-je lui céder le pas et me découvrir à sa vue ? Qu'ai-je à faire avec lui ? Il connaît les lettres, et alors ? Qu'il dirige une école et instruise les enfants. Il a toutes les lois en mémoire, et alors ? Qu'il glapisse à la tribune, qu'il fasse des effets de manche, qu'il intente des procès, dépouille les veuves, rançonne les deux parties, trahisse ses clients à sa guise, qu'il se présente à ses concitoyens comme leur protecteur et leur conseiller, qu'est-ce que j'en ai à faire ? Elle sera dans de beaux draps, la ville qui fera bon accueil à de tels défenseurs. 14. Il exerce la médecine, et alors ? Qu'il soigne les ivrognes, les gloutons, les goinfres, qu'il vende ses médicaments et ses drogues, qu'il touche à maintes horreurs qui soulèvent le cœur, et alors ? Il est versé dans les affaires divines, et alors ? Qu'il s'agite devant de vieilles bigotes, qu'il vaticine sur des estrades, comme il voudra, qu'est-ce que j'en ai à faire ? Il n'en tirera rien, ce lettré, c'est moi qui vous le dis. Qu'il ait des connaissances, un savoir, une mémoire universels, et alors ? Si un jour j'ai besoin d'un personnage de cette espèce, je ferai en sorte qu'un peu de monnaie suffise à lui payer ses veilles de trois jours et de trois nuits. 15. Que ces lettrés se contentent de leurs petites discussions et de leurs balivernes, mais qu'ils ne paraissent pas en public avec leurs ergotages à deux sous, et retournent plutôt sous la lampe dont ils ont l'odeur. Mieux encore : chassez ce fléau, dieux très bons, de la vue des hommes ! Si ces personnages n'existaient pas, on n'entendrait plus tous ces bruits de querelles, on ne verrait plus de calomnie dans les procès ! Finis les invectives et les pugilats, les villes seraient dans une concorde parfaite, les procès, les causes à défendre ne seraient plus cet éternel retour, et en prenant pour guide, aussi droit que bon, la nature elle-même, la simple équité suffirait à trancher tous les litiges. »

16. Ces mots (les dieux m'en soient témoins !), combien de fois les ai-je entendus de la bouche de nos concitoyens qui n'étaient pourtant

tamen molestia dignum responsum aliud nullum dedi, nisi : putare me eos agere non modeste qui de re sibi incognita non sensu, natura et equitate, sed odio, invidia iudicent ; illis tamen aliqua ex parte indulgendum esse qui negligant quod ignorent et vituperent quod negligant ; sed ab iis optare me ut parcius et modestius de bonis obloquantur. (17) At illi inceptam cantilenam resumunt. O civitatem modestam ! Sed quis non eadem ipsa persepius in triviis audiat ? Quis non omnino abiecti agrestisque animi parum egre huiusmodi homines ferat audiens, quis vel minime cupidus honoris non prestare arbitrabitur se divitem putari quam doctum, presertim cum viderit se ad honores inter divites esse nullum ? (18) Quid, cum audiet litteratum hunc aut vocari lixam aut coquum, si forte, ut fit, veste non ita lautissima de libris ad civium coronam progrediatur, aut marmoreum bovem aut phreneticum, si quid vehementius suis litterarum meditationibus inheserit, aut ambitiosum latratorem, si quid eloquentia et erudita lingua publice delectetur ? Ut profecto non sine auctoritatis et dignitatis iactura sit litteratum inter cives publicos petere honores atque auctoritatem. (19) Tum etiam ad gratiam prestat nos studiosos haberi stolidos quam prudentes ; nam ita consuevere nostri cives : stultos tantum irridere ac ludos facere, gnavos autem et agentes malignos esse et rapaces dicunt, hominum genus fugiendum, quod et naturali astutia et litterarum fraudibus ad omnem iniuriam et perniciem aptissimi sint. Tu, idcirco, litterate, qualem te illis prestabis ? Si simplicitatem ostentabis, bonum te sed rudem atque inutilem dicent, si prudentia callere, malignum te esse interpretabuntur.

pas des moindres ! Je n'ai pas su trouver de réponse proportionnée à la gravité de telles accusations, et n'ai que cette objection à faire : d'après moi, c'est dépasser la mesure que de juger d'une chose qui vous est inconnue en obéissant à la haine et à l'envie plutôt qu'au bon sens, à la nature et à l'équité. Il faut pourtant montrer quelque indulgence à l'égard de ceux qui négligent ce qu'ils ignorent et qui blâment ce qu'ils négligent. Mais je ne laisse pas de souhaiter de leur part des propos plus cléments et plus mesurés sur des choses qui sont bonnes en soi. 17. Reste qu'ils se remettent à pousser leur chansonnette.

Ô cité pleine de mesure ! Mais qui n'entendrait pas cela à tous les carrefours plus souvent qu'à son tour ? Qui, à moins d'être totalement vil et grossier, supporterait d'écouter des hommes de ce genre sans en être malade ? Qui, sans même se montrer soucieux de carrière, ne pensera pas qu'il vaut mieux avoir réputation de richesse que de science, surtout quand il verra que pour les honneurs, il ne fait pas le poids devant les riches ? 18. Et quand il entendra que tel lettré est traité de cuistot ou de plongeur si, comme il arrive, c'est en piètre tenue qu'il quitte ses livres pour se rendre à une réunion politique, ou de bœuf de marbre, de fou à lier, s'il s'est trop absorbé dans ses méditations lettrées, ou de jeune loup aux dents longues, s'il obtient les faveurs du public avec son éloquence et sa langue recherchées ? Qu'un lettré brigue les honneurs parmi ses concitoyens, qu'il cherche à y avoir de l'influence, ce n'est pas sans dommage pour sa dignité et son autorité. 19. Nous serons même mieux vus, nous autres intellectuels, si l'on nous prend pour des niais, que si l'on nous considère comme des sages ; car telle est l'habitude de nos concitoyens : d'après eux, les imbéciles ne sont jamais à prendre au sérieux, tandis que les gens actifs, il faut s'en méfier comme de la peste, ils en veulent trop ; aussi doit-on absolument les éviter : leur culture entortillée, jointe à un esprit naturellement retors, les dispose à merveille à tous les mauvais coups imaginables. Dans ces conditions, mon cher intellectuel, quelle figure vas-tu leur présenter ? Feras-tu preuve de simplicité ? Ils vont dire que tu es une bonne pâte, mais tout de même mal pétrie et bonne à rien. De finesse ? Ils n'y verront que de la mesquinerie teintée de méchanceté.

(20) Proxime de reliqua plebe erga studiosos quid est quod referam? Nam est ea quidem sors hominum cum ceteris in civitatibus loquax et maledica, tum maxime in nostris Hetrurie urbibus multum insolens ac maledicentissima, omnes irridere, nemini deferre, temere proloqui, ac multa per insolentiam agere assueta, quod tamen nostris hominibus et nomini Hetruscorum laudi dandum puto; Hetruscis enim civibus ob antiquissimam libertatem multa cum dicere, tum etiam facere licet que apud tyrannos educatis nimium solute fortassis et intemperanter facta viderentur; laus tamen libertatis et fructus est, quo legibus parueris eo reliquas omnes voluptates et instituta ita gerere tua ut velis.

(21) Sed ad plebem redeamus nostram apud quam semper prime honoris partes fuere auro ac divitiis dedite; neque obscurum quidem est qua mente vulgus non virtutum, sed pompe admiratione moveatur. Movetur enim imperita multitudo rebus his quas oculis intuetur, illis autem quibus mente reddi perspicacior et possit et debeat non commovetur. Itaque cupiunt imperiti quas intuentur divitias, negligunt quam ignorant sapientiam, fortunas consectantur, virtutem spernunt. (22) Progreditur dives longo cum amicorum et servorum comitatu, sese multo supercilio et gestibus efferens, non secus atque multas per divitias et amplitudinem polliceatur aut comminitetur. Huic cuius divitias cupiditate amplectitur plebs vultu fronteque applaudit, ergo advenienti confestim assurgit; hunc quanti fortuna prestet, tanti esse faciendum et censet et predicat; hunc ergo a quo iuvari favoribus et pecunia queritant cives, non stulte omnibus litteratis anteponunt. (23) Ita demum iis omnibus rebus increbruit, presertim in nostre urbis hominibus, opinio flagranti cupiditate incensa

20. Que pourrais-je dire ensuite des sentiments du reste du peuple à l'égard des lettrés ? Car si le genre d'hommes qu'il compte est dans toutes les cités aussi bavard que médisant, cela atteint un degré inégalé dans nos villes d'Étrurie. Leur habitude, c'est de rire de tout le monde, de ne rien passer à personne, et de trouver dans l'effronterie le principe de toute action ; caractère à verser cependant au crédit des hommes qui nous entourent et à l'honneur du nom étrusque. Car les cités d'Étrurie, en raison de la liberté qui fut la leur dès la plus lointaine antiquité, ont licence de dire et surtout de faire bien des choses qui paraîtraient témoigner de négligence et d'excès aux yeux de personnes ayant connu la tyrannie. Ce qui fait cependant l'honneur et le fruit de la liberté, c'est que, là où l'on obéit aux lois, on peut régler à sa guise tous ses autres plaisirs et ses manières de faire.

21. Mais revenons au peuple où nous sommes, chez qui les honneurs les plus prestigieux ont toujours été réservés à l'argent et à la richesse. L'état d'esprit qui pousse le peuple à admirer, non pas la vertu, mais le luxe le plus visible, n'est un mystère pour personne. La multitude, qui n'y connaît rien, n'est attirée que par les choses qu'elle peut se mettre sous les yeux ; quant à celles qui pourraient et devraient la rendre plus perspicace, moyennant l'effort de l'esprit, elles la laissent totalement indifférente. Aussi, avec l'épaisseur qui la caractérise, désire-t-elle les richesses qu'elle voit, et néglige-t-elle la sagesse qu'elle ignore, aussi sûrement qu'elle recherche la fortune et méprise la vertu. 22. Un riche s'accompagne toujours d'un long cortège de serviteurs et d'amis, avec force gesticulations et regards hautains, comme si ses richesses et son aisance étaient autant de menaces ou de promesses. Le peuple fait toujours bon visage à celui dont la richesse le fait se pâmer de désir, et bien sûr, il se lève et le salue dès qu'il arrive ; il pense et proclame qu'on doit l'estimer à proportion de sa fortune. Ce n'est donc pas sans raison que les citoyens préfèrent aux lettrés l'homme dont ils cherchent éperdument à s'attirer les faveurs et l'argent. 23. Et au total, ce qui trouve en tout cela de quoi s'amplifier, surtout dans le cas de nos concitoyens, c'est l'opinion, rendue plus forte encore par une envie dévorante, selon laquelle on ne doit honorer que les riches

ut solis divitibus, solis fortunatis in primis honores deberi existiment, de litteratis vero non amplius cogitent quam de rebus his que usui future minime sint; quinimo multis modis despectos habent litteratos. Missa facio reliqua obscena litteratis a plebe imposita ignominia. Illud vero non pretermittamus quod aiunt: nescire se qua re nostros litteratos debeant magnificare quos plane videant circa vite usum ea negligere que ad bene beateque vivendum admodum necessaria sunt.

(24) — Tum preterea sit sane illud, inquiunt, ut predicatis: este litteris docti rerum omnium; hoc si vestris litteris tam amplissimum atque divinum munus inest, ut nihil rerum omnium sit quod ignoretis, quid est vobis litteratis in hominum genere stultius? Quanta vestra insania est, dum non in primis discitis esse non egeni, dumque vos paupertatis et miserie vestre non peniteat? (25) Utrum igitur tanti faciemus istuc ipsum didicisse litteras, ubi pluries detur sitire et exurire, quam sapientiam ostentare? Discite, discite litterati (si aliquid sapere videri cupitis) sine inopia vivere, postremo optabitis cum laude vivere. — Sunt ergo magna ex parte, ut vides, litterati apud omnes ordines et apud plebem usque adeo ridiculi, ab omnibus irrisi, a multis despecti, atque id quidem potissimum, ubi non fuerint valde locupletes. (26) Tum qui (quod rarissime evenit) fortassis fuerint fortunati, sciant illi quidem non litteris sed divitiis, non virtuti eorum sed fortune honores tribui. Etenim animadvertant quot assurgant, cedant, aut dignentur, nisi eorum oculos toge aurique splendor prius perculserit; desit aurum, deponatur toga, ignorabere. (27) Equidem ita se res habet: qui veste sunt ornatissimi, iidem sunt honoratissimi apud vulgus, qui ditissimi, iidem honoribus et observantia dignissimi putantur, ut nemo tametsi prudens, peritus atque rerum preclarissi-

et les grandes fortunes, et se soucier des intellectuels comme d'une guigne, puisqu'on n'a pas de profit à en attendre. Allons plus loin : il y a même mille manières de les mépriser. Inutile de parler des autres propos injurieux que l'ignominie du peuple impose aux intellectuels. Je n'en citerai qu'un, qui se dit fort souvent : c'est qu'il ne voit pas pourquoi il devrait chanter les louanges de nos lettrés, vu que dans la vie courante, ils négligent, c'est évident, ce qui est absolument nécessaire pour bien vivre et couler des jours heureux.

24. « Admettons, poursuivent-ils, que les lettres vous aient rendus savants en tous les domaines ; si donc vous leur devez ce cadeau considérable, et même divin, de ne rien ignorer sur rien, qui peut-on trouver au monde de plus stupide que vous ? Vous êtes tout de même d'une sottise consternante : vous n'apprenez pas, avant toute chose, à n'être pas dans le besoin, vous n'êtes pas mécontents de votre pauvreté et de votre misère ? 25. Est-ce donc que vous faites tant de cas d'avoir appris les lettres, avec qui le ventre crie si souvent famine, qu'il n'est pas question de montrer votre sagesse ? Apprenez donc, apprenez, chers lettrés (si du moins vous souhaitez donner l'impression d'avoir un peu de bon sens), à vivre ailleurs que dans le dénuement ; vous songerez après à la question des honneurs. » — Tu vois donc que, pour l'essentiel, les intellectuels ne sont que des personnages ridicules aux yeux du peuple comme à ceux de toutes les catégories sociales ; objets de la dérision générale et d'un large mépris, surtout quand ils n'ont pas derrière eux une coquette fortune. 26. Quant à ceux — et ils sont particulièrement rares — qui ont peut-être réussi à l'accumuler, qu'ils se persuadent que c'est à leurs richesses, et non à leur culture, à leur fortune, et non à leur vertu, qu'on accorde sa considération. Ils n'ont qu'à prêter attention à ceci : combien de fois se lèverait-on à leur approche, leur cèderait-on sa place, ou leur manifesterait-on du respect, si l'éclat de leur fortune et de leurs vêtements n'avait d'abord frappé les yeux ? Que l'argent se tarisse, qu'on dépouille la toge, et on rentre dans l'anonymat. 27. C'est ainsi : vêtements luxueux, obséquiosité du peuple ; richesse tapageuse, droit assuré aux honneurs et aux égards. Personne, quelle que soit sa qualité de réflexion, d'expérience,

marum scientia et sapientia excultissimus, nisi auri atque divitiarum suffragio, quicquam ex se possit in vulgus proferre quod laude aut admiratione dignum putetur.

(28) Sed nos forte maiores circa res veluti publicis in muneribus, legationibus, aut magistratibus honorem esse constitutum putare magis oportet quam circa istas assessionum, locive atque vie prerogativas, quibus quidem in rebus aurum, ut plane videmus, partes iam pridem primas sibi vendicavit. Quamobrem fortassis rem publicam gerentes poterunt videri integro atque perfecto in honore constituti; nam mores et virtutes eorum probata esse videntur, quorum fidei et diligentie res publica sese maximum pondus commendarit. Mihi tamen non persuadeo rem publicam in magistratibus exposcere copiam litterarum magis quam rerum experientiam longo usu et tractatione perfectam.

(29) Verum brevissime hunc locum transeundum censeo; nam constare arbitror ut raro de celo aut planetis, utque nunquam de deorum natura, de animorum procreatione et vi apud rem publicam consulatur: de bello sane et pace, vectigalibus et impensis, deque omni re civili moderanda atque tuenda, non litteris apud senatum, sed usu ipso atque experientia disseritur. Tum in contionibus quid de septem orbibus aut vagis stellis, quid de sole aut luna disserendum sit non video, ut profecto omnes litteras ab hoc forensi usu et publico seclusas esse oporteat.

(30) Proxime qui litteras profitentur commodius fecerint si suis litteris contenti ea loca effugient quibus nulla cum publica dignitate versentur, vel si quid publicorum negotiorum tractasse concupiverint, in eo se tantum exerceant quo non advocantur, non tamen excluduntur. Solas enim pacis et coniunctionum formulas conscribendas et consignandas suscipiant, reliquam vero rem publicam omnem suo pro iure sibi sumant expertissimi ac probatissimi cives, ac

de connaissance et de sagesse dans les domaines les plus remarquables, ne pourra rien faire valoir devant le peuple pour s'attirer ses éloges et son admiration, s'il n'a pas l'argent et la richesse capables de le soutenir.

28. Mais nous devons penser que l'honneur concerne des choses d'importance (les charges publiques, par exemple, les ambassades, les magistratures), plutôt que ces privilèges de préséances, de places et de circulation, privilèges dans lesquels, nous ne le voyons que trop, la richesse a revendiqué depuis longtemps le premier rôle. Aussi pourra-t-il se faire que des serviteurs de l'État soient l'objet d'une haute et parfaite considération ; car on respecte, semble-t-il, les mœurs et la vertu de ceux dont la loyauté et le sens du service ont conduit l'État à leur confier une charge considérable. Je suis cependant convaincu que pour les magistratures, l'État demande moins une culture approfondie qu'une expérience de terrain acquise par une longue pratique.

29. Mais je crois qu'on ne doit pas s'arrêter trop longtemps sur ce point ; car il est sûr qu'on délibère rarement au gouvernement sur le ciel et les planètes, et jamais sur la nature des dieux, la génération et la croissance des animaux : on ne le fait évidemment que sur la guerre et la paix, les recettes et les dépenses, et toutes les affaires de société qui, pour être traitées au Sénat, ne demandent pas de connaître les lettres, mais d'avoir de l'expérience et de la pratique. Je ne vois pas l'utilité de débattre dans les assemblées sur les sept cercles célestes ou les planètes, le soleil ou la lune ; en sorte qu'il convient assurément de mettre les lettres dans leur ensemble à l'écart de ces données de la parole publique.

30. Ajoutons que ceux qui font profession d'intellectuels auraient avantage à se satisfaire de leurs recherches, et à éviter les lieux où ils ne font l'objet d'aucun honneur public ; et s'il désirent malgré tout envisager telle ou telle question politique, qu'ils ne s'attachent qu'à celles pour lesquelles on ne réclame pas leur concours sans pour autant les exclure. Qu'ils s'occupent simplement de rédiger et de consigner les règlements de paix et d'alliance, et, pour le reste, que les citoyens les plus compétents et les plus reconnus s'en chargent, chacun selon sa partie, et qu'ils s'en saisissent avec l'accord et la volonté du peuple.

volente iubenteque populo capessant. (31) Litterati vero qui non se in usu negotiorum vel magis quam in litteris doctos et peritos videri elaborarint, officio suo tum functi erunt, cum in publicis monumentis redegerint ea que sint coram se veluti apud testes bene intelligentes gesta. Ergo qui recte sibi consultum volet publicas istas omnes administrationes effugiat; non enim facile dici potest quanta publica hec omnia munera cum ceteris expeditis et ab omni reliquo negotio solutis civibus, tum maxime artibus et disciplinarum cognitione occupatis animis detrimenta afferant.

(32) In publicis enim muneribus hec sunt incommoda: quod animum ab studiis privatis distrahunt, trahunt in sollicitudinem et invidiam, opponunt inimicitiis ac periculis, referunt curas, labores atque difficultates acerbissimas, que res omnes quam sint cum ceteris, tum litteratis moleste atque idcirco pacatis ingeniis vetite nemo non discernit. Quod tametsi litteratos in honoris, gratie admirationisque loco esse olim constitutos audierim, nova tamen hec tempora alios mores ideo attulere, quod nimis multos et eos quidem insolentes, vilissimos abiectissimosque homines bone littere suscepere. (33) Ex quo effectum est ut cum sanctissime pene omnes discipline istac eadem hominum fece replete dehonestateque sint, tum idcirco nobilissimi et prestantissimi qui litteris affici olim consueverant, admodum dedignentur, tum etiam his artibus inherere negligant in quibus neque honorem neque amplitudinem nanciscantur. Atque eo devenimus ut non modo nobilitate et auctoritate prestantes litterarum studia negligant, verum etiam nulli nisi abiectissimi atque ignavissimi se ad litteras conferant. (34) Nam aut claudi, aut strume, aut distorti et comminuti, stolidi, hebetes, inertes atque rebus aliis obeundis invalidi et incompotes omnes ad litteras deportantur: quos autem civilia negotia respuunt, eos putant esse ad otium litterarum accomodatos;

31. Quant aux intellectuels qui n'ont pas travaillé à paraître plus savants et plus expérimentés dans les affaires qu'ils ne le sont dans les lettres, ils se seront acquittés de leur devoir quand ils auront consigné dans des documents publics ce qui se sera passé en leur présence, comme le font des témoins avertis. Donc, si l'on veut prendre soin de soi-même, on devra fuir toutes ces fonctions administratives ; car on ne saurait dire l'ampleur des préjudices que les charges publiques causent non seulement aux citoyens libres de tout autre souci, mais aussi et surtout aux esprits voués aux arts et à l'acquisition des connaissances.

32. Quelles sont en effet les incommodités de ces charges publiques ? Elles distraient l'esprit de ses études privées, attirent l'inquiétude et l'envie, confrontent à la malveillance et à des situations périlleuses, et ne rapportent que des soucis, des difficultés et des peines particulièrement rigoureuses, — autant de désagréments dont on s'accorde partout à penser que s'ils pèsent à chacun, ils sont encore plus redoutables pour des lettrés, et donc absolument contre-indiqués pour des esprits soucieux de sérénité. Et quoique je me sois laissé dire qu'autrefois des lettrés ont pu bénéficier de marques d'honneur, d'admiration et de reconnaissance, l'ère nouvelle où nous sommes entrés a changé les mœurs, les belles lettres ayant eu à subir des individus de la pire espèce, et cela dans des proportions qui n'ont d'égal que l'effronterie des intéressés. 33. Le résultat, c'est que presque toutes les disciplines les plus sacrées ont été envahies et souillées par cette lie de l'humanité, et surtout que les esprits les plus nobles et les plus éminents, qui autrefois avaient des lettres, se mettent à les dédaigner, et vont jusqu'à négliger de s'attacher à des arts qui ne leur vaudront ni honneurs ni importance dans le monde. Nous sommes tombés si bas, que non seulement les hommes doués de noblesse et d'autorité négligent l'étude des lettres, mais qu'il n'y a pour s'y adonner que les êtres les plus épouvantables et les plus mous. 34. Qui voit-on en effet s'y consacrer ? Des boiteux, des scrofuleux, des contrefaits, des diminués, des brutes, des lourdauds, des avachis, bref toute une cour des miracles incapable du moindre emploi. Les affaires de la cité ne veulent pas de vous ? Vous êtes bon pour le loisir lettré. Des coquettes ne

quos muliercule maritos reiciunt, hos litterarum cognitioni iniungunt, ut aperte sentire istud videantur: prestantissima ingenia pulchrius commodiusque quovis in alio negotio versari quam inter litteras. (35) Eam ob rem quis non perspiciet quam nullo in pretio sint apud cives littere? Quis causam non discernit quamobrem decus et honos litterarum apud cives interierit? Quis non ante oculos veluti pictam rem prospicit casum atque perniciem disciplinarum et artium? Quis non condoluerit tantam iacturam tantumque naufragium in litteris factum esse intuens, posteaquam in has ipsas morum tempestates et procellas incidimus, ut nemo pene animi causa, paucissimi honoris gratia, infiniti cupiditate et spe questus moti disciplinas sectentur?

(36) Iam vero liberales omnes scientie et artes, sanctissima animi instituta, serviles effecte iacent, iurisperitia, sacrorum disciplina, cognitioque nature ac forma morum, reliqueve egregie et solis liberis hominibus decrete littere (execrandum facinus!) quasi hasta posita publice veneunt. Infiniti venalitii licitatores bonarum artium circumvolant, ex agro, silvis, ex ipsaque gleba et ceno emergunt innumerabiles non homines, sed bestie potius ad serviles operas nate, qui spreto rure ad disciplinas venditandas et profanandas irruunt. (37) O pestem litterarum! Itane qui rastra et bidentem exercere debuerant libros et litteras impudentissimi tractant! Quorum officia erant pecus observare, stabulis insistere, ii de fortunis hominum diffiniunt atque disceptant; qui bacillo cogere pecora debuere, ii iam sceptra gerunt, ii iam inter magistratus consident; qui denique ab ipsis pecudibus non moribus, sed effigie et loco segregati atque alienati sunt, tandem nonnihil tincti litteris temerarii et, ut ait poeta, hiulca gens, progrediuntur, nullo infamie, dedecoris aut turpitudinis metu repressi; ad

vous veulent pas pour époux ? Elles vous marient à la Connaissance, et ne laissent aucun doute sur leurs sentiments : mieux vaut pour des esprits de qualité se vouer à n'importe quoi plutôt qu'aux lettres. Ce sera toujours plus honorable et plus avantageux. 35. Qui ne voit dans ces conditions que les intellectuels sont comptés pour rien dans la cité ? Qui ne comprend pour quelles raisons c'en est fini pour eux de l'honneur et de la considération ? C'est si évident qu'on pourrait en faire un tableau : « Ruine et décadence des arts et des disciplines intellectuelles ». Il y a de quoi s'attrister en voyant ce naufrage, cette catastrophe qui emporte les lettres ; nous essuyons une tempête, un véritable ouragan moral, et la preuve, c'est que personne ne se consacre aux lettres pour la simple vie de l'esprit, fort peu pour les honneurs, mais un nombre infini par désir et espoir de se faire de l'argent.

36. Désormais toutes les sciences, tous les arts libéraux, formation sacrée des âmes, se sont effondrés en devenant serviles ; le droit, les sciences religieuses, la connaissance de la nature, les principes moraux et les autres domaines remarquables où ne s'exerce que la réflexion d'hommes libres sont vendus à l'encan. Ah ! quel crime effroyable ! On voit grouiller de pauvres hères qui mettent les belles-lettres aux enchères, et des hommes, que dis-je ! des bêtes en nombre infini, faites pour des tâches serviles, sortir des campagnes et des bois, de la boue même et de la fange, quitter leur trou et se ruer comme une meute pour vendre et profaner les lettres. 37. Un vrai fléau pour la culture ! Des gens qui auraient dû manier la bêche et le râteau ont l'incroyable audace de toucher aux lettres et aux livres ! Et ceux dont l'emploi était de garder le bétail et de nettoyer les étables débattent péremptoirement de la fortune humaine ; ceux qui auraient dû jouer du bâton sur les flancs des bêtes ont désormais le sceptre en main et siègent parmi les magistrats ; et, pour finir, des gens qui ne diffèrent des animaux que par l'image et la place qu'ils revendiquent, et nullement par les mœurs, un vague vernis de culture leur suffit à avancer dans le monde avec l'audace, comme dit le poète, d'un troupeau de gloutons. Rien ne les retient : ils ne craignent ni l'infamie, ni le déshonneur, ni la honte. Prêts à toutes les atrocités, entachés de toutes les turpitudes,

omnem immanitatem prompta, omni scelere et flagitio coinquinata, nihil pudori, probitati, rectis studiis, aut bonis artibus concedens, non a virtute et sapientia, sed a cupiditate et avaritia bene et male vivendi rationem ducens, solam paupertatem miseriam, solas divitias summum bonum statuens, ut de fortunis, fama et capite insontis pacisci, questusque gratia pestem ac perniciem in quemvis machinari minime abhorrescant; nihil temerarii atque audacis flagranti pecuniarum cupiditate affecti verentur. (38) Bone idcirco littere, honestissime artes sanctissimeque discipline prostant et questum faciunt. Tune igitur divinarum humanarumque rerum cognitio que bonorum morum et glorie tutrix, optimarum rerum et inventrix et parens exstitisti, que animos hominum ornare, ingenia excolere, laudem, gratiam et dignitatem conferre, rem publicam moderari, ipsumque terrarum orbem summa lege et ordine agere consuevisti, tune, inquam, alumna litterarum, philosophia, turpissimorum abiectissimorumque hominum cupiditatibus suppeditas et deservis?

VI. (1) Sed iam desinamus casum et interitum litterarum deplorare, tum etiam finem faciamus pervestigandi quidnam cause sit quamobrem littere usque adeo abiecte et viles iaceant; nam id quidem cum prolixum, tum ab re et instituto nostro esset alienum. Sit igitur quantum ad rem nos parce, sed tamen vere, demonstravimus: multos labores, nullas voluptates, multas impensas, minima lucra, multas difficultates, multa discrimina, perexiguam auctoritatem in litteris comparari. (2) Quibus ego quidem in rebus exponendis ita studui esse brevis ut multos locos desertos commorationibus, multas argumentationes nudas exemplorum, multas persuasiones vacuas amplificationum capables de tous les crimes, ils n'accordent rien à l'honneur, rien à la droiture, rien à l'étude désintéressée ni à la noblesse des arts ; allant chercher leur ligne de conduite, bonne et mauvaise, non dans la sagesse et la vertu, mais dans l'avarice et la cupidité, ne voyant la misère que dans la pauvreté, et le souverain bien que dans la richesse, ils ne répugnent pas à se repaître de la fortune d'un innocent, de sa réputation et de sa vie, et l'appât du gain les pousse à tout faire pour perdre et ruiner le premier venu. Saisis par une soif de monnaie dévorante, ils ont toutes les audaces et tous les emportements. 38. Aussi voit-on les belles-lettres, les arts les plus nobles et les disciplines les plus saintes se prostituer et faire commerce de leur dignité. Et toi, ô connaissance des choses divines et humaines qui es née pour être la tutrice des mœurs et de la gloire, l'exploratrice et la mère de tout ce qu'il y a de meilleur au monde ; toi qui t'étais donné pour rôle d'orner l'âme des hommes, d'embellir leur esprit, de conférer la gloire, la grâce et la dignité, de régler l'État et de soumettre l'ensemble de la terre à la loi et à l'ordre souverains, — est-ce donc toi, nourrice des lettres, ô philosophie, qui fournis et t'asservis aux désirs des individus les plus bas et les plus abjects ?

VI. 1. Mais arrêtons de déplorer la décadence et la ruine des lettres, et mettons même un terme à cette enquête sur les raisons qui les ont plongées dans une situation aussi avilissante ; du reste, poursuivre dans cette direction nous ferait nous étendre un peu trop, et nous éloignerait de notre objet comme de notre dessein. Tenons-nous en donc à la démonstration que nous avons faite ; elle se réduit à peu de choses, mais elle est vraie : ce qu'on trouve dans les lettres, c'est de la peine en quantité, aucun plaisir, des dépenses faramineuses, des bénéfices négligeables, des difficultés et des embarras en nombre ; et quant à l'autorité qu'on en obtient, elle est minuscule.

2. Dans l'exposé que j'ai donné de ces différents points, je me suis efforcé d'être bref, laissant délibérément beaucoup de questions en suspens, beaucoup d'arguments sans exemples, et beaucoup de propositions sans développement. Je l'ai fait dans l'idée de ne point paraître

consulto reliquerim, id quidem ne eius rei accuratus vituperator viderer cui non mediocriter fui semper deditus. Tum etiam minime sum veritus ne oratio nostra que virtute ipsa comite proficisceretur tametsi ieiuna, exilis, atque humilis esset, possit tamen ad iudicia litteratorum tuto pervenire. Satis enim cultam et comptam orationem existimo eam que nulla in parte mendacii aut falsitatis queat redargui, satis honesta est que nullas turpitudines admiserit ; quare nemo reprehendat si malui parum eloquens quam nimium mordax videri. (3) Nam tantum quidem a me abest ut litteras non maximi faciam, ut pro litterarum cultu prosequendo multas anxietates, multos labores, multa incommoda, damna, detrimenta, multas erumnas atque calamitates in vita pertulerim, dum omnino me litteris deditum atque admodum invitis plerisque, quorum ope et suffragio vitam ducebam, dedicatum habui. Etenim paupertatem, inimicitias, iniuriasque non modicas neque, ut multi norunt, leves in ipso fere perficiendi flore forti integroque animo atque erecto hac una litterarum gratia et amore sustinui. (4) Atque hoc quidem effeci non ut voluptatem caperem, non ut questum facerem, ut profecto fecissem si a litteris me ad negotia transtulissem ; nam qui aliorum ductu vixi, non modicas aliorum res meo arbitratu duxissem, qui ab aliis impetravi, potuissem multis rogantibus esse liberalior. Sed rerum cognitio, bone discipline, occultissime artes plus semper apud me quam omnes fortune et commoditates valuerunt ; quare nemo sibi persuadeat velim que a me hactenus dicta sunt ea esse contra litteras odio aut fastidio aliquo exquisita. (5) Nam sunt illa quidem ita ex sese posita in conspectum clara atque notissima ut nostro ad persuadendum ingenio minime aut ullius eloquentia indiguerint. Velim tamen in eam partem nostra dicta prodesse studiosis, ut cum sua prudentia et ratione cuncta que a me un critique trop pointilleux d'un objet auquel je me suis toujours voué corps et âme. Et je n'ai pas craint que mes propos, qui ont toujours pris la vertu pour soutien de leur développement, puissent se heurter au jugement des lettrés, malgré leur aridité, leur faiblesse et leur humilité. À mes yeux, un discours est assez soigné et orné quand on ne peut y trouver la moindre trace de mensonge ou d'erreur, et il a assez de tenue quand il ne trahit aucune bassesse. Aussi n'y a-t-il pas lieu de me reprocher d'avoir préféré le manque d'éloquence à l'excès de critique. 3. Car rien n'est plus éloigné de moi que de n'estimer pas les lettres au plus haut prix ; j'ai même supporté pour elles et leur étude toutes sortes de tourments, de fatigues, d'incommodités, de dommages, de pertes et de misères ma vie durant, en me vouant éperdument à elles, en m'y consacrant corps et âme, généralement au grand dam de ceux dont l'aide et le soutien me donnaient de quoi vivre. La pauvreté, l'hostilité, les injustices, et non des moindres, comme le savent pas mal de gens, que j'ai subies au moment même d'achever mes études, j'y ai fait face avec courage et résolution, rien que par amour des lettres, et par reconnaissance pour elles. 4. Et je n'ai pas fait cela pour le plaisir, pas plus que pour l'argent, comme le passage des livres aux affaires me l'aurait permis, si je l'avais voulu ; car moi qui ai vécu sur les ressources d'autrui, j'aurais pu user à ma guise de l'abondance qu'elles m'offraient ; je les obtenais d'autrui, j'aurais pu me montrer plus généreux envers ceux, et ils étaient nombreux, qui m'en faisaient la demande. Mais la connaissance, les disciplines nobles, les arts les plus secrets, voilà qui eut toujours à mes yeux plus de valeur que tous les avantages qu'apporte la fortune. Je voudrais donc qu'on n'aille pas croire que mes propos ont été dictés jusqu'à présent par une sorte de haine ou de dédain dont je poursuivrais les lettres.

5. Tout cela parle de soi-même, et nul besoin, pour que cette évidence éclate, d'efforts de persuasion de ma part, ni d'une éloquence quelconque. Je souhaiterais pourtant que mes propos aient cette utilité, pour les étudiants, de les engager d'une part à s'appuyer sur leur réflexion et sur leur raison pour se pénétrer de ce que j'ai exposé, et

explicita sunt tenuerint, tum me adiutore, si quid valeo, excitati diligentius perspiciant litteras non ad lasciviam, non ad inanium caducarumque rerum expectationem conferre. (6) Nullum enim aut perexiguum fructum bone artes turpissimis institutis conferunt; idcirco arbitremur stultissimos eos esse qui aliquid preter rerum optimarum notitiam in litteris affectant. Decet enim prudentes eos qui probe litterati esse ac videri volunt sic ad studia incendi, sic inter libros versari, ut suum primum officium putent sese non magis doctrina quam virtutibus ornatissimos reddere. (7) Sit animus studiosorum flagrans cupiditate quadam non auri et opum, sed morum et sapientie, discantque in litteris non tantum vim et causas rerum, sed formam etiam cultumque virtutis et glorie, discant preterea fugere voluptates, contemnere divitias, aspernari pompas, fortunam non metuere, solamque animi quietem, mores, virtutem, sapientiamque apprehendere, siquidem bone huc ferme artes contendunt. (8) Nam quicquid a maioribus conscriptum esse reperitur, id omne eo tendere videtur, ut erroribus levemur, veritatem simplicitatemque teneamus, que due res ad bene beateque vivendum fundamenta atque robur sunt, quibus iactis et constitutis virtutem animis magnificentius instruimus, ratio ipsa virtutis comes florescit, animus intelligentie et sapientie munere fruitur, mens omni perturbatione vacua contra omnem fortunam victrix persistit. Ergo in litteris sapientie laudem exposces, litterate, tum virtutem totis viribus tuebere atque servabis, quod ipsum libri ipsi (si loqui per se possent) ut faceres admonerent. (9) Nam his verbis uterentur : — Tantis vigiliis, adolescens, te quo is perditum ? Tanti labores quid iuvabunt ? Quid apud nos hac tua solerd'autre part à profiter de mon aide, si elle peut être de quelque valeur, pour considérer avec plus de soin que les lettres ne disposent ni au relâchement et à la licence, ni à l'attente d'avantages aussi vains qu'éphémères. 6. Car les arts, dans leur noblesse, ne sont d'aucune utilité, ou du moins sont-ils d'un profit négligeable, pour des esprits disposés aux plus grandes bassesses ; aussi faut-il souligner la stupidité absolue de ceux qui cherchent dans les lettres autre chose que la connaissance des réalités les plus hautes. Ce qui convient au contraire à des esprits avisés, animés de la volonté d'être et de paraître réellement cultivés, c'est de se prendre de passion pour l'étude, et de vivre si bien au milieu des livres, qu'ils considèrent de leur devoir le plus immédiat de briller tout autant par leurs vertus que par l'étendue de leur savoir. 7. Que l'esprit des lettrés soit enflammé d'un désir qui ne se tourne pas vers les richesses et l'argent, mais vers la sagesse et la droiture de la vie ; qu'ils aillent moins étudier dans les lettres la nature et les causes essentielles des choses que la beauté et la pratique de la vertu et de la gloire ; qu'ils y apprennent en outre à fuir les plaisirs, à mépriser les richesses, à se moquer de l'ostentation, à ne pas craindre les revers de fortune, et à n'aspirer qu'à la paix de l'esprit, à la droiture de la vie, à la vertu et à la sagesse, puisque c'est à cela que tendent généralement les arts nobles. 8. Et en effet tout ce que l'on trouve dans les textes des Anciens ne semble avoir pour objet que de nous délivrer des erreurs et nous faire parvenir à la vérité et à la simplicité. Ce sont là les deux fondements, les deux piliers d'une vie droite et heureuse. S'ils sont bien établis, nous pouvons voir paraître dans l'âme une vertu plus éclatante ; la raison, compagne de la vertu, commence de s'y développer, l'âme jouit du don de l'intelligence et de la sagesse, et l'esprit, délivré de toute espèce de trouble, demeure à jamais victorieux des atteintes de la fortune.

Toi qui te consacres à l'étude, cherche donc dans les lettres la gloire que donne la sagesse, et mets toutes tes forces à défendre et à protéger la vertu ; c'est là une tâche que les livres eux-mêmes, s'ils pouvaient parler, te diraient d'accomplir. 9. Tu les entendrais t'interroger ainsi : « Quel est donc ton but, jeune homme, avec toutes ces veilles qui tia et assiduitate queritas ? Quonam tendunt he vigilationes, cure, et cogitationes tue ? Cupis oblectari dum te ipsum excrucias curis ? An tibi unquam aliquod indixeris otium ? Sperasne tu divitias, idem qui paupertatem apud nos non metuere didicisti ? An te preterit nostrum nihil esse venale ? Non te lateat, adolescens, commodius ducere nos amatores nostros pauperes habere quam divites. (10) Nam experti sumus : nemo est unquam factus ditior studiosus qui non illico delitiis et luxu rerum imbutus ceperit nostram consuetudinem nostrumque complexum fastidire. Quid ? Tune potentiam exquiris, gaudes honoribus, affectas dignitates, desideras amplitudinem ? Falleris, adolescens, falleris, si vulgi assentationes, si plebis plausum preponis virtuti, si fortune ludum, forensem tumultum, popularem auram non longe postponis doctrine et sapientie. (11) Caduca illa, instabilia, fragilia, plena inanium laborum, plena timorum, plena suspicionum, plena casibus et labe quis animi quieti et stabilitati virtutis disciplinarumque pulchritudini compararit ? An fugit, adolescens, te virtutem apud nos undique circumstare, nullam cupiditatem, nullum fastum, nullam tumiditatem, nullam in animis levitatem amare, omni caligine, omni umbra turpitudinum mentem expurgatissimam fieri velle ? Tum, adolescens, nonne perspicis quam lumine ac splendore suo hec cuius verbis loquimur sapientia nobis deditos illustres ac clarissimos elaboret reddere ? (12) Memento rerum preteritarum vetustissimam apud nos memoriam integramque prudentiam considere, que te res omni fortune impetu et casu possit sublevare ac sustinere. Sepone igitur mentem istam cupidam, exue animum istum spe amplitudinis tumidum, fuge istas divitiarum et futilis fame corrupteque laudis famulas quas litteris adhibes operas. Stultum est prosequi t'épuisent ? Que t'apportent tant de travaux ? Que vas-tu chercher parmi nous avec une attention si soutenue ? Pourquoi ces veilles, ces soucis, ces pensées ? Veux-tu simplement te distraire en te mettant ainsi au supplice ? T'es-tu jamais prescrit un peu de repos ? Ou espères-tu la richesse, toi qui as pourtant appris de nous à ne pas craindre la pauvreté ? As-tu donc oublié que nous n'avons rien à vendre ? Sache-le bien, jeune homme, nous jugeons plus avantageux d'avoir pour nous aimer des pauvres plutôt que des riches. 10. Car nous en avons fait l'expérience : il n'y a pas de lettré enrichi qui ne se soit mis aussitôt à aimer le luxe et la facilité, et par suite à prendre en grippe notre présence et notre étreinte. Ne va pas nous dire, tout de même, que tu cours après le pouvoir, que tu veux les honneurs, les décorations, la notabilité ! Tu te trompes, jeune homme, tu te trompes, si tu préfères à la vertu les suffrages et les applaudissements du peuple, et si tu ne places pas les jeux de la fortune, le tumulte de la vie politique, les souffles populaires loin derrière la connaissance et la sagesse. 11. Car enfin, ces choses éphémères, instables, fragiles, qui n'ont à offrir que des peines inutiles, des craintes, des soupçons, des hasards et des incertitudes, qui peut les comparer au repos de l'esprit, à la stabilité de la vertu et à la beauté des connaissances ? Oublies-tu, jeune homme, que la vertu t'entoure de toutes parts quand tu es avec nous, qu'elle refuse aux âmes toute cupidité, toute arrogance, tout orgueil, toute légèreté, et qu'elle veut des esprits lavés de toute ombre de bassesse ? Ne vois-tu pas, dans ces conditions, jeune homme, de quelle lumière et de quel éclat la sagesse dont nous empruntons les mots nimbe ceux qui nous sont dévoués, et comme elle travaille à les faire resplendir et connaître dans le monde ? 12. Rappelle-toi que la mémoire et la sagesse du passé sont intégralement déposées en nous : c'est là ce qui te permettra de trouver bien relatifs tous les accidents de la fortune, et d'en supporter toutes les atteintes. Renonce donc à cet esprit cupide, dépouille-toi de ces sentiments d'orgueil qu'alimente l'espoir d'une haute situation, évite ces esclaves asservis aux richesses, aux futilités corrompues et à la fausse gloire que tu crois au service des lettres. Il est absurde d'attendre de ta volonté cela même que ton travoluntate quod opera nequeas assequi, stultissimumque id adniti opera quod si perficere nequeas peniteat laborum, si assequaris turpitudinis pudeat. (13) Utere apud nos laboribus parcius, virtute acrius; neque tantum peritiam doctrinarum que quidem merito virtutis comes putatur apud nos consectaberis, quin te ad integram potius virtutem spe, ratione et cogitatione in dies reddas aptiorem. Nam ex doctrina et artibus illud preclarum dabitur: ut ad sapientiam liceat aspirare, ex virtute divinum illud consequeris: ut quietem animi laudem, dignitatem et felicitatem adipiscaris. (14) Quod si, ut debes, ad virtutem, ceteris posthabitis rebus, contenderis, maxima omnium vitiorum levatio fiet, tum maxima laus et gloria succedet. Prestat enim et excellit virtus, nam ei coniuncta et complexa est divina quedam vis qua levamur a vitiis atque erroribus omnibus, quam laus, honos, integraque et permanens animi voluptas et quies subsequitur et persistit. (15) Quam quidem virtutem qui animo, voluntate et usu comprehenderit, qui solidam et expressam virtutem non in plebis iudicio esse, sed in animi elegantia et splendore sitam meminerit, is nullum sibi cum fortuna commercium esse volet, is omnia sua in se bona esse posita putabit; ex quo profecto notissimam et beatissimam atque deorum persimilem vitam ducet. Que cum ita sint, adolescens, incumbe ad virtutem, ac de his fortune commodis sic iudicato: nihil eorum esse vehementius cupiendum, nihil animi bonis[1] preferendum, nihil admodum probatissimis viris preter sapientiam et virtutem persequendum, nihil preter insipientiam et vitium pertimescendum atque refugiendum. (16) Etenim qui volet suum facere animum ornatissimum, is quidem sordes istas quas voluptates nuncupant, atque illas virtutum inimicas quas opulentiam et divitias nominant, atque alias istas omnes morum animorumque pestes, quas honores, dignitates et amplitudinem appellant, despiciat, oderit et

1. Nous lisons *animi bonis*; « ...ni que les bons esprits le préfèrent », si l'on adopte la leçon *animis bonis*.

vail se refuse à donner, et plus absurde encore de travailler à obtenir le succès, là où l'échec fait regretter tant de peines, et la réussite concevoir tant de honte. 13. Avec nous, montre-toi plus modéré dans tes travaux, mais plus énergique dans la vertu ; ce n'est pas seulement la maîtrise des connaissances que tu acquerras avec nous — on la nomme avec justesse compagne de la vertu —, mais une aptitude à l'intégralité de la vertu que l'espérance, la raison et la réflexion rendront de jour en jour plus grande. Car la connaissance et les arts te donneront ce bien inestimable de pouvoir aspirer à la sagesse, et la vertu te fera ce cadeau divin d'atteindre au repos de l'âme, à la gloire, à la dignité et au bonheur. 14. Et si tu t'efforces à la vertu, comme tu le dois, en lui préférant tout le reste, tes vices tendront tous à disparaître, et la gloire et le prestige s'ensuivront. Car la vertu est synonyme d'excellence et de supériorité, étant liée et unie à une sorte de force divine qui nous délivre de tous les vices et de toutes les erreurs ; et la gloire, l'honneur, une joie de l'âme entière et permanente, un repos enfin la suivront sans jamais disparaître. 15. Celui qui embrasse la vertu de toute son âme, qui en fait l'objet de sa volonté et de la conduite ordinaire de sa vie, et qui se rappelle que ce n'est pas dans le jugement du peuple, mais dans l'élégance et la splendeur de l'âme qu'on trouve celle qui est aussi effective que solide, — celui-là ne voudra faire aucun compromis avec la fortune, et pensera que tous ses biens résident en lui-même ; et cela lui vaudra de mener une vie aussi illustre que rayonnante de bonheur, une vie qui ressemble à celle des dieux. Puisqu'il en va ainsi, jeune homme, attache-toi à la vertu, et adopte ce jugement sur les avantages de la fortune : aucun d'eux ne vaut qu'on le désire à l'excès, ni qu'on le préfère aux biens de l'âme ; les esprits les mieux faits ne doivent jamais poursuivre que la sagesse et la vertu, et ne rien fuir ni rien craindre que le vice et la sottise. 16. Si l'on veut donner à son âme tout son éclat, il faut mépriser, haïr, abhorrer ces immondices qu'on appelle les plaisirs, ces ennemies des vertus qu'on nomme l'abondance et la richesse, et tous ces autres fléaux qui infestent l'esprit et la vie, et qu'on désigne du nom d'honneurs, de dignités et d'importance. Si tu accordes à tout cela le soin et l'attention nécesabhorreat necesse est. Quibus omnibus rebus si diligentissimam adhibueris operam, adolescens, comperies litteras esse voluptuosissimas, utillimas ad laudem, ad gloriam, atque ad fructum posteritatis et immortalitatis accomodatissimas.

(17) Nos idcirco tum nostra superiori, tum hac librorum hortatione et commonefactione excitati atque erecti sic prosequamur in litteris, Carole, ut nostra apud omnes virtus, mi frater, comprobetur, et dubitet nemo vel solam a nobis esse quesitam sapientiam.

saires, tu découvriras, jeune homme, que rien ne donne plus de plaisir que les lettres, rien ne mène plus sûrement au prestige et à la gloire, rien ne permet plus commodément de cueillir le fruit de la postérité et de l'immortalité. »

17. Aidons-nous donc, mon cher Charles, soutenons-nous de nos propres avertissements et de ceux que les livres nous ont donnés pour persévérer dans les lettres ; ainsi notre vertu à tous deux éclatera-t-elle aux yeux de tous, et ne laissera-t-elle aucun doute sur le but que nous poursuivons : la sagesse.

Notes et compléments.

Repères biographiques.

14 février 1404. Naissance à Gênes de Leon Battista Alberti, second fils illégitime de Lorenzo di Benedetto Alberti et d'une noble dame gênoise, Biancha di Carlo Fieschi. Les Alberti sont exilés de Florence depuis 1387, Lorenzo di Benedetto depuis 1401.

1406. Établissement de son père à Venise pour ses affaires commerciales. Lorenzo di Benedetto s'occupe activement de l'éducation de ses fils.

1415-1418. Formation à Padoue ; premiers éléments à l'école de Gasparino Barzizza, excellent connaisseur de Cicéron et de Quintilien. (En 1416, le Pogge découvre le texte complet du *De institutione oratoria* de Quintilien ; en 1421, c'est le manuscrit du *Brutus* de Cicéron que l'on retrouve. Barzizza le lit à son tour, Léon-Baptiste en aura bientôt une copie, figurant aujourd'hui à la Bibliothèque Marciana de Venise.) Étude du grec.

1421. Mort de son père. Études de droit à Bologne ; situation difficile, à quoi l'obligent des querelles patrimoniales. Sa famille refuse de reconnaître ses droits héréditaires. Alberti, comme son frère Carlo, vit dans la condition délicate d'exilé, de fils illégitime et d'orphelin. Ses embarras pécuniaires s'étendent jusqu'au début des années 1430. Les Alberti, grande famille de commerçants qui ont des comptoirs dans toute l'Europe, regardent ses ambitions littéraires avec la plus grande méfiance.

1421. Il commence des études de droit à Bologne. Mais elles l'épuisent ; il doit les interrompre (à dix-neuf ans d'abord, puis à vingt-quatre). Durant ces repos forcés (« qu'on eut quelque raison d'attribuer à une trop grande intempérance de travail », comme l'écrit joliment

Quatremère de Quincy[1]), il se consacre à l'apprentissage de la physique et des mathématiques, trouvant que ces deux disciplines exigent moins d'efforts de mémoire. Il suit aussi des leçons d'optique à Padoue. Double préoccupation, dès lors, « humaniste » et « scientifique » (qu'explique peut-être, par ailleurs, l'éloignement que semblent lui inspirer les études de droit). Ses premiers textes sont cependant d'ordre littéraire : *Philodoxeos* (1424, comédie qu'il signe d'un nom d'emprunt, en la faisant passer avec succès pour antique : y figure l'un des thèmes du *De commodis,* le heurt d'un amant de la vérité avec les mondains qui l'entourent), *De commodis* (1428-32), premières *Intercoenales* (avant 1430). D'après son *Autobiographie,* c'est autour de ces années trente qu'il écrit en toscan, malgré les conditions d'exil de sa jeunesse, deux dialogues sur l'amour, *Deiphira* et *Ecatonfilea,* et un ensemble de poèmes aux mètres variés.

1428. Obtient à Bologne une licence en droit canon.
Fin du bannissement prononcé à l'encontre des Alberti, sur l'intervention du pape Martin V. Peut-être se rend-il aussitôt à Florence, et y rencontre-t-il quelques artistes. Début de la rédaction du *De commodis* ?

1428-1431 : voyage en France et en Allemagne dans la suite du cardinal Albergati ? (Mancini.)

1431. Se rend à Rome en qualité de secrétaire du patriarche de Grado, Biagio Molin, qui le fait nommer secrétaire aux brefs à la curie romaine. Il entre ainsi dans le milieu des humanistes romains, autour du pape Eugène IV, et commence de s'intéresser aux ruines et à l'architecture antiques.

1432. Il est nommé par Eugène IV prieur de San Martino a Gangalandi, près de Signa, au sud-ouest de Florence ; il en touchera le bénéfice

1. Quatremère de Quincy, *Histoire de la vie et des ouvrages des plus célèbres architectes du XIe siècle jusqu'à la fin du XVIIIe, accompagnée de la vue du plus remarquable édifice de chacun d'eux,* Paris, Jules Renouard, 1830 (reprint Hacker Art Books, New York, 1970), t. I, p. 82. La notice que Quatremère consacre à Alberti, malgré quelques erreurs (la date de naissance, par exemple, fixée par Quatremère en 1398), est vraiment très belle.

jusqu'à sa mort (il en touchera d'autres plus tard, à Borgo San Lorenzo en 1448, puis à Bagno a Ripoli) : la « liberté économique » lui est enfin donnée. Sa résidence habituelle est à Rome, il ne se rend que de loin en loin à son lieu de rattachement ecclésiastique.

1433. *Vita S. Potiti,* écrite pour Biagio Molin. La « religion » d'Alberti, qui ne parle jamais du Christ dans ses œuvres (Ficin ne le fera pas davantage, tout prêtre qu'il est), est un problème épineux.

1433-34. Écrit en trois mois les trois premiers livres *Della famiglia* (l'éducation des enfants ; l'amour et les formules du bonheur dans une famille ; l'intendance, la conduite du ménage). Vers 1440, écrit un quatrième livre (l'amitié). L'*Autobiographie* évoque des expériences optiques avec une sorte de *camera obscura,* qui stupéfient son entourage. Sa curiosité est grande, et l'ampleur de son exercice distingue Alberti des humanistes de son temps.

1434-1442. Dans ses longs séjours à Florence, il rencontre un certain nombre d'artistes, parmi lesquels Brunelleschi, Ghiberti, Uccello et Luca della Robbia. *Della tranquillità dell' animo.*

1435. Écrit le *De pictura,* dédié à Jean-François de Gonzague ; la version italienne, qu'il publie un an plus tard, l'est à Brunelleschi : il fait l'éloge, dans sa dédicace, de la coupole du Dôme de Florence que l'architecte construit depuis 1426, et qu'il vient juste d'achever.

1435-1443. Activité littéraire d'une grande variété : il traite de l'amour et du mariage (*Sofronia, Uxoria*), de la justice (*De iure*), des devoirs de l'évêque (*Pontifex*), de l'agriculture (*Villa*), écrit des *Apologi* (« fables sans morale »), d'autres « propos de table » (*Intercoenales*), rivalise avec Lucien (*Musca,* dédié à Cristoforo Landino, *Canis*), rédige deux dialogues en vulgaire (*Teogenio, Profugiorum ab aerumna libri*).

1437 ? *Autobiographie.*

1438. Concile de Ferrare, auquel il assiste. Les discussions qui y ont lieu ne laissent pas trace dans son œuvre (ce fut pourtant un concile fort important, dans l'atmosphère agitée qui avait conduit le pape Eugène IV à dissoudre le concile de Bâle pour convoquer celui de Ferrare, transféré l'année suivante à Florence ; écoutons la *Suite de l'Histoire universelle* qui vient compléter le discours de Bossuet[2] : « …il fut traité de la réunion de l'Église grecque avec la latine. L'empereur de Grèce, Jean Paléologue, s'y rendit en personne, accompagné de Joseph, patriarche de Constantinople, de Bessarion, évêque de Nicée, et de plusieurs autres prélats. On y reconnut la procession du Saint-Esprit du Père et du Fils, le purgatoire, et la primauté du pape, qui y fut qualifié le père et le docteur de tous les chrétiens »). Alberti se lie avec la famille d'Este.

1441. Organise à Florence un concours poétique en vulgaire (« Certamen coronario », cent ans après le couronnement de Pétrarque), qui a pour sujet l'amitié ; initiative au succès mitigé, mais qui suffit à résumer les efforts d'Alberti en faveur du vulgaire, et la réflexion qu'il mène depuis longtemps sur la langue.

1442 ? *Grammatica della lingua toscana.*

1443. Retour à Rome. Il se consacre désormais pour l'essentiel à des écrits scientifiques et artistiques. *De equo animante.*

1447. *Descriptio urbis Romae.*

Vers 1450. Architecte du gouverneur de Rimini, Sigismond Malatesta. Réfection des parties extérieures de l'église San Francesco (« il Tempio Malatestiano »). *Ludi rerum mathematicarum. De statua. Momus.*

1452. Achève le *De re aedificatoria,* commencé en 1443. Ce vaste ouvrage, où l'on a vu « le sommet du premier humanisme » (F. Rico, par ex.[3]), et à l'édition duquel veillera Politien en 1485, lui assure de nombreuses commandes d'architecture.

1455-1467. Travaux importants effectués pour le compte d'un riche florentin, Giovanni Ruccellai (façade du palais Ruccellai, via della Vigna à Florence ; façade de l'église Santa Maria Novella, achevée en

2. *Suite de l'Histoire universelle,* dans J.-B. Bossuet, *Œuvres complètes,* Besançon, Outhenin-Chalandre, 1836, t. IV, p. 525.

3. Francisco Rico, *Le rêve de l'humanisme* (1993), tr. fr. Jean Tellez, revue par Alain-Philippe Segonds, Paris, Les Belles Lettres, 2002, p. 70.

1470 ; église San Pancrazio). À partir de 1459, il travaille aussi pour Louis de Gonzague à Mantoue, où il avait accompagné le pape Pie II (églises San Sebastiano, Sant'Andrea, inachevées à la mort d'Alberti). En 1464, Pie II supprime le Collège des secrétaires aux brefs ; du temps se libère.

1467. *De componendis cifris.*

1468. Fréquente le groupe de lettrés réunis autour de Laurent de Médicis, comme en témoigneront, en 1475, les *Disputationes camaldulenses* de Landino, texte d'une révérence profonde à son égard, où un Alberti platonicien, assez différent de l'Alberti des œuvres, instruit doctement ses auditeurs.

Vers 1469. *De iciarchia.*

19 avril 1472. Il rédige son testament.

20 (?) avril 1472. Mort d'Alberti.

Notes.

...being transported
And rapt in secret studies...
...me, poor man, my library
Was dukedom large enough.
Shakespeare, *The Tempest,* I, 2.

Éditions. Le *De Commodis* a été publié pour la première fois par G. Massaini, *Leonis Baptistae Alberti Opera,* 4v°-28r°, s. l. n. d. (Florence, Bartolomeo de' Libri, 1499-1501) ; éditions modernes : *De Commodis litterarum atque incommodis. Defunctus,* « Pubblicazioni dell'Istituto di lingua e letteratura italiane », 2, Facoltà di magisterio dell'Università di Genova », introduction, texte et traduction, notes par G. Farris, Milan, Marzorati, 1971, 252 p. ; *De Commodis litterarum atque incommodis,* « Nuova collezione di testi umanistici inediti o rari », XVII, introduction, éd. critique avec notes de Laura Goggi Carotti, Florence, Olschki, 1976, 120 p. : c'est ce texte que nous suivons ici — et nous sommes grandement redevable à ce travail d'annotation. — La première traduction italienne semble remonter à 1568, et figure dans les « opuscules » édités par Cosimo Bartoli (*Opuscoli morali di Leon Battista Alberti gentil'huomo firentino ne' quali si contengono molti ammaestramenti necessarij al viver de l'huomo così posto in dignità,* Venise, F. Francheschini sanese), la seconde est celle de G. Farris ; traduction anglaise : *The Use and Abuse of Books* (? ; pour les motifs de cette perplexité face à une telle traduction, voir *infra,* note sur le titre), avec introduction, par Renée Neu Watkins, Waveland Press, Prospect Heights, Illinois, 1999, 58 p. ; hormis celle que nous présentons ici, il n'existe pas, à notre connaissance, de traduction française. — La bibliographie albertienne est considérable ; il ne nous semble pas nécessaire, à cet égard, de reprendre ici des indications que le lecteur pourra trouver dans différents ouvrages dispo-

nibles (mentionnons Paul-Henri Michel, *Un idéal humain au* XVe *siècle. La pensée de L. B. Alberti,* Paris, Les Belles Lettres, 1930, reprint Genève, Slatkine, 1971, p. 11-46, à corriger et à compléter par ex. par Nella Bianchi Bensimon, *Unicité du regard et pluralité des voix. Essai de lecture de Leon Battista Alberti,* Paris, Presses de la Sorbonne Nouvelle, 1998, p. 277-324: Michel Paoli, *L'idée de nature chez Leon Battista Alberti,* Paris, Honoré Champion, 1999, p. 223-282; à noter que la bibliographie de ces deux derniers ouvrages parlent de l'édition critique de L. Goggi Carotti comme d'une édition bilingue, ce qui n'est pas le cas) ; des revues, notamment *Albertiana,* qui paraît annuellement depuis 1998, sont précieuses, tout comme la mise à jour régulière de la bibliographie que Michel Paoli rend disponible sur un site Internet à l'adresse suivante:
http://ourworld.compuserve.com/homepages/mpaoli

On trouvera sur ce site les références d'un certain nombre d'articles consacrés au *De commodis.*

Date. L'ouvrage est traditionnellement daté de 1428-1429, sur la foi, essentiellement, de l'*Autobiographie* (anonyme, mais sans doute écrite par Alberti lui-même vers 1437) : « ...sur ordre des médecins, il dut abandonner, à l'âge de l'épanouissement, les études qui fatiguent le plus la mémoire. Mais ne pouvant vivre sans culture il se tourna à vingt-quatre ans vers les sciences de la nature et les mathématiques : il était persuadé de pouvoir les pratiquer, estimant que ce sont des études qui sollicitent plus l'intelligence que la mémoire. À cette époque il écrivit pour son frère *Des Avantages et des inconvénients des lettres,* petit ouvrage dans lequel, fort de sa propre expérience, il exposa ce qu'il fallait penser du métier d'écrivain » (*Autobiographie et autres textes ludiques,* trad. Claude Laurens et Pierre Laurens, avec avertissement et notes de Florence Vuilleumier, Paris, Les Belles Lettres, p. 13; tiré à part à l'occasion du Colloque international « Leon Battista Alberti », Paris, 10-15 avril 1995). Léon-Baptiste étant né en 1404, et la fin du bannissement de Florence étant datée de 1428 (Florence qui semble immédiatement présente sous les yeux de l'écrivain dans le *De commodis,* et où il est probable qu'il se soit immédiatement rendu), on parvient aux années retenues jusqu'alors. Mais dans un article récent (« Nuovi documenti su Carlo di Lorenzo degli Alberti e una proposta per la datazione del *De commodis litterarum atque incommodis*», *Albertiana*, vol. I, 1998, p. 43-60), Luca Boschetto propose une date de rédaction ultérieure, qu'il situe de façon assez convaincante en 1432. Anthony Grafton (*Leon Baptista Alberti, Master Builder of the Italian Renaissance*, Cambridge, Harvard U. P., 2000, p. 345, n. 2) fait cependant remarquer qu'« il semble aussi concevable, même si Boschetto n'en évoque pas la possibilité, qu'Alberti, habitué comme il l'était à reprendre ses propres textes, ait fait un premier crayon de l'ouvrage en 1428 et l'ait repris plus tard ».

Titre. Alberti recourra dans quelques instants à un vers de Térence passé en proverbe (I. 3) : on se rappellera le mouvement de balancier d'un autre passage de Térence, *Hecyra* 841 : *Multa ex quo fuerint commoda, eius incommoda aequomst ferre*, « quand on a reçu de quelqu'un toutes sortes d'avantages, il est juste d'en supporter quelques désagréments ». C'est plutôt sous cette lumière — celle d'une sagesse ironique et quelque peu désabusée — qu'il convient de lire l'ouvrage d'Alberti ; même s'il s'achève sur l'éloge de la sagesse et de la vertu dispensées, apprises dans les lettres, il s'en tient essentiellement à un plan tout ensemble psychologique et social, et non à ce plan à la fois métaphysique et moral où les Stoïciens, inventeurs de ce vocabulaire, situaient la question des *commoda* et des *incommoda*. La leçon stoïcienne, cependant, a été fort bien retenue ; du titre de l'ouvrage aux propos conclusifs sur la raison et la vertu, Alberti, sur le plan des « principes », ne se sépare guère de ce qu'on peut lire chez Sénèque : *Commoda sunt in vita et incommoda, utraque extra nos*, « la vie a ses avantages et ses inconvénients, les uns et les autres hors de nous » (*Ad Luc.* 92, 16), en conséquence de quoi il convient de ne souhaiter ni les uns ni les autres, « mais la vertu, qui les fait supporter » (*sed uirtus, qua perferuntur*; *Ad Luc.* 67, 2), et de se persuader qu'il ne s'agit nullement de « mal » ni de « bien » en eux : « tous nos biens sont placés en nous-mêmes » (VI. 15). Mais c'est là un plan de généralité dont, précisément, le texte d'Alberti s'impatiente ; sans doute, pour reprendre les termes de Sénèque (*Ad Luc.* 66, 17), « pour se conformer à l'honnête en ses actions, il faut, quel que soit l'obstacle, le considérer au besoin comme une incommodité (*incommodum*), mais non comme un mal, s'y porter volontairement, faire sa tâche avec cœur ; l'acte honnête s'opère sans injonction ni contrainte, il est pur et dégagé de tout élément mauvais » : reste qu'Alberti n'écrirait pas, comme le précepteur de Néron, que « les ennuis (*incommoda*), tombant sur la vertu, ne lui font pas plus qu'une nuée crevant au-dessus de la mer» (*Ad Luc.* 66, 20), ou que «tribulations, souffrances, contrariétés diverses (*quicquid aliud incommodi est*) ne pèsent d'aucun poids: la vertu les réduit vite à néant» (*ibid.*). Rien n'est plus éloigné du jeune Alberti que cette impassibilité «néantisant» les choses extérieures. Il ne s'agit pas chez lui, ou pas seulement, de la recherche, qu'on pourrait dire purement individuelle, d'un équilibre intérieur; en revanche, c'est à l'établissement d'un *équilibre extérieur* qu'il entend veiller tout d'abord, un équilibre dont le respect aura pour conséquence un état de moindre malaise du sujet: autrement dit, les *commoda* et les *incommoda* ne constituent pas un problème *en soi* (ce problème, les livres le règlent pour qui les étudie), mais une pierre d'achoppement pour une société qui devrait être fondée sur un juste équilibre de relations. Proximité et distance tour à tour, donc, avec la doctrine stoïcienne: — proximité en ceci que, par un côté, les «avantages» et les «inconvénients» appartiennent à ces *adiaphora,* à ces *indifferentia* qui laissent indemnes l'essence et la nature d'une chose ou d'un être, tout en accusant la qualité de *placement* qui s'y joue, selon la comparaison stoïcienne que reprend Cicéron dans le *De finibus* III, 54 (le *De finibus* étant un texte avec lequel, comme on aura l'occasion de le voir, celui d'Alberti entretient plus d'une affinité) : « Supposons (...) un jeu où ce qu'on pourrait appeler la fin et l'objet dernier soit de jeter l'osselet de telle manière qu'il reste debout sur une des faces latérales; l'osselet qui aura été jeté de façon à tomber debout sera préférable (*praepositum*) par rapport à la fin supposée du jeu, au lieu que ce sera le contraire pour l'osselet jeté autrement; et pourtant cette disposition préférable (*praepositio*) ne sera pas, pour l'osselet, atteindre à la fin dont j'ai parlé. Il en est de même dans la vie pour les choses préférables (*praeposita*) : elles sont rapportées à la fin; mais à son essence et à sa nature, elles n'atteignent en aucune manière.» Proximité aussi avec l'exposé que fait Cicéron, dans le même texte (III, 69), de la différence établie par les Stoïciens entre *emolumenta* et *detrimenta* d'un côté, *commoda* et *incommoda* de l'autre: le premier couple renvoie à des choses à la fois communes et égales, le second à des choses communes mais inégales. «La différence vient de ce que les choses qui sont utiles ou nuisibles sont ou des biens ou des maux, c'est-à-dire des choses forcément égales, au lieu que les avantages et les inconvénients (*commoda autem et incommoda*) sont du genre des choses que nous qualifions de préférées et de rejetées, lesquelles peuvent n'être pas égales». Il y a donc, dans le second cas, une inégalité foncière entre les hommes (ils n'ont pas tous la même beauté, la même santé, les mêmes richesses, etc.), sans que cette inégalité déborde le cadre des *indifferentia,* comme entre les «avantages» et les «inconvénients» qui sont impartis à chacun. — Mais distance en ce que ces *indifferentia* ne sont en réalité, chez Alberti, nullement «indifférents», et que le déséquilibre des *commoda* semble capable de ruiner jusqu'à la possibilité, qu'on croyait tout entière affaire de «conscience» et de «conduite personnelle», d'un *bene beateque vivere.* Même s'il est fait appel, pour finir, à la vertu, celle-ci vaut sur un tout autre plan que celui des *realia* envisagés jusqu'alors, dont la pesanteur est telle qu'elle vient disqualifier l'être même, défini avant tout par sa *situation* et sa *condition,* d'un type d'homme, le lettré, si lui-même et la société où il est ne parviennent pas à établir entre eux les liens les plus efficaces et les plus nécessaires. Les distinctions de fond, telles qu'élaborées par les Stoïciens, sont donc *sans emploi.* Par quoi se saisit l'un des problèmes majeurs de la «modernité», celui de l'articulation entre les plans «extérieur» et «intérieur», ou, si l'on veut, «métaphysique» et «social», en même temps que celui du choix qu'elle fait d'une définition de l'homme par sa situation. Il est un élément du titre qui nous prévient de cette difficulté, et qui fait basculer la question des *commoda* et des *incommoda* du côté des réalités les plus concrètes: le fait, précisément, que ces termes ne sont pas en suspens, et qu'ils ne s'appliquent qu'à un élément, qu'à une situation: les lettres, *litterae.* Le pivot autour duquel tourne désormais la question des *commoda* s'est déplacé: c'est à partir d'une situation donnée que celle-ci se pose, sans s'abstraire d'emblée dans la clôture du sujet. Le point de vue adopté (comme l'articulation de l'ouvrage, selon les *realia* que sont *divitiae, honores, voluptates*) va chercher au dehors le critère d'évaluation de la consistance du sujet — et précisément dans cette «extériorité» que les raisons stoïciennes rejetaient comme indifférente et sans effet profond sur le sage et sa vertu. En ce sens, et pour faire revenir à la mémoire un texte qui s'occupait activement des réalités où se situe toute condition, le *De remediis utriusque fortune* de Pétrarque, Alberti remplace ici par les voix de l'extériorité les discours infatigables de la *ratio* s'opposant chez Pétrarque aux passions déterminées par la situation dans le monde; il en inverse les proportions: comme si la situation dans la société obligeait désormais au travail de la justification d'être. À titre de conséquence seconde du complément que les *commoda atque incommoda* reçoivent dans le titre, se posera nécessairement la question de l'*usage* des lettres : d'où suit qu'il y en a peut-être un bon et d'autres qui ne le sont pas, et qu'il s'agit à chaque fois de les définir, dans le face à face entre une société qui entend déterminer leur usage et leurs commodités, et un auteur qui en a une tout autre définition. S'il fallait mesurer plus précisément encore le déplacement qui s'est opéré par rapport au thème antique des *commoda* et des *incommoda,* ce sont des pages de Cicéron qui viendraient à l'esprit, parce que leur thème premier fournit à Alberti celui qu'il développera et fera varier dans son ouvrage ; on les rencontre à la fin du premier livre du *De officiis* (I, 153-156). Leur orientation générale, leur lexique importent au plus haut point (nous en retrouverons, du reste, plus d'un vestige dans la suite du texte d'Alberti, que les notes s'emploieront à décrire). Nous en restons en effet, avec ces pages des *Devoirs*, au plan des réalités de la communauté, et de l'équilibre qu'il convient d'établir entre connaissance pure et souci de la société : autrement dit, elles nous fournissent une part des termes où Alberti entend situer son propre ouvrage. Lisons, relisons Cicéron en marquant quelques étapes de son développement : d'une part, les devoirs déduits de la communauté l'emportent sur ceux que l'on déduit de la connaissance (la preuve en étant l'impossibilité de la solitude du sage, dont la quiète contemplation ne saurait rémunérer l'absence des hommes) ; d'autre part, la sagesse, « science des choses divines et humaines », fait suivre de sa définition que cette « communauté », cette « société » entre les deux ordres rendent impératif et éminent le devoir social. Sans l'action que ce devoir impose, la connaissance resterait mutilée, et la sagesse, incomplète. Or, cette action consiste surtout dans la sauvegarde des intérêts humains (*in hominum commodis tuendis*) : c'est cela qui concerne au plus haut point l'intérêt de l'homme (*quae pertinent ad hominum utilitatem*). D'où suivent, pour Cicéron, des *officia* particuliers aux lettrés, dont il rappelle les nombreuses traces dans l'histoire (la formation d'hommes en vue d'en faire de bons citoyens, la rédaction d'ouvrages intéressant l'État, etc., « si bien que [les lettrés] semblent avoir consacré leur vie de loisir à notre vie active », *ut otium suum ad nostrum negotium contulisse uideantur*) : « Ceux dont les études et toute la vie ont été consacrés à la connaissance des choses, ne renoncèrent pas pour autant à favoriser les intérêts et le bien-être humains », *illi quorum studia uitaque omnis in rerum cognitione uersata est, tamen ab augendis hominum utilitatibus et commodis non recesserunt.* On voit donc comment s'articulent les *officia* de la communauté des hommes et ceux de la connaissance, *ad maiorem utilitatem hominum,* si l'on ose dire — un but qu'Alberti ne cessera de désigner avec plus de précision dans les œuvres à venir. On trouverait là, en un sens, le programme de l'humanisme civique. Les lettres, dans un tel édifice, sont en situation de dépendance vis-à-vis de la *societas hominum,* ou plutôt de collaboration au même dessein : veiller aux *commoda hominum,* dans une coopération de tous les métiers, de tous les états de la société (§ 158), l'homme — sage y compris —, ne pouvant par nature vivre seul. Mais, on le voit, c'est là un plan de généralité ou de simple principe, que suffisent à dénoncer, chez Alberti, l'idée d'*incommoda* et la situation réelle de ceux qui les éprouvent ; à quoi l'on pourrait ajouter que, loin de donner aux « lettrés » cette sorte d'éminence que la structure même de la phrase cicéronienne leur reconnaît, Alberti les met en position de devoir être sans cesse en position seconde (celle de la justification) : secondarité par rapport aux grands Anciens comme par rapport aux visibilités et aux réussites sociales. Vue de ce côté du réel, l'*utilitas* s'est dégradée en *utilitates* dont profitent seuls quelques-uns ; en sorte que l'attention d'Alberti se porte tout entière sur les conditions exactes de cet *otium ad nostrum negotium conferens,* et sur le caractère recevable ou non d'une telle expression en chacun de ses termes. L'unité rêvée (celle, intentionnelle, des *commoda hominum*) s'est fragmentée sous l'effet des réalités sociales et de l'état particulier de la *societas hominum* ; dans sa traduction historique, celle-ci ne reconnaît plus d'*officia quae ex cognitione ducantur,* ou plutôt ne reconnaît que ceux qui mènent directement au profit (*lucrum*). La société se réduit donc à un mécanisme d'intérêts économiques, ravalant doublement le vocabulaire des *commoda* et de l'*utilitas* à son acception directement visible et quantifiable : d'une part — nous l'avons noté précédemment —, la charge « métaphysique » de ces termes en a disparu, et, d'autre part, le lien de la connaissance à l'action, en se perdant, a rendu l'étude (*cognitio, rerum diuinarum et humanarum scientia*) *sans emploi.* Mais, à l'inverse (et ce sera le gain que le texte d'Alberti, assez prophétique, permettra de faire), la « subjectivisation » du point de vue née de la position de résistance que de telles conditions obligent à occuper (*de commodis... littera-*

rum), une fois entendu que les services que peuvent rendre les lettres (génitif objectif, cette fois) ont été avilis par la réalité sociale, et que le schéma cicéronien ne s'applique plus à l'état contemporain d'une société, ouvre la voie d'une interrogation essentielle sur les lettres elles-mêmes : comment les définir, à quoi au juste servent-elles, quel lien établir entre leurs « exigences » intrinsèques et les circonstances que connaissent ceux qui les pratiquent — et surtout : peut-on désormais séparer la question de la connaissance et de son utilité de la situation concrète de ceux qui s'emploient à l'étude et à la « recherche de la sagesse » ? Autrement dit, peut-on étudier *in abstracto* ? et, si ce n'est pas le cas, l'étude elle-même n'est-elle pas nécessairement devenue, jusqu'à nos jours, *le* lieu de conflit idéologique de toute société ? N'y a-t-il pas une influence décisive de la situation réelle du « travail lettré » sur la « recherche » elle-même, et la « sagesse » ne risque-t-elle pas en conséquence de n'être qu'un dispositif parmi d'autres de la conscience de soi et du monde, le masque idéologique qui révèle à la fois les difficultés d'une société à faire place à l'inquantifiable et l'illusion d'un ordre qui échapperait à toutes les déterminations ? — *Litterae*: Alberti donne à ce terme une acception bien plus vaste que celle que nous lui accordons aujourd'hui. Ce faisant, il reprend la classification médiévale des disciplines, pour laquelle les lettres comportent aussi la médecine et le droit ; mais, comme le note L. Goggi Carotti (*op. cit.*, p. 11), il « finit par rejoindre, précisément par la conception profondément stoïcienne de l'activité littéraire comme source de perfectionnement spirituel, une vision du lettré semblable, dans ses connotations morales, à celle de Pétrarque, qui restreignait cependant, pour les mêmes raisons éthiques, les *litterae* aux seuls *studia humanitatis*. On n'assiste pas chez Alberti à l'exclusion du droit et de la médecine du domaine des lettres — en tant que disciplines qui leur sont étrangères d'un point de vue pour ainsi dire théorique —, mais à la condamnation morale des médecins, notaires et avocats au titre de lettrés dégénérés, soumis à l'engagement pratique et à l'appât du gain, et ne répondant pas à l'idéal stoïcien auquel Alberti fait référence ; il est évident qu'il ne parle pas des disciplines, mais des hommes : le jugement est tout entier déplacé sur le plan humain et éthique, et montre que notre auteur est encore loin de la conscience d'une "nouvelle" culture humaniste. » Nous reviendrons sur cet « itinéraire ». Il a notamment le mérite d'indiquer qu'Alberti vise par le terme de *litterae* un ensemble de disciplines qui vont en réalité bien au-delà de la littérature, de la philosophie, de la médecine et du droit (art du juriste *et* art du notaire), même s'il s'en tient pour l'essentiel à ces trois derniers éléments en raison du point de vue qu'il a choisi (seules ces trois disciplines sont lucratives) : des disciplines dont l'extension, précisément, ne peut qu'engager à une attitude générale face à la vie. Il faut ici reprendre la description très pertinente que donne Jean-Marc Mandosio de ce mot de *lettres* dans le *De commodis* (« La classification des sciences et des arts chez Alberti », dans *Leon Battista Alberti. Actes du Congrès international de Paris, 10-15 avril 1995,* sous la dir. de F. Furlan, P. Laurens, S. Matton, Turin, Nino Aragno, Paris, Vrin, 2000, p. 644) : « Par le terme générique de "lettres", Alberti ne désigne pas seulement les études littéraires, mais également la pratique des "arts" et "la connaissance des disciplines" (V. 31). Se trouvent ainsi regroupés, comme dans un triptyque, "les bonnes lettres, les arts les plus honnêtes et les disciplines les plus saintes" (V. 38). Derrière la formulation en apparence assez creuse et l'enflure rhétorique (on a pu parler, à propos de cet ouvrage, d'"une série de lieux communs"), Alberti désigne en réalité un ensemble précis de connaissances qu'il considère comme étant l'apanage de l'individu lettré. Le lettré doit tout d'abord connaître, conformément à la tradition la plus classique, "toutes les sciences libérales et les arts libéraux" (qu'Alberti appelle "les plus saintes dispositions de l'âme") ; les sept arts libéraux comprennent les trois arts du discours composant le *trivium* (grammaire, rhétorique, dialectique) et les quatre disciplines — ou sciences — mathématiques formant le *quadrivium* (arithmétique, géométrie, musique et astronomie), qui forment la base de l'éducation. S'y ajoutent le droit et la théologie, qui sont des disciplines universitaires, ainsi que la physique et l'éthique, deux parties traditionnelles de la philosophie (V. 36). (...) Pour Alberti, la notion de connaissance libérale (propre aux "hommes libres") dépasse ainsi le cadre étroit des arts libéraux proprement dits. L'étendue du domaine des lettres est d'ailleurs telle que "la foule des lettrés (...) est divisée en d'innombrables disciplines" (IV. 56). Le modèle idéal du lettré, tel que le conçoit Alberti, s'éloigne notablement de celui élaboré par Pétrarque (1304-1374), Leonardo Bruni (1374-1444) ou Matteo Palmieri (1406-1475). Alors que ces derniers méprisent les sciences naturelles et la métaphysique, qui sont à leurs yeux indignes d'être étudiées par un humaniste, Alberti considère que "le ciel et les planètes", "la nature des dieux, l'origine et la puissance des âmes" (V. 29) sont des objets d'étude que le véritable lettré se doit de connaître. » Ajoutons cependant que plus l'ouvrage avance, plus le domaine embrassé par les lettres se restreint, ou plutôt se voit soumis aux exigences d'une recherche morale plus encore que spéculative, et orienté par elles ; en sorte que les « lettres », pour finir, désignent très précisément un *dessein* en même temps qu'une attitude, une position de l'étude : *litterae humaniores,* en somme (voir notamment V. 35-38 et la dernière section de l'ouvrage).

❧

1. I. 1. *Laurentius Albertus parens,* « notre père Laurent Alberti » : L.-B. Alberti est issu d'une famille de Florence aussi ancienne que prestigieuse ; ses ancêtres, seigneurs féodaux de Catenaia, dans le Val d'Arno, se fixèrent dans cette ville à la fin du XIIe siècle. Au XIVe siècle, « après la lignée des seigneurs campagnards et la lignée des jurisconsultes, commence alors celle des marchands et des banquiers. Ces changements domestiques s'accordent d'ailleurs au plus vaste mouvement de l'histoire florentine ; un sens très sûr de leurs intérêts guidait les Alberti vers la profession la plus avantageuse et la plus propre à fortifier leur influence ; avisés, tenaces, héritiers des rudes vertus féodales et de la subtilité rusée des légistes du *duecento,* prédestinés à la puissance, ils eurent vite fait de reprendre l'avance qu'avaient sur la leur les fortunes plus anciennes des Ardinghelli, des Peruzzi ou des Bardi et, en un demi-siècle, ils dépassèrent tous leurs rivaux. Dès 1350, ils sont au nombre des Florentins les plus opulents. (...) Machiavel et Ammirato rapportent (...) qu'aux fêtes données à Florence, en 1384, à l'occasion de l'achat d'Arezzo, la famille Alberti surpassa toutes les autres en pompe et magnificence » (Paul-Henri Michel, *Un idéal humain au XVe si ècle. La pensée de L. B. Alberti,* Paris, Les Belles Lettres, 1930, reprint Genève, Slatkine, 1971, p. 48-49, qui se réfère, pour tous les éléments biographiques, à Girolamo Mancini, *Vita di Leon Battista Alberti,* Florence, Sansoni, 1882 ; 2e éd. : Florence, Carnesecchi, 1911, reprise chez Bardi, Rome, 1967). Il semble que le personnage le plus décisif de la famille, dans cette période, ait été Benedetto (Benedetto di Nerozzo degli Alberti), le grand-père de Léon-Baptiste, et l'« un des plus illustres personnages de la république » (sur l'im-

portance de cette figure, voir aussi Nella Bianchi Bensimon, *Unicité du regard et pluralité des voix. Essai de lecture de Leon Battista Alberti,* Paris, Presses de la Sorbonne Nouvelle, 1998, part. p. 173s.). Mais à partir de 1382, des jeux de factions font fléchir son influence, la famille ennemie des Albizzi l'emporte, et, à la suite de la révolte des Ciompi, c'est, en 1387, l'exil loin de Florence, suivi d'autres peines qui écartent de cette ville jusqu'aux Alberti à naître (« le long exil de la famille Alberti », dit l'*Autobiographie*)... « Dispersés par l'exil, les Alberti surent garder leurs richesses. Dans toutes les grandes villes d'Italie du nord et même hors d'Italie, ils possédaient d'importants comptoirs que des décrets de confiscation ne pouvaient atteindre. Un des cinq fils de Benedetto, Lorenzo, banni en 1401, dirigeait, avec son frère Ricciardo, une maison de banque et de commerce qui, de Bologne et de Venise, étendait ses comptoirs jusqu'à Londres. C'est à Gênes que naquirent ses fils, Carlo et Battista » (P.-H. Michel, *op. cit.,* p. 51). Lorenzo épouse une florentine, Margherita Benini, à Venise, en 1408 : on en déduit que la naissance de Charles et de Léon-Baptiste (de peu son puîné, sans doute) était illégitime ; on parle d'une veuve de Bologne, Biancha Fieschi. C'est vers 1406 que Lorenzo quitte Gênes pour Venise : Léon-Baptiste n'aura passé que les deux premières années de sa vie, tout au plus, dans sa ville natale. « Maso degli Albizzi, vieilli et plus haineux que jamais, avait beau poursuivre les Alberti hors de Florence et mettre leurs têtes à prix, Lorenzo trouvait, à Venise ou à Padoue, un asile sûr. La banque et le négoce lui laissaient des loisirs qu'il occupait à l'étude des mathématiques et de la musique » (on dit qu'il y excellait) « et à l'éducation de ses deux fils » (*ibid.,* p. 52). Lorenzo meurt à Padoue en 1421. Le bannissement ne sera levé qu'en 1428. — Pour les ressemblances entre cette entrée en matière du *De commodis* et le premier livre de la *Famiglia* (l'importance de l'éducation paternelle et de la tâche qu'elle désigne), *cf. Opere volgari,* ed. Grayson, I, p. 13s., 24s., 47s. ; Nella Bianchi Bensimon a donné une analyse éclairante de l'importance du *pater familias* dans l'œuvre d'Alberti, dont le début du *De commodis* pourrait à lui seul être le signe et la première affirmation — une présence tutélaire et presque *titulaire,* comme dirait Claudel, de l'ensemble de l'œuvre (N. Bianchi Bensimon, « Une éducation morale et une morale de l'éducation : les pères et les fils », dans *op. cit.,* p. 171-207).

2. I. 1. *In educanda familia,* « dans la formation de sa famille » : *familia* désigne ici sans aucun doute ses propres enfants — mais le terme de *familia* est suffisamment décisif dans le cas d'Alberti pour qu'il faille garder ce mot dans la traduction française ; on notera qu'il paraît à maintes reprises dans le texte du *De commodis,* et que sa situation initiale, dans cette sorte de procession du lieu naturel de l'éducation, avec ses différents degrés de proximité, est bien faite pour souligner son importance — tout comme l'*adresse* du *De commodis* au propre frère d'Alberti. La question sociale de la place du lettré se pose d'abord au sein de la *familia,* et ce n'est pas là seulement souvenir des déboires personnels d'Alberti (voir *infra,* note en IV, 8) : à partir de ce lieu, la question s'élargit comme en cercles concentriques.

3. I. 1. *Ut meministi, Carole,* « tu t'en souviens, mon cher Charles » : Charles est le frère aîné de Léon-Baptiste ; il poursuit avec lui des études de droit à Bologne, dans des conditions matérielles difficiles. Les liens semblent étroits : en témoignent cette dédicace du *De commodis,* ainsi qu'une autre, plus tard, celle du *Pontifex,* en 1437. Le *De commodis,* dans un instant, nous parlera d'un goût partagé pour les lettres, mais aussi de la vie d'affaires dans laquelle Charles se lance après une jeunesse consacrée tout entière aux premières (il séjourne à Londres entre 1432 et 1434, employé par le comptoir de commerce qu'y avaient les Alberti). Il ne semble pas que Charles ait jamais renoncé à l'affection dont il entourait les lettres ; un manuscrit où figurent des œuvres de son frère (le *Theogenius,* la *Villa* et une partie des *Apologi*) a été copié de sa main. Charles, du reste, est l'auteur de deux petits ouvrages en langue vulgaire, les *Éphèbes,* dont il sera bientôt question, et l'*Amiria,* autrefois attribués à Léon-Baptiste par Anicio Bonucci (Mancini suivait son opinion pour le premier cas, et, en même temps, les indications de l'*Autobiographie,* laquelle précise par ailleurs que « sur des opuscules dont il — L.-B. Alberti — était l'auteur, il apposa le nom d'autres personnes et abandonna des ouvrages entiers à la gloire de ses amis »), et donc incluses par lui dans l'éditions de ses œuvres italiennes (*Opere volgari di Leon Batt. Alberti per la più parte inedite e tratte dagli autografi,* illustrate e annotate dal Dott. Anicio Bonucci, 5 vol., Florence, Tipografia galileana, 1843-1849 ; vol. V, p. 271-292 et 299-321). Les détails de l'existence de Charles échappent aux commentateurs ; Mancini en fournit peu, et certains sont inexacts. L'essentiel se trouve dans les œuvres de son frère, ainsi que dans

des documents divers (notamment de tribunaux de commerce) exploités dans l'article décisif, parce qu'il permet une meilleure datation du *De commodis*, de Luca Boschetto, « Nuovi documenti su Carlo di Lorenzo degli Alberti e una proposta per la datazione del *De commodis litterarum atque incommodis* », *Albertiana*, vol. I, 1998, p. 43-60.

I. 1. ... *omnia posse libentius debeo quam diem aliquam nihil aut lectitando aut commentando preterire*, « tout, plutôt que passer un jour sans lire ou réfléchir ! » : L. Goggi Carotti rappelle (*op. cit.*, p. 8, n. 4) que le manuscrit du *Brutus* de Cicéron avait été retrouvé en 1421 et envoyé à Barzizza, le premier maître de Léon-Baptiste (*cf.* P.-H. Michel, *op. cit.*, p. 54) ; Alberti en possédait une copie. Passent donc quelques réminiscences ; Cicéron parlait d'Hortensius et de ses habitudes studieuses : *Nullum enim patiebatur esse diem quin aut in foro diceret aut meditaretur extra forum*, « il ne laissait pas passer un seul jour sans parler au forum ou faire des exercices hors du forum » (*Brutus* 302) ; plus loin, à propos de lui-même : *cotidieque et scribens et legens et commentans oratoriis tantum exercitationibus contentus non eram*, « chaque jour lisant, écrivant, traitant des sujets, sans me borner d'ailleurs à des exercices exclusivement oratoires » ; voir aussi l'*Autobiographie* (*op. cit.*, p. 19) : « son esprit était toujours occupé à la méditation ou l'invention. Il rentrait rarement chez lui, revenant d'un lieu public, sans quelque sujet de réflexion et réfléchissait même à table. » — Pour la traduction de *commentari* par « réfléchir », soit, étymologiquement, « accompagner de l'esprit », voir Charles Du Bos, « Avant-propos pour *Commentaire* par Marcelle Sauvageot » (1934), dans *Approximations*, Fayard, 1965, p. 1319 : « Commenter, nous dit Littré, signifie proprement méditer, et se rattache par l'étymologie à *mens*, — le vocable que le *De Trinitate* a rendu auguste, et qui figure le centre de gravité des plus profondes spéculations de saint Augustin : *sine mente*, affirme-t-il, l'homme n'est qu'une *bellua videns*, n'est qu'une "bête qui voit". Mais nul commentaire ne vaut qui ne se fonde à chaque instant sur l'attention réflexive, sur celle-là même que définit Leibniz : "La réflexion n'est autre chose qu'une attention à ce qui est en nous". » — Pour la relation (au-delà du souvenir cicéronien) entre cette opération de l'esprit et la pratique de la lecture, voir Brian Stock, « Le Moyen Âge latin et l'identité européenne » (trad. fr. C. Carraud), *Conférence*, 15, automne 2002, p. 237-255. 7.

9. I. 2. *Qua ex re illud quidem nos assecutos gaudeo,* « nous en avons obtenu ce résultat, par bonheur… » : entrent ici à la fois le souvenir de pratiques de lecture qui renvoient à une longue tradition augustinienne et médiévale, et qui ont pour issue, face à la vie réelle, ce que Brian Stock appelle « l'expérience d'après lecture » et sa force de libération, et celui d'indications fournies par Pétrarque sur l'usage des livres, telles qu'elles apparaissent par exemple dans *Les remèdes aux deux fortunes* I, préface 4. — Pour les épreuves auxquelles il est fait allusion, voir *supra* les éléments biographiques et *infra,* note en IV. 8.

11. I. 2. *Ac mihi quidem… videtur,* « il me semble aussi que nous devons… » : protestation de bonne volonté très fréquente dans les lettres latines (un exemple chronologiquement assez proche : Pétrarque, *Fam.* XIX, 11, 9, et dans tant d'autres lettres ou ouvrages du même auteur ; plus lointain : Quintilien, *Inst. or.* I, *prooemium* 3), mais qui s'aggrave d'une présence beaucoup plus marquée, et qui n'a rien de rhétorique, de la sphère sociale.

15. I. 2. …*ut fructum aliquem depromam vigiliarum mearum,* « de recueillir quelque fruit de mes veilles » : gardons l'image initiale, celle de la cueillette et du fruit, en songeant à ce que l'*Autobiographie* nous donne à lire : « Au retour du printemps en voyant les campagnes et les collines en fleurs et en constatant que tous les arbres et toutes les plantes portaient la promesse de leurs fruits, son humeur morose se dissipait et il se morigénait en disant : "Toi aussi maintenant, Battista, tu dois promettre au genre humain quelque fruit de tes études !" » Voir aussi *infra,* VI. 16 (*fructus posteritatis*), dans le mouvement qui replie le texte sur l'adresse de son début.

21. I. 3. *Nihil mihi unquam pervestiganti in mentem subiit,* « mais j'avais beau chercher, tout ce qui me venait à l'esprit… » : L. Goggi Carotti met ce passage, *via* un membre de phrase des *Intercenales, pervestiganti et cogitanti mihi,* en relation avec Cicéron, *De oratore,* 1, 1 : *Cogitanti mihi saepenumero et memoria vetera repetenti* ; « introit » très cicéronien en effet, mais dont tous les amateurs de latinité ont fait le plus grand usage — à commencer par Pétrarque.

I. 3. …*ut neque eam rem viro hac etate doctissimo quam iidem illi melius* 23.
dicere, « ils n'avaient rien laissé à dire aux meilleurs esprits de notre temps, qu'ils n'aient mieux dit avant eux » : Alberti recourt souvent au vers de Térence passé en proverbe (prologue de l'*Eunuchus,* v. 41 : *Denique / Nullumst iam dictum quod non dictum sit prius*; *cf.* A. Otto, *Die Sprichwörter der Römer,* 1890, 1965[2], p. 112) ; voir la belle étude de Nella Bianchi Bensimon, « "Nihil dictum quin prius dictum" : analyse de la méthode compositive chez Leon Battista Alberti », *La licorne,* 46, 1998, part. p. 109-115, où se trouve cité et traduit ce passage du troisième livre du *Profugiorum ab aerumna* (dans *Opere volgari,* a cura di C. Grayson, Bari, Laterza, 1966, vol. II, p. 161), si éclairant pour la perception du placement propre de la parole d'Alberti (R. Cardini a beaucoup souligné l'importance de l'image de la mosaïque ; voir aussi Anthony Grafton, *Leon Baptista Alberti, Master Builder of the Italian Renaissance,* Cambridge, Harvard U. P., 2000, *passim*) : « En vérité, j'ai moi-même, tout comme lui [un architecte qui aurait visité le temple d'Éphèse, en s'étonnant que le sol soit resté brut dans un édifice si magnifique, et qui aurait rassemblé les restes des matériaux de construction pour en faire un pavement] ou un autre, lorsque j'ai voulu décorer mon petit refuge privé, pris de ce très noble édifice public ce qui m'a semblé approprié à mes desseins, et l'ai divisé en plusieurs petites parties que j'ai distribuées là où il m'a paru bon. De là vint, comme on dit : *Nihil dictum quin prius dictum.* On voit que ceux qui se sont emparés de ces ouvrages littéraires et les ont utilisés et disséminés dans beaucoup de leurs écrits, sont si nombreux, qu'aujourd'hui il ne reste rien d'autre à faire, à qui veut en parler, que de les recueillir, les assortir et enfin les assembler de manière un peu différente des autres et adaptée à son œuvre, presque comme si son but était d'imiter en cela celui qui, en une autre occasion, avait carrelé le sol » (trad. N. Bianchi Bensimon). Bien sûr, le vers de Térence a donné lieu à toutes sortes de reprises, de stratégies (Cassien par exemple, dans la Préface à ses *Institutions,* prévient son lecteur qu'il va parler de sujets que ses prédécesseurs « ont laissés entièrement intacts ») — et l'on sait que la « Renaissance » (qu'elle soit celle de Jean de Salisbury ou celle de Pétrarque) a toujours entretenu un rapport d'infériorité-émulation avec l'Antiquité, où se joue le sens même d'une *traditio* ; c'est ainsi que l'on peut trouver dans les textes (par exemple dans Pétrarque, *Les remèdes aux deux fortunes* I, préf. 7) la conscience plus ou moins rouée d'une telle relation. Mais celle-ci, au moment de prendre figure concrète dans

le travail d'écriture, recourait plus volontiers à l'image ancienne du travail des abeilles et du miel, décisivement médiatisée par Sénèque (*Ad Luc.* 84) et Macrobe (*Saturnales,* préf. 5-10; *cf.* Gauthier Map, *Dissuasio Valerii*; Pétrarque, *Fam.* I, 8, etc.) ; tout autre est, ici même, l'idée à la fois d'un *réemploi* et d'un *placement.* — Songeant à la suite du texte (les §§ 4 et 5), on peut ajouter ceci: la présence possible, sous forme de réminiscence appliquée à la question de l'écrit, d'un sermon d'Augustin (179, part. chap. 9) sur l'épître de s. Jacques, « Que chacun de vous soit prompt à écouter et lent à parler » ; dans le chap. 9, Augustin émet l'idée qu'« il est mal de ne pas écouter, c'est-à-dire de ne pas bâtir » (*Non audire, quasi aedificare, malum est*) : injonction morale visant à faire associer l'écoute et la mise en pratique (la fin du texte d'Alberti, sous une guise stoïcienne, n'en sera pas très éloignée), mais surtout, pour un lecteur probable comme Alberti, c'est un véritable programme de lecture-écriture qui se met ainsi en place, sous le signe strictement architectural de l'*édification.* — La volonté de se démarquer, chez Alberti, se révèle dans la langue qu'il utilise; Renée Neu Watkins (*op. cit.,* p. 9) fait cette remarque très juste: « malgré l'importance qu'a dans l'humanisme le fait de copier, de mémoriser, de citer, Alberti, comme Pétrarque, mais à l'inverse de la plupart des humanistes de sa génération, a toujours marqué son originalité par l'usage qu'il fait du vocabulaire classique ». Le même auteur (*ibid.*) évoque « a judicious mixture of imitation and innovation ».

32. I. 4. *Num parum commode Isocratem illum rhetorem imitabimur,* « allons-nous imiter, sans guère d'avantages, cet Isocrate… » : Isocrate, rappelle L. Goggi Carotti, ne paraît ici que par confusion avec Polycrate (*cf.* Quintilien, *Inst.* II, 17, 4: « …Polycrate, lorsqu'il fit l'éloge de Busiris… ajoutons qu'il passe… pour avoir composé un discours contre Socrate ») ; confusion probablement issue de la lecture de Servius (*in Virg. Georg.* III, 5) : *huius (Busiridis) laudem scripsit Isocrates.* Étant lui aussi l'auteur d'un *Busiris* (au début duquel — § 4 — sont mentionnés l'*Apologie de Busiris* et l'*Accusation de Socrate* de Polycrate), éloge ironique du tyran qui entend corriger celui de Polycrate, et dont la connaissance reste indirecte durant très longtemps, Isocrate pouvait être aisément confondu avec ce dernier — comme il l'est parfois avec Socrate dans des textes du siècle de Pétrarque.

I. 4-5. Luca Boschetto (art. cit., p. 56-57) fait valoir la proximité qui lie à ces paragraphes un certain nombre de considérations exprimées par Carlo degli Alberti à la fin de ses *Éphèbes*: « Basti pensare alla censura di cui là era oggetto la "pocha discretione" di chi, volendo biasimare l'"operetta" (de Charles), mostrava di richiedere "da uno giovenile intellecto tanta compiuta doctrina, quanta da uno exercitatissimo litterato" ; o all'accusa perfettamente in linea con le positioni del fratello rivolta contro tutti coloro a cui piace "più il calumniare et biasimare le cose altrui, che porgere delle sue". » L'opposition, poursuit l'auteur, entre les jeunes intellectuels et les savants prestigieux des générations précédentes semble mettre en cause Leonardo Bruni, à qui Léon-Baptiste s'adresse dans les prologues des livres II et VII des *Intercenales* (voir aussi Mark Jarzombek, *On Leon Baptista Alberti. His Literary and Aesthetic Theories,* Cambridge, Mass., The MIT Press, 1989, p. 11) ; voir *infra,* note en IV. 70s. 37.

I. 4. ...*maturis et perfecte eruditis viris,* « des hommes plus âgés et dont la culture est faite » : la traduction accentue à dessein l'opposition qu'Alberti fait valoir ; sans doute s'agit-il moins, en effet, d'une maturité de l'intelligence et d'un savoir accompli, que, de façon plus critique, d'une culture désormais achevée et close (*cf.* en II. 3 l'emploi ironique de *eruditissimi*). *Eruditi*: les savants — mais en même temps ils sont ceux qu'avait critiqués Pétrarque dans *Mon ignorance et celle de tant d'autres.* — La traduction de ce terme, comme celle d'autres mots qui n'ont pas d'équivalent définitif, comme *docti* par exemple, ou *litterati* (sur lesquels plane encore l'ombre de Pétrarque) variera dans la version française de ces pages, d'autant que le coefficient qui les affecte peut être aussi bien positif que négatif. Le problème — que cela soit dit d'ores et déjà, dans ces propos liminaires — est plus difficile encore pour *studiosi*: le mot peut marquer une application à l'étude, donc l'état d'« étudiant », au sens le plus fort du terme, mais il peut aussi désigner, comme *eruditi,* ce que vise le mot anglais « scholar », sans équivalent en français ; il a paru parfois plus satisfaisant de le rendre par « intellectuel », au risque d'un anachronisme post-zolacien et dreyfusard, parce que le mot français recouvre une heureuse diversité de placement dans le champ des études et des goûts, en même temps qu'il désigne une difficulté de localisation sociale, une manière de marginalité où s'observent et se vivent plus ou 38.

moins bien, c'est-à-dire d'abord avec quelque perplexité, les *realia* de la société.

38. I. 5. *Condant illi quidem historiam...*, « laissons-leur les récits historiques... » : l'attaque contre Leonardo Bruni se précise dans l'énumération qu'Alberti fait des « grands ouvrages » ; songeons, réalisés ou en cours, à de grands travaux comme les *Historiae florentini populi*, le *De bello italico adversus Gothos gesto*, le *Commentarius rerum suo tempore gestarum*, etc., ou, auparavant, vers 1396, à ceux de Coluccio Salutati (*Liber de origine civitatis Florentie et de eiusdem famosis civibus*) ou encore aux ouvrages historiques de Pétrarque ; quant aux ouvrages que l'on pourrait dire de philosophie politique, sans même remonter bien loin dans le temps (il suffit de deux ou trois siècles), ils portent avec eux une charge d'autorité indéniable, du *Policraticus* de Jean de Salisbury ou du *De principis instructione* de Giraud de Barri à la *Monarchie* de Dante ou au *Défenseur de la paix* de Marsile de Padoue. — Éloignement, aussi bien, de la part d'Alberti, des choix prononcés par les grands lettrés « politiques » que sont Salutati et Bruni et de ce que Hans Baron a appelé « l'humanisme civique ».

60. I. 7. *Ut tuo in Ephebis utar dicto*, « ce que tu écris dans *les Éphèbes* » : L. Goggi Carotti (*op. cit.*, p. 42, n. 15) indique que ce n'est pas dans le texte lui-même, mais dans l'épître dédicatoire à Francesco d'Altobianco degli Alberti, que l'on trouve le passage évoqué : « Rivedi, correggi, rimuta a tuo arbitrio queste nostre *Efebie*, e fa sì che se la invenzione mia non è da piacere almanco la emendazione tua sia gratissima ». Sur l'importance relative de cette référence pour la datation du *De commodis*, voir Luca Boschetto, art. cit., p. 53-54.

8. II. 2. *Eos presertim qui nullum tempus vacuum litteris pretermitterent*, « des hommes qui n'ont pas laissé passer un seul instant sans le consacrer aux lettres » : *cf.* Cicéron, *Brutus* 309 : *Huic ego doctori et eius artibus uariis atque multis ita eram tamen deditus, ut ab exercitationibus oratoriis nullus dies uacuus esset*, « tout en me livrant aux leçons de ce maître et aux sciences nom-

breuses et variées qu'il m'enseignait, je m'arrangeais de manière à ne pas laisser passer un seul jour sans faire des exercices oratoires ».

II. 4. *Excelsi quidem animi officium,* « le devoir d'un esprit supérieur » : 28.
« supérieur », en tous les sens, et non pas seulement, me semble-il, dans celui d'« élevé », tourné vers des réalités plus hautes ; *officium* : le mot est important, avec sa charge cicéronienne et ambrosienne : il faut inventer dans l'ordre social une véritable fonction de l'esprit (d'où la traduction fréquente, *cf. supra,* de *studiosus* par « intellectuel ») qui corresponde à son office et au devoir que lui imposent son éminence et ses efforts (sens dont nous entretiendra VI. 6) ; à cet égard, le lettré n'est pas moins appelé que le reste de la société à inventer et à respecter cet *officium,* sans le dégrader en offices rémunérés et oublieux d'une véritable *élévation.*

II. 4. *Honoris et fame adipiscende gratia,* « jouir de l'honneur et de la 30.
gloire » : variation, que le texte ne cessera de reprendre et de développer, en une composition comme en hypogramme (tantôt proche, tantôt distante), sur un passage célèbre de Cicéron (*Tusc.* I, 2, 4) : *Honos alit artes, omnesque incenduntur ad studia gloria, iacentque ea semper quae apud quosque improbantur,* « l'honneur est l'aliment des arts ; seule la gloire inspire la passion des études, et l'on voit partout que ce qui n'a point de considération est toujours négligé ».

II. 4. *...sane liberali sed parum necessario,* « généreuses sans doute, mais 32.
fort peu accordées au nécessités de la vie » : glose excessive, peut-être, pour une formulation chargée de sens ; nous retrouverons plus bas (V. 36) l'opposition consanguine *liberales/serviles* : d'un côté la liberté et la part de noblesse que comporte l'étude libérale, de l'autre les nécessités (*necessitates vitae,* assimilées par Cicéron aux besoins du corps — et, aussi bien, oserait-on dire, du corps social —, par opposition à ce que pressent l'*animus excelsus* évoqué quelques lignes plus haut ; voir par exemple *De officiis* I, 158, à propos de la *necessitas uitae*) dont la pesanteur est de chaque instant ; et, dans cet ordre, la conviction, l'engagement de l'auteur sont fort peu *nécessaires* — précisément du point de vue de ceux qui s'accommodent fort bien de l'idée que ce plan des *realia* soit le seul de l'existence (*rebus ipsis,* § 5, par opp. aux *rerum earum,*

§ 6, précisées par *rerum nobilissimarum* au § 7 ; voir aussi, pour une glose particulièrement significative, V. 23 : le peuple reproche aux lettres de *negligere que ad bene beateque vivendum admodum necessaria sunt*). « Libéral », pourrait-on dire, « mais trop peu réaliste » — n'était que se perdraient un peu la dichotomie âme/corps, intellectuel/corps social, sous-jacente aux termes d'Alberti, et, avec elle, une manière de jeu sur les mots. Voir aussi *infra,* note en II. 8, et le texte cité de Jean de Salisbury.

51. II. 7. *Nos ita in studiis litterarum esse animatos oportere,* « l'esprit qui devait nous animer dans l'étude des lettres... » : *cf.* Cicéron, *Brutus* 23 : *dicendi autem me non tam fructus et gloria quam studium ipsum exercitatioque delectat,* « pour ce qui est de l'éloquence, les fruits et la gloire qu'on en retire me touchent moins que l'étude en soi et l'exercice de l'art ».

58. II. 8. *Liberam et expeditam sapientiam,* « une sagesse libre et dégagée » : expression étrange, à la traduction difficile (« libre et aisée », « libre et dispose » ; « dégagée » est cependant plus proche du sens premier, désignant aussi l'opposé d'un *engagement,* d'un embarras dans les choses ; voir aussi le texte de Guillaume de Conches cité *infra,* note à II. 9-11) ; elle ne semble pas précédée par une tradition particulière (Albertano da Brescia, dans son *De amore et dilectione Dei,* IV, 17, cite Cassiodore dans son chapitre sur la prudence : *Superavit cuncta infatigabilis et expedita prudentia*), ou du moins les qualificatifs qu'elle met en jeu s'appliquent-ils à d'autres objets (l'acuité et l'abondance des idées dans l'art oratoire, par exemple, qui donnent le sentiment d'une facilité toute naturelle et fluente : *cf.* Cicéron, *Brutus* 280). Le § 5 a parlé de la recherche d'une *via vivendi,* à laquelle ces deux épithètes s'appliqueraient plus naturellement ; il s'agit bien ici d'une déprise des choses : un travail d'allégement, dont le § suivant énonce à la fois, et presque contradictoirement, l'évidence et la difficulté concrète. La nouveauté tient sans doute au caractère indéterminé et comme insubstantiel de la sagesse envisagée, laquelle se définit moins par un contenu discernable que par une attitude du sujet qui tend vers elle ; mais même cette attitude, loin d'être le secret ou l'intensité d'une intériorité, est déterminée, encerclée par un halo extérieur dont elle se démarque et entend s'éloigner. Ce qui est défini par cette expression, ce sont les conditions matérielles, les circonstances concrètes entourant une

« sagesse » laissée, elle, à son indétermination. Alberti, cependant, demeure proche d'un certain nombre d'éléments et de mots liés à la définition des arts libéraux, et on gardera à l'esprit, les lisant, aussi bien ce § 8 que le suivant ; d'où vient l'appellation d'arts libéraux ? se demande Jean de Salisbury dans son *Metalogicon* (I, 12) : *...sicut artes dictae sunt eo quod artant regulis et praeceptis, uel a uirtute quae Graece ares dicitur, et animos roborat ad percipiendas uias sapientiae, aut a ratione cui alimenta et incrementa praestant, quae a Graecis arso nominatur, sic et liberales dictae sunt uel ex eo quod antiqui liberos suos his procurabant institui, uel ob hoc quod quaerunt hominis libertatem, ut curis liber sapientiae uacet, et saepissime liberant a curis his, quarum participium sapientia non admittit. Necessarias quoque saepe excludunt, ut agitationi mentis ad philosophiam sit expeditior uia.* — Notons enfin que les deux épithètes, *expedita et libera,* qualifient en IV. 39 une vie à l'abri des troubles et des maux quotidiens.

II. 9. *...omni animo atque opere,* « corps et âme » : approximation emportée par l'élan des habitudes françaises — reste qu'ici, à l'opposé du premier stoïcisme, et à plus forte raison de l'humanisme civique, l'« action » même (l'« opération ») est tout entière soumise à la « contemplation ». En des termes modernes, on pourrait dire que le « travail », ce sont les lettres elles-mêmes, l'étude en tant que telles (*cf. supra* à propos de l'*officium* ; et III. 3, *laboriosa vita*). 63.

II. 9-11. Le passage, dans la suite du § 4, dramatise et exemplifie la célèbre définition du *studium* par Cicéron (*De inventione* I, 25, 36), telle qu'elle est reprise et sans cesse citée dans la littérature médiévale, d'Alcuin (*De rhetorica* 25, 32-33) à Albertano da Brescia (*Liber consolationis et consilii* X) ; ainsi chez Jean de Salisbury, *Metalogicon* I, 11 : *Est autem ut Ciceroni placet studium assidua et uehemens animi applicatio ad aliquid agendum magna cum uoluntate,* application pour laquelle Cicéron citait les exemples suivants : *philosophia, poetica, geometria, litterae.* Passent en outre le souvenir horatien des écoles, et surtout celui de la solitude pétrarquienne et de la *vacatio* ; Mark Jarzombek (*op. cit.*, p. 7s.) souligne le parallèle presque constant établi par Alberti entre vocations religieuse et littéraire : « much as a novice, the protagonist must endure suffering, reject riches and "futile fame", sidestep the "traps of ephemeral pleasure", and renounce family ties». Parallèle cependant faussé, et comme grimaçant. Pétrarque, dans *La vie solitaire* et surtout *Le repos religieux,* inventait une sorte de tiers-ordre, une vocation, une vacation lettrées, et donnait le plan d'une formation et d'un souci qui seraient en effet comme une « école du cloître » laïque ; mais, si l'engagement dans les livres, les textes et la solitude était chez Pétrarque aussi considérable que le *De commodis* nous le montre pour sa part, le repos, le silence, l'aise s'y trouvaient tout entiers du côté du lettré (ainsi des portraits contrastés, au début du premier livre de *La vie solitaire,* de l'*occupatus* et du *solitarius*) : l'application s'y achevait en *vacatio,* la *vacatio* en *otium,* et celui-ci en *quies,* itinéraire offert en parallèle à celui des religieux, et dépassant la tradition cicéronienne de l'*otium litteratum.* Ici, nous sommes à l'opposé ; les valeurs de l'*otium* ne peuvent avoir cours qu'en se soumettant tout entières à celles du travail et de l'effort (l'étude des lettres est la plus noble des *industriae*), elles sont celles-là mêmes du *negotium* et transforment en réalité le lettré, au mieux, en *occupatus* — la figure qui lui était jusque-là opposée (Sénèque, Pétrarque dans la première partie de *La vie solitaire*), et à laquelle le portrait du lettré que l'on trouve dans le *De commodis* emprunte ses éléments, au terme d'une inversion complète des modèles antérieurs. L'*otium* se trouve interdit à la fois *ad intra* (l'intellectuel se le refuse spontanément à lui-même : *cf.* VI. 9) et *ad extra,* comme le révèle le sens systématiquement négatif du terme ou de celui d'*otiosus* dans le *De commodis* (I. 1 ; III. 2 ; III. 30 ; V. 34) ; la réclusion elle-même (*bibliothecarum carcer,* II. 11) n'ouvre à aucun repos, à la différence de l'effet qu'elle doit produire chez les religieux : on songe notamment au texte très révélateur de Hildebert de Lavardin évoquant trois prisons, celle de la loi — l'incarcération —, celle de la nature — le corps —, celle de la règle — le cloître — : *primus est ad supplicium, secundus ad exercitium, tertius ad otium* (*Sermon pour la fête de saint Pierre aux liens,* PL 171, 679) ; ici, « la prison des écoles et des bibliothèques » n'est qu'*ad laborem.* Cet *otium* apparaît-il environné d'éléments positifs ou plus heureux, c'est pour désigner l'autonomie à laquelle permet d'accéder l'agriculture (IV. 31) ; or, avec Alberti, nous restons de manière décidée dans l'ordre citadin (ce qui vaut majoritairement dans son œuvre, même si l'*idéal* de vie de la *Famiglia* se situe à la campagne, au creux d'une villa). Toutes les considérations sur la retraite lettrée (de Cicéron à Pétrarque) ont disparu, à proportion que se trouvent nécessairement associées la réclusion dans les livres et la forclusion de l'espace social (II. 11 : ...*scolarum et bibliothecarum carcer*; voir aussi III. 10). La solitude n'est plus une aspiration et un élément essentiel de la conscience lettrée ouvrant à l'étude et à la contemplation, sur le modèle, parfois, de la sécession religieuse, mais une condamnation désignant une manière d'impuissance vis-à-vis du monde des relations humaines (II. 10 : *in solitudinem relegatos*; *cf.* aussi III. 28). Voir *infra,* note en V. 34. — Notons pour finir que plus encore qu'à celle de l'*occupatus,* la vie lettrée, telle qu'Alberti en décrit les *incommoda* en inversant terme à terme les schémas antérieurs, correspond exactement à celle qui signalait, dans les textes antiques, l'appartenance sociale la plus basse, *i. e.* la condition de travailleur manuel, d'artisan et de salarié ; elle en reprend toutes les caractéristiques, notamment le manque de temps et de loisir, les lettrés se révélant chez Alberti soumis à un *labor* perpétuel (Xénophon, et surtout Aristote, ont illustré ce thème : *Économique* IV, 3 ; *Politique* VIII, 2, 5, 1337 b ; de même Platon, *République* II, 370 b et 374 c ; on trouverait, assurément plus proches des lectures d'Alberti, des propos équivalents chez Caton, Varron et Columelle), et la dégradation du corps (pâleur, inélégance, etc. ; *cf.* Xénophon, *Économique* IV, 2 ; Aristote, *Politique* I, 11, 6, 1258 b) ; voir aussi *infra,* note en III. 32, et V. 18. — Pour un exemple de cette inversion, mais proposé comme ironique et absurde, *cf.* Pétrarque, *Fam.* I, 12, 4. — En sorte que l'étude même qui réclamait préalablement la vacance et libération des soucis les plus pesants (ce que supposent par ex. III. 18 ou IV. 39) ressent le plus leur encombrement, et, ce faisant, répond curieusement à l'une des définitions et des exigences classiques des arts libéraux : *Septem « liberales » artes dicuntur, quia liberum ab omni cura esse oportet qui ad eas accedit* (Guillaume de Conches, *Commentaire* de la *Consolation* de Boèce I, pr. 1, CCCM 158, p. 48). Car il faut cette condition pour qu'il soit permis aux lettrés *nulla aetate... a curis maximis vacare,* « d'être constamment plongés dans les soucis les plus importants » — par opposition aux soucis ordinaires. Comme nous l'apprendrons plus tard, c'est somme toute la condition et l'extension des *illiberalissimae mercedes* (le mot *merces* revient souvent dans le texte) qui enlèvent aux lettres leur caractère *a priori,* ou plutôt *visiblement* libéral en les amputant des conditions minimales de leur exercice, ou bien, comme le montrent les avocats, les notaires et les médecins, en faisant passer l'intérêt propre, l'intérêt individuel, avant les exigences intrinsèques de l'étude et le profit que peut en recevoir l'ensemble de la société.

69. II. 10. *...volvendis, ut aiunt, chartis,* « dérouler des volumes, comme ont dit » : je ne sais exactement à quoi tient la réticence de l'expression ; est-ce à son caractère archaïque, les livres ne se présentant plus comme des rouleaux ? Mais elle peut aussi renvoyer, et à la fois, au dépliement des chartes, actes, titres d'un office notarial, et à celui des Écritures elles-mêmes, souvent désignées par ce mot de *chartae*: dans tous les cas (*cf.* note précédente), « travail de bénédictin »...

79. II. 11. *...qui humanitatem sapiunt,* « ceux qui ont le sens des réalités » : il eût été plus exact, sinon plus judicieux, de traduire par « ceux qui ont de l'humanité », « qui ont le sens humain » — mais il semble difficile d'associer à une telle traduction *les deux* hypothèses qu'Alberti fait suivre. Ce mouvement de bienveillance apparente de ceux qui ont de l'humanité indique avant tout à quoi ils entendent réduire ce mot d'*humanitas.* Faut-il croire, du reste, que le souvenir des *studia humanitatis* s'absenterait de l'esprit du lecteur ? Ceux qui « connaissent les hommes » n'apprécient pas nécessairement d'autres définitions possibles de leur humanité.

82. II. 11. *...commoditates (ut sic fortune bona dicantur),* « les avantages (appelons ainsi les faveurs de la fortune) » : *cf. supra,* note sur le titre. On sait que le stoïcisme a donné naissance à une tradition considérable de réflexion sur la fortune et la liberté humaine ; elle culmine, ou du moins s'accomplit dans la synthèse opérée par Pétrarque dans le *De remediis utriusque fortune,* même si elle se poursuit dans l'ordre de la réflexion proprement philosophique, avec, par exemple, le très sérieux *De fato et fortuna* de Salutati. — Il y a donc une grande dénivellation entre ce que suggèrent les mots de *fortune bona* (la réflexion qu'un tel sujet suscite) et le vocabulaire des *commodités* et des avantages. On se demande en conséquence — et c'est bien là la stratégie d'Alberti — quel genre de *commodité* offre la connaissance, dont l'une des tâches ordinairement décrites était précisément de libérer des *res externae* (Sénèque), donc des *bona fortune,* au terme d'un *changement d'ordre* et d'un véritable saut qualitatif... Mais nous en restons ici au plan « immanent » des

commoditates; il s'agirait donc de prendre comme un avantage ce qui n'en offre aucun : voilà (voir note suivante) la quadrature du cercle à laquelle aboutit sciemment le langage, ici privilégié, des *exteriora*. *Cf.* aussi *infra,* note en IV. 85.

II. 12. La première phrase de ce §, à son tour, escamote le terme que supposait jusqu'alors le lexique qui la constitue, à savoir la recherche d'un *bene beateque vivere,* pour faire se confronter deux modes de vie envisagés selon des critères exclusivement *quantifiables* (notons que, lorsque paraît cette dernière expression, qui a tant de lettres de noblesse philosophique à exhiber, en V. 23, c'est pour désigner, dans l'esprit du peuple, une manière de confort mesurée à l'aune des facilités matérielles). Peut-être est-on en droit de soutenir que la définition de ce terme, dans les hésitations de son histoire, est suffisamment présente à l'esprit du lecteur, et suffisamment enseignée dans les écoles, pour qu'Alberti n'éprouve pas le besoin d'y revenir (il ne fera que la suggérer, du reste, à la fin du livre), et qu'il se serve de ce présupposé pour donner plus de force au contraste qu'il met en scène ; cette confrontation à deux termes, le troisième étant pour ainsi dire laissé dans le « hors-texte », est un élément assurément nouveau. Dans la suite (§§ 12 et 13), cette quantification des ordres en présence oblige l'évaluation des « lettres » à se soumettre à des critères extérieurs de mesure auxquels, précisément, toute la tradition la disait étrangère : *divitiae, honores, voluptates.* Il ne s'agira même plus de prétendre, comme l'ensemble de la littérature morale au moins jusqu'à Pétrarque, qu'il existe de vraies et de fausses richesses, ou des honneurs trompeurs et d'autres véritables, et donc d'introduire l'ensemble des variations habituelles sur des oppositions majeures (apparence/réalité, opinion/vérité, commun des mortels/lettré, etc.), dans la perspective d'un combat de l'âme contre ces tromperies (un excellent compilateur, Guillaume Peyraut, résume : *...animum habere multa certamina contra divitias, delicias et honores*; éd. Pierre Variquet, Paris, 1668, p. 2) : le seul plan pris en compte est celui d'une réalité sans échappatoire, sans « arrière-monde » ni « monde de l'intériorité », et majoritairement soumise à ces critères extérieurs d'évaluation ; et c'est aussi bien, le seul valide (*cf.* IV. 17 : le jugement d'un père sur son fils lettré et gagne-petit n'est pas fondé sur l'*opinio,* mais sur la *res ipsa*). Le gain sera peut-être, et de façon très moderne, de permettre de dire, comme la suite du texte le fera (*cf.* III. 31-33), qu'il existe (fût-il difficile et douloureux) un *plaisir* des lettrés, qui, en tant que plaisir, *fait nombre* avec celui de tout un chacun et doit en conséquence bénéficier *a priori* de la même légitimité. La qualité intrinsèque des contenus ou des objets, protégée jusqu'alors par la dignité *sui generis* que la tradition leur reconnaissait (et garantie par l'éminence de la vie théorétique), tend à se dégrader pour ne relever que de la différence des choix individuels et des valeurs que ceux-ci déterminent à proportion de leur degré d'accord avec les éléments majoritaires de la société. Quand bien même Alberti refuserait un tel mode d'évaluation, il en reconnaît ici la pertinence, ne cesse de se tenir sur le terrain qu'un tel mode suppose, et n'a assurément plus la même foi que ses devanciers, ni dans l'autarcie souveraine et hautaine d'une « vie de l'esprit », ni dans l'énoncé à ses yeux illusoire qui se contenterait de la décrire.

88. II. 12. *Ut aliis divitie...*, « qui... dans la richesse... » : L. Goggi Carotti (*op. cit.*, p. 47, n. 25) signale une analogie — très lointaine — avec Cicéron, *De officiis* I, 115.

95. II. 14. *At erit quidem omnis nostra oratio...*, « évidemment..., l'ensemble de notre propos... » : Alberti reviendra, dans le cours du texte (*cf.* IV. 37, 42, 44, 83, etc.), à des considérations de cette nature ; *captatio benevolentiae,* oui, mais aussi souci constant d'Alberti, dont l'expression la plus visible se lit principalement dans le *Momus,* au point de la critique des philosophes et de l'exigence de la clarté du discours. (VI. 1 parlera de « démonstration ».) Empruntons son analyse à un article suggestif de Michel Paoli, « La notion de "concept flou" comme outil d'interprétation de la pensée de Leon Battista Alberti », dans *Hommage à Jacqueline Brunet* (sous la direction de Marcella Diaz-Rozzotto), Annales Littéraires de l'Université de Franche-Comté, 1997, vol. I, p. 351 : « Mais Alberti va encore plus loin — et ce point est fondamental — en reprochant aux philosophes une forme d'asocialité. Refuser les biens qu'offre la société et les contraintes qu'elle impose justement est une forme de folie. Le philosophe a une fonction sociale, et si sa quête de la vérité le conduit au mépris de la société et du monde, c'est qu'il s'est, de toute évidence, trompé ; on ne peut pas avoir raison contre l'ensemble des hommes. (...Alberti) veut toujours que le raisonnement rejoigne la réalité,

et (...) fait de la société la réalité la plus incontournable. (...) À travers la critique des philosophes, il s'en prend d'abord à un problème d'adéquation entre le discours et le monde : d'une part, ce que l'on dit doit être clair et rigoureux afin d'être compréhensible et applicable dans la vie ; d'autre part, il existe, dans la réalité humaine, des données (...) dont on ne peut faire abstraction et qui doivent même servir de fondement à la réflexion, à commencer par le caractère *social* des hommes. » À quoi il convient d'ajouter que l'on peut se demander cependant à quel effet aboutissent une clarté si rouée et les jeux de renvois et de miroirs d'une démonstration fréquemment ironique ; il est probable, si l'on se place dans la perspective de l'article cité, que la part laissée au questionnement du lecteur est précisément celle qu'exige l'irréductibilité de la réalité à des schémas et à des systèmes préconçus ou strictement idéels, si élaborés soient-ils.

❧

III. 1. *Qui pauper sit, quod effectrix aut certe optima voluptatum captatrix* 1.
pecunia desit, « un homme dans la gêne, par le simple fait qu'il manque d'argent, c'est-à-dire de la condition nécessaire à ses plaisirs, ou du moins du moyen le plus efficace de les obtenir » : *cf.* Cicéron, *De finibus...* I, 67 : ...*sic amicitiae... effectrices sunt voluptatum tam amicis quam sibi,* « ainsi les amitiés... font naître les plaisirs autant pour nos amis que pour nous-mêmes » ; II, 55 : *est enim (pecunia) effectrix multarum et magnarum uoluptatum,* « car (l'argent) est producteur de plaisirs nombreux et intenses ». L. G. C. signale aussi un passage du *De corona* de Tertullien : *est omnis publicae laetitiae luxuria captatrix.* Les terminaisons en *–ix,* dont le début du livre V des *Tusculanes* avait donné une idée magnifique (V, 2, 5), sont particulièrement en vogue depuis Pétrarque, qui en fait un fréquent usage. Voilà dans l'ordre stylistique. — Souvenir, par ailleurs, du propos aristotélicien selon lequel il faut au libre exercice de l'esprit un minimum d'aisance matérielle. Mais nous partons ici de la question de l'argent lui-même, et non de généralités *a priori,* selon le procès d'une argumentation particulièrement habile et imprévue. — On trouvera ensuite, par exemple en III. 6-9, même sur des points de détails, ce qu'on pourrait appeler une construction logique retardée, quoiqu'elle ait toujours la forme apparente, mais gauchie, de l'enthymème :

l'explication véritable de l'énoncé majeur (§ 6) n'intervient que trois paragraphes plus tard (§ 9).

3. III. 1. *Quod si voluptas, ut aiunt…*, « si le plaisir, commc on l'a dit… » : *cf.* Cicéron, *De finibus…* I, 56 : *…etiamsi uoluptas ea, quae sensum moueat,* « …alors même que ce plaisir, qui met les sens en mouvement… ».

22. III. 3. *Cura et sollicitudine,* « leurs soucis et leurs tourments » : syntagme apprécié d'Alberti, comme il l'était de Pétrarque : *cf.* par ex. *La vie solitaire* I, 7 (*curas et sollicitudines mestas*).

26. III. 4. *Libero homine digna,* « digne d'un homme libre » : voir *infra,* III, 25 ; *cf.* Cicéron, *De officiis* I, 151 : *Nihil dulcius, nihil homine, nihil libero dignius,* « rien n'est plus agréable, rien n'est plus digne d'un homme, et d'un homme libre » — mais il s'agissait de l'agriculture, dans la fidélité au jugement de Caton l'Ancien sur elle : déplacement, qui n'est pas cependant sans rapport avec les formules qui lui fournissent sa matière… — Goût du voyage, de l'étude des ruines, pendant concret des voyages dans les textes, dont témoignera assez le *De re aedificatoria.* Voir *e.g.* P.-H. Michel, *op. cit.*, p. 64s., 518s. Autant d'éléments nouveaux, déplaçant le savoir vers la recherche et la *curiosité* : un dynamisme de la découverte, qui n'emprunte plus rien, ici, au statisme des contenus avérés ou à l'inquiétude *morale* d'un Pétrarque livré au sentiment de l'instabilité. Nous lisons ici l'éloge de la liberté de mouvement, donnée désormais essentielle de l'*homo liber*; contrepoids au bannissement, sur un plan de « psychologie profonde » peut-être sujet à caution ? La difficulté, comme on l'éprouve en ce point, tient au fait que l'auteur est à la fois dans la situation du lettré qu'il décrit et en dehors d'elle, vivant pour une part de la vie qu'il désire, et qu'il veut pour ainsi dire réaffecter aux significations auxquelles il est attaché et que le monde tel qu'il est méconnaît. En ce sens, et cette fois au plan de l'écriture, l'affectation de la valeur est nécessairement mouvante, et le lyrisme final risque de ne lui donner qu'une assurance d'emprunt, et comme seconde.

III. 4. Pour ce §, voir l'éloge que Cicéron, dans le *De natura deorum* II, 60, 151-152, fait de la main et de l'esprit humain créant « comme une seconde nature » (*cf.* aussi Augustin, *De civitate Dei* XXII, 24).

III. 6. *Namque, ut cetera omittam, celebritates quidem nuptiarum, choreas,* 40.
cantus, « songeons, pour n'évoquer que ce point, aux festivités des mariages, aux danses, aux chants... » : dans son *Autobiographie* (*op. cit.,* p. 11), Alberti parle de sa maîtrise « des instruments de musique » et du goût qu'il avait pour celle-ci comme pour les exercices physiques, dans un passage qui souligne par ailleurs l'ampleur de ses curiosités. Voilà donc un signe manifeste des variations de points de vue et de position (non de contenu ou de conviction) qu'adopte l'auteur dans son propre texte (il y en aura d'autres), puisqu'il est difficile de penser qu'Alberti ne critique pas ici les lettrés qui s'excluent d'eux-mêmes de la vie sociale en refusant ces « agréments » (*amena*). Par quoi se comprend qu'être un « lettré » demeure une sorte d'idéal, que cela relève d'une exigence que la plupart des lettrés ne respectent pas davantage que le reste de la société ne l'admet. L'important, pour Alberti, dans sa recherche d'une utilité et d'une convenance, est de n'être pas « déplacé » (*cf.* par ex. les *praeter* en III. 26), mais à sa place dans l'ensemble, moins formé qu'à instituer encore, de la *communitas hominum*; c'est ainsi que, plus loin dans le texte (V. 29), le lettré parlant au Sénat des planètes, du soleil ou de la lune n'a pas compris en quel lieu il se trouvait. La position d'Alberti engage moins ce qu'il entend par *litterae* (le texte en donnera l'idée) que la question de leur pertinence et de leur adéquation à des situations précises.

III. 10. Portrait du lettré en aveugle, dans son refus de l'une des trois concupiscences essentielles, la *cupido videndi*; réclusion toute claustrale, dont on trouverait l'injonction dans l'ensemble des textes de la tradition monastique. Mais, là encore, l'accent se déplace, comme dans les §§ suivants : le point de départ appartient aux circonstances concrètes de l'existence, et Alberti n'entend pas éclairer en reprenant les arguments de la tradition le type de *voluptas* éprouvée par le lettré, ni le type d'*amor* auquel il se voue (amour pour les *invisibilia,* par ex., soutenu par l'idée platonicienne des yeux de l'âme, ou augustinienne des sens intérieurs), bien au contraire, comme donnera à l'entendre, un peu plus loin, III. 17. C'est remplacer la tradition d'une vie substantielle de l'étude et de la méditation par l'énoncé d'un manque objectif et complet des commodités ordinaires. Les leçons pétrarquiennes des *Remèdes* sont retenues (ainsi dans les §§ 11 à 13), mais aussi comme désamorcées ; et, à l'opposé de *La vie solitaire,* le manque des satisfactions ordinaires n'est compensé par aucun éloge de la frugalité ou du commerce avec soi et avec les livres. Toujours, comme plus bas en III. 18, le point de vue adopté est celui de l'extérieur, non celui de la « conscience » qu'appelait un Pétrarque, à la suite de Sénèque, comme seul juge des actions, loin du « théâtre du monde » ; doublement extérieur même, comme le signifiera III. 25 : d'une part, l'attente d'autrui et le regard social, et, d'autre part, la concurrence et la rivalité dans le domaine choisi.

91. III. 14. *...cum plura didiceris, tum semper multo plura ignorare te... dignoscas,* « à mesure qu'on apprend, on se rend compte qu'on ignore toujours plus de choses » : *cf.* Cicéron, *Tusc.* III, 29, 69 : *optumus et grauissimus quisque (philosophus) confitetur multa se ignorare, et multa sibi etiam atque etiam esse dicenda,* passage souvent repris, développé infléchi ; *cf.* Jean de Salisbury, *Metalogicon* I, 24 ; Pétrarque, *Mon ignorance et celle de tant d'autres* III, 4 ; V, 16, etc.

94. III. 14. *Mens... oppleatur tenebris,* « remplir (l'esprit) de ténèbres » : *cf.* Cicéron, *Post reditum in senatu* 10 : *...duo consules, quorum mentes angustae, humiles, pravae, oppletae tenebris ac sordibus.*

136. III. 20. *...arduam, asperam, difficilemque initam litterarum provinciam,* « la province des lettres où l'on est entré, province abrupte, âpre, et difficile » : *cf.* Cicéron, *Pro Sest.* 100 : *...viam... aut asperam atque arduam aut plenam esse periculorum aut insidiarum.* Vocabulaire juridique d'une véritable prise de fonction ; un territoire à administrer, comme les provinces de la République antique, réclamant des « gouverneurs des lettres ». Voir aussi la note suivante.

III. 21. Argument nouveau, semble-t-il, qui tient à un double constat : celui de la nécessité d'une spécialisation et celui d'une incapacité aux éléments les plus pratiques ; et, aussi bien, double marginalisation. Loin de tout embrasser, les lettres ne sont en effet qu'une « province » (*cf.* aussi *infra,* IV. 40) ; traduite dans les termes nouveaux qu'Alberti choisit d'adopter, la vision « panoramique » à laquelle l'étude et la réflexion étaient censées ouvrir (depuis l'éminence séculaire de la vie théorétique) se réduit à n'être que le « supplément d'âme » d'un *pan d'activités* très restreint.

III. 24. *Duce natura,* « s'il prend la nature pour guide » : l'expression est 174.
célèbre, elle s'installe dans nos esprits comme l'une des maximes du stoïcisme (revisitant, rectifiant Épicure), ainsi chez Sénèque, *De vita beata* VIII, 1 (voir aussi Cicéron, *De off.* I, 100 et 128 ; *De amicitia* V, 19 ; *De sen.* II, 5, etc.) ; *lieu* antique sujet à des interprétations diverses, bien sûr, et extrêmement fréquenté. — Mais, précisément, ce n'est pas ce carrefour qu'Alberti a en vue : *natura* ici s'entend au sens d'un « naturalisme » tout concret, bouillonnant et médullaire (à l'exact opposé, par ex., de cette « nature guide » qui, chez Apulée, porte les esprits raisonnables à atteindre la beauté du divin ; *cf. De Platone et eius dogmate* II, 2) ; en somme, un instinct, celui, mais ramené à son expression la plus simple et la plus juvénile, que Cicéron évoquait en parlant du mouvement de tristesse que provoque la perte d'un être cher, dans les *Tusculanes* I, 13, 30. Le syntagme noble est tiré vers le bas (voir aussi *infra,* l'usage aussi désinvolte qu'en fait Alberti en V. 15, et, dans une moindre mesure, en III. 24). Notons, sur le plan du lexique et des associations d'idées ou de mots, que dans le passage de Cicéron, cette *natura dux* qui nous fait éprouver la tristesse s'impose à nous quand nous songeons que cet être aimé a été « privé des avantages de la vie », *uitae commodis privatum.*

III. 27. Remarquons, ici très traditionnel, le rappel des signes extérieurs d'éminence sociale, tels qu'on les voit déterminés et critiqués dans le *Policraticus* de Jean de Salisbury (chasse et « activités » nobiliaires), et plus encore dans le premier livre des *Remèdes aux deux fortunes* de Pétrarque (part. R I, 2, 5, 20, 23, 24, 31, 32, 40 et 41). — Dans la suite du §, Alberti établit — élément qui, assurément, évoluera dans son œuvre —, une hiérarchie très nette entre la peinture et la *cognitio maximarum rerum.*

III. 28. Opposition très nette au *De vita solitaria* de Pétrarque.

214. III. 29. ...*inter chartas et mortuas pecudes (ut sic libros noncupem),* « des tombereaux de papiers et des peaux de bêtes mortes (car c'est ainsi qu'il faut appeler les livres) » : rappelons que le parchemin est une peau de mouton, de brebis ou d'agneau préparée avec de l'alun, le vélin une peau de veau plus fine et luxueuse que le parchemin, etc. L'énoncé volontiers humoristique, c'est-à-dire dépréciatif, souligne par contraste le caractère effectivement précieux et très coûteux de tels supports ; que l'« étude des lettres » exige beaucoup de sacrifices financiers n'a rien, à cette date, d'une vue de l'esprit — pas plus que le fait qu'il faille une attention, une contention considérables dans l'activité de lecteur et de scripteur de tels manuscrits. — La suite du § accentue l'opposition très tranchée et déjà maintes fois affirmée entre les lettrés et le reste du monde, et fait culminer, pour ainsi dire, un système de dichotomies très consciemment élaboré : extériorité (signes sociaux divers) / intériorité (poursuite d'une sagesse jamais vraiment décrite) ; extérieur (nature, voyages, déplacements) / intérieur (écoles, bibliothèques) ; mouvement (liberté, danse, etc.) / immobilité (prison, maladresse, position assise, etc.) ; vie / mort.

235. III. 32. *Sedere enim sempiterne,* « être toujours assis » : le souvenir de textes célèbres, où la position assise est l'un des signes de la servilité et de la bassesse du métier, ne peut que renforcer le caractère déjà négatif de la description (*cf.* Aulu-Gelle, *Nuits attiques* III, 1, 9-10 ; Xénophon, *La République des Lacédémoniens* I, 3 ; *Économique* IV, 2 ; Platon, *République* VI, 495 d-e ; Aristote, *Politique* VIII, 9, 3, 1328b, etc.).

244. III. 33. ...*plus affert quod angatur quam quod gaudeat,* « causent plus d'angoisse que de joie » : *cf.* Cicéron, *De finibus...* I, 62, à propos du sage selon Épicure : ...*(dolores) numquam uim tantam habent, ut non plus habeat sapiens, quod gaudeat, quam quod angatur,* « (les douleurs) n'ont jamais assez de force pour empêcher le sage d'y trouver plus de motifs de joie que de causes d'angoisse ».

III. 34. L'*Autobiographie* insiste tout particulièrement sur la dégradation de la santé d'Alberti à proportion de l'acharnement et de l'assiduité qu'il met à ses études ; *cf. op. cit.,* p. 12-13. Voir aussi *infra,* IV, 3, qui nous rappelle que pour Alberti aussi, d'après l'*Autobiographie* (*ibid.*) à l'affaiblissement physique s'ajoutaient les difficultés financières.

III. 35. *Itaque nimis, ut vides, pertricosa res est studiosus homo,* « tu vois 262.
donc qu'un homme d'étude, c'est une chose d'une rare complication » : *pertricosus* est un mot très rare, qui semble ne se rencontrer que dans Martial, *Épigrammes* III, 63, 13-14, qu'Alberti paraphrase : *Quid narras ? hoc est, hoc est homo, Cotile, bellus ? / Res pertricosa est, Cotile, bellus homo.*

III. 36. *...tum in ommi eius vita nulla penitus sit intercapedo laborum et* 266.
molestiarum, « ...le moindre moment, sur l'ensemble de sa vie, où l'on verrait s'interrompre ses travaux et ses peines » : le mot rare *intercapedo* semble presque exclusivement cicéronien (quoique Apulée, et après lui Augustin en fassent usage) ; *cf.* Cicéron, *De finibus...* I, 61 : *...in eorum vita nulla est intercapedo molestiae,* « leur existence n'est qu'une suite ininterrompue de tourments » ; mais Cicéron parlait des gens « à l'âme mesquine » (*minuti et angusti*) : ici, le souvenir cicéronien est vif, mais il est inversé... Pour un procédé équivalent, voir *infra,* IV. 67.

IV. 1. Pour le second des points évoqués par Alberti, même renversement systématique de la perspective et du point de vue par rapport à la tradition « positive », heureuse, de l'étude comme *praemium sui.* Et c'est sous ce signe que le § 4 renouera avec la manière habituelle de parler de la réflexion désintéressée.

IV. 6. *...litteratorum fortuna,* « la fortune des lettrés » : jeu sur les deux 42.
sens du mot latin, dont l'un est appelé par *ferenda* (le sort qui leur est fait, et plus généralement les circonstances extérieures de la vie), l'autre par *pensanda* (l'aisance dont ils disposent) ; on ne saurait mieux signifier, par l'usage d'un seul mot et le jeu sur son ambiguïté, la difficulté de conciliation des deux ordres. Comme un conflit, aussi bien, entre deux époques inégalement sensibles à la légitimité des réflexions métaphysiques et morales : l'une où l'accent porté sur la « condition de l'homme » souligne son devoir de droi-

ture abstraite et de dignité, l'autre où il accuse les éléments tangibles des états et des fonctions. Morale contre évaluation, *dignitas* contre *merces*. Les « lettrés » anciens congédiaient comme nulle et non avenue la considération des éléments dont la « fortune » était faite — il suffisait qu'elle fût cette sorte de puissance grondante et aveugle convoquée dans les textes pour rehausser la patience du sage ; Alberti, lui, entend éclairer ce qui se joue dans cette éviction, et prendre place, pour ainsi dire, au cœur de l'ambiguïté — avant d'en revenir, pour finir, aux formules les plus anciennes qu'il fait parler par délégation (VI, 9s.).

58. IV. 7. *Omnem... familiam,* « toute la famille » : pour l'importance de ce cadre chez Alberti, la *familia,* qui ne se réduit pas aux seuls liens du sang de ce que nous appelons aujourd'hui « cellule familiale », et qui est plus proche de l'acception antique du terme que de cette dernière, voir par ex. Nella Bianchi Bensimon, *op. cit.,* p. 50s.

60. IV. 8. *Venit in mentem quod apud Bononiam, dum in studiis litterarum illic versarer...,* « je me rappelle qu'à Bologne, où je me trouvais étudier les lettres... » : dans son édition du texte (p. 6, n. 2), Laura Goggi Carotti souligne avec raison qu'il s'agit là d'une réminiscence pétrarquienne (*Rerum memorandarum libri* IV, 122) : *...attingam quod Bononie adolescens in studiis versarer audiebam.* — P.-H. Michel, reprenant Mancini, écrit (*op. cit.,* p. 55-56) : « En 1421, Battista a déjà quitté Padoue pour Bologne, où, âgé de 17 ans à peine, il commence à satisfaire, en s'appliquant avec enthousiasme à l'étude du droit canon, un insatiable appétit de science et de gloire. C'est du *Studio* bolonais qu'en mai 1421 la maladie mortelle de son père le rappelle en Vénétie. (...) La force d'âme, la *virtù* que Léon-Baptiste, dès le plus jeune âge, s'était efforcé d'acquérir ne lui fut que trop tôt nécessaire : ses années d'études à l'université de Bologne sont des années de dures épreuves. Les Alberti, marchands et banquiers pour la plupart, ne voient pas sans déplaisir un homme de leur race, jeune, robuste et bien doué, gaspiller ses forces en de stériles études. Après avoir tâché vainement de l'associer à leur trafic, ils font pis que le répudier, ils le dépouillent. Léon-Baptiste nous raconte ces querelles de famille et nous décrit sa misère dans un de ses dialogues latins, *le Pupille.* » Voir aussi *Autobiographie, op. cit.,* p. 15 ; L. Goggi Carotti, *op. cit.,*

p. 68, n. 55. — §§ 8 à 17 : avant-goût, dans l'ordre de l'usage de la langue et de ses capacités narratives, des *Intercoenales* ou du *Momus* : une certaine virtuosité dans le recours mêlé aux énoncés direct et indirect orchestrés par les interventions du narrateur. Mais le fond lui-même, si l'on peut dire, avec les personnages qui y passent — père soucieux de richesses et d'établissement, fils amoureux des lettres — a quelque chose d'éminemment traditionnel ; on trouve, ancrée elle aussi dans le réel, une critique équivalente de la sollicitude maladroite d'un père réaliste pour son fils trop studieux à ses yeux dans une lettre de Salutati à Pietro Turchi datée du 16 décembre 1401 (*Epistolario di Coluccio Salutati,* a cura di Francesco Novati, Rome, t. III, 1896, part. p. 557) : *Cave ne... in morbum graviorem illum, si monita tua sequatur, impuleris, qui velis eum, relicto studio, insudare familie et lucrum prosequi (...) Estne letaliter saucius qui mavult discere quam lucrari ? (...) Honestum est velle peritum esse et in litterarum studiis exerceri. Nec scio quid preferendum, cum parentes ad utilitatem labilium rerum impellant et natura trahat ad ea quae nullis sint temporibus peritura. (...) Scientia divitiis preciosior et honestior est (...). Intendebat genitor utilitatem ex lucro ; filius autem summam utilitatem attigit, cum profecit ex studio. Nec est aliquis adeo litterarum hostis avidusque pecunie, qui non scientiam tam spe quam precio divitiis preferendam sentiat.*

IV. 23. *...si litteris abundare quam nummis, si virtute quam ere,* « ...être 170.
dotés de culture plus que d'argent, de vertu plus que de monnaie » : *cf.* Horace, *Épîtres* I, 1, 53-54 (*O cives, cives, querenda pecunia primum est ; / virtus post nummos !*). Dans le *De remediis* (II, 13), Pétrarque fait un centon de citations à ce sujet.

IV. 23. *...si animi quam domus suppellectile ornati esse volent,* « s'ils veu- 170.
lent... veiller à l'équipement de leur âme plus qu'à celui de leur intérieur » : *cf.* Pétrarque, *Les remèdes aux deux fortunes* (I, 7, 4), à propos de l'*ingenium* : *pretiosa animi suppellex* (voir aussi I, 43, 2 : l'ameublement — *suppellex* — que sont les livres est fait pour orner les âmes et non les chambres) ; variation sur un thème cicéronien (qui se rencontre aussi maintes fois dans les *Lettres* de Sénèque) : *Ornanda enim est dignitas domo, non ex domo tota quaerenda, nec domo dominus, sed domino domus honestanda est* (*De officiis* I, 139). — Les §§ 23 et 24, malgré une déclaration de principe (« la plus noble des

conduites »), révèlent une manière de relativisme, déjà signalée, comme si la différence des objets n'engageait qu'une différence entre les goûts, sans présager de la qualité intrinsèque des choix prononcés. Du moins n'y a-t-il pas de point de vue surplombant qui saurait *sub specie aeternitatis* la vérité sur les hiérarchies à établir. L'élément de jugement moral est bien présent, mais comme en arrière-fond, et laissé au souvenir du lecteur.

IV. 30-31. Alberti reste proche, dans ces paragraphes, de Cicéron ; *cf. De officiis* I, 151, à propos du grand commerce et de l'agriculture ; l'éloge de cette dernière (voir aussi le *De senectute* XV, 51-XVII, 60) s'y fait dans les mêmes termes.

269. IV. 35. ...*quadraginta (anni), hominum pene ultima etas,* « quarante ans, c'est presque le dernier âge de la vie » : prééminence du regard statistique sur les divisions traditionnelles (*cf.* Isidore, *Étymologies* XI, 2, 1-8), qui distinguent six âges de l'homme (*infantia, pueritia, adolescentia, iuventus, gravitas, senectus*) ; chez Isidore, la quarantaine correspond au quatrième des six, la *iuventus* s'achevant à 50 ans.

306. IV. 40. *Totam rem litterariam,* « l'ensemble du domaine littéraire » : je ne sais quelles sont les premières occurrences de ces deux mots, *res litteraria*; qu'il suffise de noter que la réticence exprimée par le *ut sic loquar* d'Alberti semble indiquer que cet assemblage ne va pas de soi, et qu'il est probablement assez récent. Y a-t-il restriction de ce que vise l'expression par rapport à l'étendue des disciplines que renferment les *litterae* ou les *litterarum studia*? Sans doute — et le texte d'Alberti, à mesure qu'il progresse, tend à assimiler les lettres à leur part *humanior.* L'expression de *res litteria* paraît donc assez proche de ce que nous entendons aujourd'hui par ces mots. Mais mieux vaut, à ce stade, s'empêcher de céder à la tentation de la glose. *Cf.* aussi l'autre occurrence de *litteraria* dans l'ouvrage d'Alberti en IV. 77.

IV. 43. Pour ce paragraphe, et notamment pour le rappel de la mémoire d'Hortensius, *cf.* Cicéron, *Brutus* 301 ; *Tusc.* I, 24, 59 ; Pétrarque, *Rerum memorandarum libri* II, 4.

IV. 46. *Illud Catonis,* « le mot de Caton » : *cf.* Plutarque, *Vie de Caton* 361.
l'Ancien XXIII, 2, où Caton raille l'enseignement d'Isocrate. Citons la traduction d'Amyot (§ XLVIII) : « Et se moquant de l'école d'Isocrate, qui enseignait l'art d'éloquence, il disait : "Que ses disciples envieillissaient chez lui, pour aller puis après exercer leur éloquence et plaider des causes en l'autre monde, devant Minos, quand ils seraient morts" ». — Leonardo Bruni, entre autres traductions du grec vraisemblablement achevées vers 1415 (parmi elles, le *Phédon* et le *Gorgias*), avait traduit en latin des *Vies* de Plutarque (certaines l'avaient été avant lui), dont celle de Caton l'Ancien (voir Paolo Viti, « Introduzione » aux *Opere letterarie e politiche di Leonardo Bruni,* Turin, U.T.E.T., 1996, part. p. 24-25 et 45 ; je n'ai malheureusement pas pu lire la traduction de Leonardo Bruni, qu'il serait intéressant de comparer à la citation de la *Vie de Caton* faite par Alberti). Le choix de ce mot (malgré le gauchissement qu'il subit), donc de cette « vie », est évidemment significatif : la rigueur morale de Caton, son goût farouche pour la liberté, le discrédit jeté sur les honneurs ou les richesses recherchés pour eux-mêmes, l'importance accordée à la vie civile, etc., sont suffisamment présents dans le texte de Plutarque pour que le lecteur en garde le souvenir le plus vif.

IV. 48s. Retour de l'argument de principe, mais après que les autres voies, issues du réel le plus concret, ont été explorées : il y a incompatibilité de fond entre argent et vertu, entre étude et succès. Populisme et vénalité d'un côté, noblesse et pauvreté de l'autre. Il n'est pas facile de congédier les schémas les mieux établis par la tradition morale.

IV. 49. *...illico hunc... amicitiarum cultorem esse predicant,* « aussitôt ils 381.
louent son respect des amitiés » : contre-pied exact des recommandations de Cicéron dans le *De amicitia* (par ex. V, 18, et surtout X, 35 et XII 40-XIII, 44, pour le conflit que la recherche de l'intérêt personnel croit possible entre le devoir et l'amitié).

IV. 51. Au terme du calcul, cette réduction à trois personnes s'accorde évidemment très bien au rythme choisi par Alberti dans son exposé : plaisir, richesse, honneur / notaire, avocat, médecin. — Le « un sur mille » à quoi finit par aboutir cette *reductio* n'est pas sans en rappeler un autre, celui auquel Dante parvient de son côté dans le *Banquet* I, 9.

477. IV. 60. ...*obsignatarum tabellarum,* « ses signatures sur un registre » : *cf.* Cicéron, *Tusc.* V, 11, 33 : *Tu quidem tabellis obsignatis agis mecum,* « toi, tu t'appuies sur des pièces signées de ma main ».

IV. 65. La paille et le grain : L. Goggi Carotti (*op. cit.,* p. 89, n. 73) rappelle que l'usage de ce couple antinomique a une tradition classique : Ps. Varron, *Sent.* 20 (*amici divitum paleae sunt circa grana*) ; Cicéron, *Verr.* II, 3, 114 (*multis autem non modo granum nullum, sed ne paleae quidem ex omni fructu... relinquerentur*) ; tradition proverbiale toujours en usage à l'époque humaniste : le Pogge, *Ep.* 2, 16 (*Dat Galenus opes, dat Sanctio Iustiniana : ex aliis peleas, ex istis collige grana*). À quoi l'on peut ajouter, antérieurement, Pétrarque (*Contra medicum quemdam* III) — et le souvenir vivace de la parabole évangélique.

528. IV. 66. ...*illis quos Cesar solitus erat dicere hamo aureo piscari,* « ces hommes dont Auguste disait qu'ils pêchaient avec un hameçon d'or » : *cf.* Suétone, *Vie d'Auguste* 25 ; Ps. Aurelius Victor, *Epitome de Caesaribus* I, 12 ; l'anecdote a pris très tôt une valeur proverbiale.

537. IV. 67. *Obtorto collo,* « avec un torticolis sévère » : déplacement, sans doute, de l'expression originale (« saisir au collet », conduire au tribunal) : les rôles, en somme, sont ironiquement inversés ; *cf.* Cicéron, *Pro Cluentio* 59 : ...*collo obtorto ad subsellia reducere* ; Sénèque, dans une tout autre veine, *Apocolocyntosis* XI, 6 : *Nec mora, Cyllenius illum collo obtorto trahit ad Inferos.* Pour le changement de registre, voir la note suivante.

537. IV. 67. *Rubentibus atque gementibus oculis,* « les yeux rouges et bouffis » : *cf.* Catulle 3, 17-18 : *Tua nunc opera meae puellae / flendo turgidoli rubent ocelli,* « voilà maintenant qu'à cause de toi les beaux yeux de mon amie sont gonflés et tout rouges de larmes ». L. Goggi Carotti (*op. cit.,* p. 90-91, n. 76) souligne à juste titre, chez Alberti, « l'emploi ironique du procédé de l'allusion, typique de la culture de l'humanisme de la Renaissance. Les références

aux sources classiques sont en effet immédiatement identifiables, tout comme leur insertion dans un contexte de niveau très différent. L'effet comique naît du rapprochement qui s'impose inévitablement au lecteur entre la situation de l'amoureuse, par exemple, et celle du pauvre avocat trompé, exploité et en colère. »

IV. 69. *Cf.* Cicéron, *Brutus* 242.

IV. 70s. Ces §§ sur le mariage des intellectuels procèdent de querelles anciennes, toujours vives à l'époque d'Alberti — elles le seront durablement : songeons à Rabelais —, comme d'une misogynie inhérente, dirait-on, à la tradition des moralistes d'un côté (surtout après Tertullien et Jérôme) et des satiristes de l'autre ; Pétrarque, dans *La vie solitaire, Le repos religieux, Les remèdes aux deux fortunes,* avait établi, pour ainsi dire, les schémas généraux sur lesquels le texte d'Alberti est bâti ; mais d'autres points de vue s'étaient fait jour, ou se déclaraient du temps même d'Alberti, qui défendaient le mariage, sur des plans très divers et souvent plus généraux : *cf.* par ex. Coluccio Salutati, *Lettre à Bartolomeo della Mella,* dans *Epistolario,* ed. Novati, Rome, Forzani, t. II, p. 365-374 ; Francesco Barbaro, *De re uxoria* (1416) ; Giannantonio Campano, *De dignitate matrimonii* ; Pier Candido Decembrio, *De vitae ignorantia.* Il faut faire une place spéciale à Leonardo Bruni (*Vita di Dante,* in *Opere letterarie e politiche,* ed. Paolo Viti, Turin, U.T.E.T., 1996, part. p. 541-542) : Alberti s'oppose de part en part à ce dernier (à moins que ce ne soit l'inverse, les deux œuvres doivent être à peu près contemporaines), comme au grand aîné qu'est Pétrarque ; Bruni écrit en effet : *...era mirabile cosa che, studiando continovamente, (Dante) a niuna persona sarebbe paruto ch' egli studiasse par l'usanza lieta et conversatione giovanile. Nella qual cosa mi giova di riprendere l'errore di molti ignoranti, e quali credono niuno essere studiante se non quelli che si nascondo in solitudine et in otio ; et io non vidi mai niuno di questi camuffati et rimossi dalla conversatione delli huomini che sapere tre lettere. Lo ingegno grande et alto non ha bisogno di tali tormenti ; anzi è verissima conclusione et certissima che quelli che non appara tosto non appara mai : sì che stranarsi et levarsi della conversatione è al tutto di quelli i quali niente sono atti col basso ingegno al imprendere. Né solamente conversò civilmente con gli uomini Dante, ma ancora tolse moglie in sua giovanezza (...).*

560. IV. 71. *Libertatem in primis vir doctus cupit…*, « un homme cultivé désire avant tout la liberté… » : Farris voit dans ce passage une allusion à Properce, *Élégies* II, 23, 24 (*Nullus liber erit, si quis amare uolet,* « vouloir aimer, c'est renoncer à être libre »). C'est possible ; mais la misogynie lettrée tient plus d'un vaste courant que d'une simple source — surtout si celle-ci est élégiaque… Retour à l'évidence littérale des arts *libéraux.* — Les §§ suivants reprendront à leur tour l'idée d'une autarcie du lettré — non pas à l'égard du corps social dans son ensemble, mais mesurée dans le rayon de plus grande proximité du sujet —, c'est-à-dire celle d'un refus de l'aliénation tel qu'on le trouve exprimé chez Pétrarque commentant Sénèque dans *La vie solitaire* (part. I, 3, 1-4) — de même que l'on y trouve, comme dans les *Remèdes,* tout l'arsenal anti-féminin qu'Alberti déploiera aux §§ 73-74 (voir par ex. *De remediis* I, 65, chapitre intitulé « Un beau mariage »).

588. IV. 74. *Femina divite, ut aiunt, esse nihil intolerabilius,* « comme on l'a dit, rien n'est plus insupportable qu'une femme riche » : *cf.* Juvénal, *Satires* VI, 460 : *Intolerabilius nihil est quam femina dives.*

605. IV. 76. *…tua omni Minerva et Pallade,* « toutes tes Pallas et tes Minerves » : antonomases traditionnelles de la sagesse et de l'étude ; *cf.* Cicéron, *De officiis* I, 110 : *invita Minerva*; *De amicitia* V, 19 : *pingui… Minerva,* « le gros bon sens ». Ici, somme toute, la sagesse en vieille fille.

612. IV. 77. *Fucatum,* « pomponné » : le fard est évidemment associé à la dissimulation (Cicéron, *L'amitié*; Pétrarque, *La vie solitaire,* Préface) et au caractère efféminé, pour lesquels la tradition littéraire, depuis la comédie latine, et plus tard Horace et Juvénal, n'a guère montré de tendresse. *Cf.* aussi *Brutus* 36. — Pour l'emploi de *litteraria,* voir *supra,* note en IV. 40 ; une attitude de l'existence et de la pensée (*auctoritas, dignitas*) s'accompagne d'une signalétique. L'important est de noter (quelles que soient l'ironie et la distance) qu'une « visibilité » proprement « littéraire » est identifiable, qu'elle offre tous les signes extérieurs de reconnaissance, sans pour autant se déduire d'une distinction sociale (clers/laïcs par exemple, dans les siècles antérieurs) ; ce qui sera précisé plus tard, en V. 18 : une *auctoritas,* une *dignitas* propres du lettré, peut-être, mais à condition que cette autorité et cette

dignité fassent sécession de l'espace public, se sachent *déplacées* par rapport à lui — ce qui est assurément à grande distance du schéma cicéronien. Un peu plus loin (V. 30), Alberti nous dira que la *dignitas* du lettré n'a pas de traduction (et ne doit pas en avoir) dans la *dignitas publica.*

IV. 84. ...*animi morbos,* « les maladies de l'âme » : pour ce vocabulaire 652.
stoïcien — dont la fréquence ne cesse généralement de croître dans la fin de l'ouvrage —, voir C. Carraud, dans Pétrarque, *Les remèdes aux deux fortunes,* vol. II, Grenoble, Jérôme Millon, 2002, part. p. 150.

IV. 85. ...*mercedibus illiberalissimis servire,* « se faire l'esclave de marchan- 664.
dises incompatibles avec la liberté » : il est difficile d'articuler ce plan avec l'essentiel de ce qui vient d'être dit jusqu'ici par Alberti et les différentes voix qu'il emprunte (d'où sans doute, pour finir, en VI. 9-16, la prosopopée des livres, une voix qui en réalité n'a pas de lieu et peut en conséquence tenir un langage de principe) ; autrement dit, de faire se correspondre les *realia* et le souverain isolement que postule le choix moral. Les « marchandises » se déclinent au pluriel, tout contenu moral au singulier. Point de vue « social » et point de vue « moral » sont difficiles à concilier, et les mêmes objets occupent dans chacun des deux cas des positions exactement inverses. Il n'est pas sûr qu'Alberti, dans son œuvre, ait trouvé la formule de leur conciliation.

V. 1. Argumentation assez proche de celle du *Pro Archia,* ainsi que des habitudes d'éminence de l'éloquence lettrée dans la cité, telles que Cicéron les évoque par exemple dans le *Brutus* 182s. Mais les constats qu'Alberti sera amené à établir s'opposent point par point à la nécessité affirmée par Cicéron (*Brutus* 184-188) d'avoir à la fois l'agrément du peuple (*multitudo*) et celui des connaisseurs (*docti*). C'est qu'il n'y a pas d'éloquence dans le système lettré d'Alberti (*cf.* par exemple les réticences de II, 14), pas plus que dans l'espace public qui lui est contemporain (*cf.* V, 29). Le lettré, ici, ne parle pas ; il est, au mieux, homme de connaissance, et non pas l'un des repères de la communauté politique, répondant en cela au second cas de figure évoqué par Cicéron (*ibid.,* 191), celui du poète dont l'art ne peut s'adresser qu'à un auditoire restreint. Vérification sociologique, si l'on peut dire, et passage au régime moderne de la parole. La position d'Alberti évoluera considérablement sur ce point. — Le plan adopté par Alberti (plaisirs, richesse, honneurs) permet par ailleurs d'assurer comme une gradation dans la visibilité, et de faire ainsi de la question de la place du lettré dans la société le point central de l'ouvrage ; le mérite du lettré, par une manière d'élargissement, de rayonnement de sa vertu propre, devrait lui assurer l'aisance et la reconnaissance, « tout honneur », comme dit Cicéron (*Brutus* 281), « étant un prix décerné à la vertu par l'estime et l'attachement des citoyens », *cum honos sit praemium virtutis iudicio studioque ciuium delatum ad aliquem,* définition célèbre que reprend ce §. Se mesure ainsi dans toute son étendue la dénivellation considérable (*cf.* le passage du paragraphe 5 au suivant) entre la définition abstraite de l'« objet » du lettré et l'exemple choisi par Alberti pour décrire les motifs de la préséance sociale ; manière audacieuse, et infiniment visible, d'énoncer les difficultés d'ajointement des deux ordres.

V. 3s. Développements stoïciens, mais fondés sur le lexique cicéronien, et en partageant l'allure (une « envolée » peu conforme à la profession de simplicité multipliée jusqu'alors : voir les passages référencés en note de II. 14). Ces propos, comme le souligne Laura Goggi Carotti (*op. cit.,* p. 98, n. 88), se rencontrent un peu partout chez Cicéron et chez Sénèque, même s'ils peuvent, ici, avoir « in prospettiva come punto di arrivo la concezione, propria di certo umanesimo più tardo [chez Pic de la Mirandole, notamment], dell'uomo anello di congiunzione fra Dio e la natura ». Au livre IV du *Banquet,* Dante, à propos de la noblesse, mettait en évidence l'usage accompli de la raison et des facultés intellectuelles faisant de l'homme ce qu'il est, et l'engageant donc, par le travail et l'exercice, à accroître en lui cette humanité qui le distingue des autres créatures et dont l'éminence le distinguera aussi des autres hommes ; leçon constante, du reste, qu'on trouverait à l'identique chez un Pétrarque, et chez tant de médiévaux. — L'éditrice du texte latin recense des ressemblances textuelles précises avec des passages de Cicéron : *De officiis* I, 97 : *Nobis autem personam imposuit ipsa natura magna cum excellentia praestantiaque animantium reliquorum* (ici, V. 3 : *Ceterum... excellat*), ou *De natura deorum* II, 153 : *Satis docuisse videor hominis natura quanto omnes anteiret animantes* ; *De finibus...* V, 34 : *...in qua (mente) sit* *mirabilis quaedam vis rationis et cognitionis et scientiae, virtutumque omnium* (ici, V. 3 : *cognitionis et rationis vi quadam fruitur*) ; *De natura deorum* II, 14, 38 : *in perfecto aliquo atque absoluto* (ici, V. 4 : *absolutam, perfectam...*), etc. Ajoutons une expression comme *institutis maiorum* (ici en V. 6), que l'on trouve fréquemment chez Cicéron (*De oratore* I, 10, 40 ; *De natura deorum* I, 12, 30 ; *De re publica* III, 4, etc.), laquelle, opposée comme elle l'est ici à la *temeritas* et à l'*insolentia,* rappelle une note d'Isidore (*Étymologies* X, 129) : *Iactans vel arrogans est, quia maiorum institutis non adquiescit (...).* — Il est difficile, par ailleurs, de déterminer le degré d'adéquation des propos « archaïsants » d'Alberti à la situation qu'il a sous les yeux : les expressions, les syntagmes plutôt, qu'il emploie (ainsi dans le § 6), issus de la tradition cicéronienne et d'une tout autre disposition politique, sont invités à se confronter par-dessus les siècles à des données différentes, et à des préoccupations, des obsessions même, propres à l'auteur : un décalage, une ironie, dans pourtant le sérieux du constat.

V. 8-9. Pour ces paragraphes, voir l'éloge de l'orateur supérieur au soldat dans Cicéron, *Brutus* 255-257, et l'exposé de leur utilité comparée.

V. 9. L'utilité du lettré, dans les termes où elle est ici décrite (et qui renouent avec les motifs initiaux du *De commodis*), accomplit la tâche de tout homme, comme on la voit énoncée, à partir de Platon (*Lettre IX,* 358a), chez Cicéron, *De officiis* I, 22 (*...homines autem hominum causa esse generatos ut ipsi inter se aliis alii prodesse possent, in hoc naturam debemus ducem sequi, communes utilitates in medium afferre mutatione officiorum, dando accipiendo, tum artibus, tum opera, tum facultatibus deuincire hominum inter homines societatem*), passage qui, comme on le voit, offre quelques ressemblances avec les §§ précédents (*...atque, ut placet stoicis, quae in terris gignantur, ad usum hominum omnia creari*; voir aussi *De finibus...* III, 68, dont cependant Alberti ne tire pas les mêmes conclusions : chez lui, comme le *De commodis* le montre assez — d'autres œuvres, plus tard, n'exprimeront pas le même point de vue —, ce ne sont pas les sages qui dirigent l'État, ni ne prennent d'épouse et en veulent des enfants...) ; Cicéron, dans le *De finibus...* III, 65-66, avait insisté, non seulement sur le caractère naturel de l'association humaine, mais sur la propension, elle aussi naturelle, à transmettre ce que l'on sait : *Impellimur autem natura, ut prodesse uelimus quam plurimis in primisque docendo rationibusque prudentiae tradendis. Itaque non facile est inuenire qui quod sciat ipse non tradat alteri ; ita non solum ad discendum propensi sumus, uerum etiam ad docendum,* « la nature nous pousse à vouloir être utiles au plus grand nombre possible, surtout en instruisant les autres et en leur transmettant les règles de la prudence. Aussi est-il rare de trouver un homme qui, sachant quelque chose, ne transmette pas à un autre ce qu'il sait : tant il y a chez nous de propension non seulement à apprendre, mais encore à enseigner ». Cicéron, du reste, nous fournit au paragraphe suivant du *De finibus* une théorie du « placement » qui court implicitement, allusivement dans les pages d'Alberti, tout en la référant à l'image éloquente du « théâtre », donc du spectacle social où se prend le « monde commun » : *...quem ad modum, theatrum cum commune sit, recte tamen dici potest eius esse eum locum, quem quisque occuparit, sic in urbe mundoue communi non aduersatur ius, quo minus suum quidque cuiusque sit,* « de même que dans un théâtre, son caractère commun n'empêche pas de dire que chaque place appartient à qui l'a occupée, de même, dans la cité ou le monde communs, le droit ne s'oppose pas à ce que chacun ait en propre quelque chose à lui ». Il s'agit bien, chez Alberti, non pas d'une théorie de la propriété, mais d'une logique de la *societas hominum* et de ses conditions, qui assure que les « visibilités », les places, les « avantages », correspondent strictement à la réalité effective des compétences et de l'utilité.

73. V. 11. *Nostra materna... lingua,* « notre langue maternelle » : Alberti reprendra la question, faisant droit, en un sens, à ceux qu'il met ici en scène ; question très importante à ses yeux (elle s'inscrit, aussi bien, dans le sillage de Dante, du *De vulgari eloquentia* et du *Banquet*), à laquelle il entendra répondre par des moyens divers, de la rédaction d'une grammaire toscane à celle d'ouvrages volontairement, polémiquement écrits dans cette langue. Le partage, dans son œuvre, entre latin et langue vernaculaire n'est pas facile à interpréter, même s'il ne semble pas s'établir au niveau beaucoup plus problématique — dans l'ordre tout ensemble psychologique et conceptuel — que laisse percevoir l'œuvre de Pétrarque ; affaire, peut-être, de contenu, ou plutôt de nature des objets sur lesquels portent les livres : la langue latine paraît réservée au lieu d'accueil le plus vaste d'une tradition historique (imi-

tations, pastiches, rivalités, architecture), la toscane à la conscience d'une relative nouveauté — un même noyau de l'œuvre dans les deux cas, mais diversement orienté, selon qu'il suppose des précédents ou appelle des prolongements, les uns et les autres mesurés à leur tour à leur coefficient d'immédiateté ou d'effet sur le public. — Langage étrangement « moderne » que celui des riches ; il pourrait fort bien s'inscrire dans le débat sur la démocratie entre Benjamin Constant et Tocqueville...

V. 12. *Cedat auro laurus,* « entre l'or et laurier, il n'y a pas à hésiter » : la 80.
traduction peine assurément à rendre la paronomase ; Cicéron (*Phil.,* II, 20 : *cedant arma togae*; *De officiis* I, 77 : *cedant arma togae, concedat laurea laudi*) mêlé à la leçon de Pétrarque et à ses jeux inventifs sur les mots *laurus, Laura, aura, aurum,* etc., comme aux enseignements de *La vie solitaire.* — Mais ici, ce sont les riches qui se plaisent à ces jeux sur les mots : nouvelle affectation, à nouveau, et surprenante, des « privilèges » lettrés — en sorte qu'une part, la plus virtuose ou la plus futile, des manifestations littéraires se trouve par le fait même discréditée. Nous retrouverons un peu plus loin (voir note suivante) ce renversement de perspective.

V. 13. *Bene erit orba civitas illa que tales tutores complectatur,* « elle sera 87.
dans de beaux draps, la ville qui fera bon accueil à de tels défenseurs » : paraphrase de Cicéron, *Ad Fam.* III, 11, 3 : *(res publica), quae quidem etiam in summa bonorum et fortium ciuium copia tueri tales uiros deberet, nunc uero eo magis, quod tanta penuria est in omni uel honoris uel aetatis gradu ut tam orba ciuitas talis tutores complecti debeat,* « certes, même s'il avait surabondance de citoyens honnêtes et courageux, (la république) devrait veiller sur des hommes tels que toi — mais d'autant plus aujourd'hui, dans une telle pénurie, de bas en haut, en toutes les fonctions, à tous les âges, la patrie, si dépourvue d'enfants, doit-elle entourer de ses soins de tels défenseurs ». La traduction adoptée donne une valeur plus générale à *orba,* sans que se perde, croyons-nous, l'idée qu'il faut à la cité être bien dépourvue de « personnel », bien « orpheline », pour confier sa défense à des lettrés, lesquels se trouvent donc implicitement relégués au dernier rang. Usage paradoxal et inversé du texte cicéronien, selon un procédé somme toute assez fréquent dans le texte d'Alberti : car dans la lettre de Cicéron, il s'agit très exactement de l'opposé,

c'est-à-dire d'entourer de soins ceux qui sont d'emblée décrits comme les rares « citoyens honnêtes et courageux » ; le lecteur contemporain d'Alberti doit sans doute se rappeler que, dans la lettre de Cicéron, « c'est la république elle-même qui s'est chargée de (leur) défense » *(ibid.),* et que « tout le peuple, le Sénat, les juges, ont rendu hommage au talent, à l'activité, à la vertu », *sc.* d'un homme comme Appius Claudius, auquel Cicéron entend s'associer (cet hommage, dit-il, « je le prends pour moi » ; *ibid.,* 2) ; passage implicitement présent aux §§ 9 et 10 du texte d'Alberti. — Pour l'affectation de ces références antiques à des locuteurs inattendus qui ne peuvent que les utiliser *a contrario,* voir la note en V. 15.

91. V. 14. *Divina sectatur, quid ad me ? Compleat ille quidem vetulas clamoribus…,* « il est versé dans les affaires divines, et alors ? Qu'il s'agite devant de vieilles bigotes… » : seule allusion, dans le texte d'Alberti, aux « ecclésiastiques » comme « lettrés » ; il semble que les plans, les « ordres » doivent nécessairement se confondre lorsque l'instance qui les convoque voit dans la richesse et « l'isagorie » les seuls critères de droit ; la « cité » marchande paraît n'admettre aucune éminence ni aucune distinction qui échapperait au seul plan qu'elle reconnaisse. La *vetula,* du reste, personnage symbolique de la *simplicitas* chrétienne, et seul public, en cette saynète, de tous les lettrés du monde, perd ici la valeur incomparable qu'elle avait dans de nombreux textes soucieux de rabattre grâce à son exemple la superbe des grandeurs d'établissement (pouvoir, richesse ou savoir), au motif que les « heureux du monde » ne sauraient entrevoir comme elle le fécond mystère de Dieu ; *cf.* Augustin, *La cité de Dieu* X, 11, 1 ; Bonaventure, *Hexaemeron* XVIII, 26 ; Durand de Saint-Pourçain, *Sentences* (éd. de Lyon, 1558, f. 101) ; Pétrarque, *Mon ignorance et celle de tant d'autres,* II, 24 et IV, 6, etc.

97. V. 15. *Nugis…, disputatiunculis…, cavillatiunculis* : vocabulaire habituel des critiques de la philosophie (accru, si l'on ose dire, de diminutifs péjoratifs), tel qu'on le lit chez Sénèque citant Cicéron, *Ad Luc.* 111, 2 (*cavillationes, …quaestiunculas vafras* ; voir aussi 117, 25 : *disputatiunculis inanibus… iam cavillaris*), chez Jean de Salisbury et Gauthier Map (*de nugis curialium*), et tout particulièrement chez Pétrarque (*De rem.* I, préf. 5 ; *De vita sol.* II, 4, 9 ; *De otio* I, 18, 9 ; *De sui ipsius ignorantia* IV, 43, etc.). Mais, par rapport à cette

tradition, le locuteur a changé : cessant d'être celui qui congédie les subtilités dialectiques au profit d'une sagesse véritable, il a été remplacé par « les riches » animés de tout autres motifs ; autant dire que c'est la sagesse elle-même qui est désormais victime des sarcasmes, mais dans les termes anciens qui servaient à fonder sa critique de la futilité : victime, donc, de ses propres termes. Les mots demeurent, mais autrement affectés ; et c'est le monde, le réel, qui s'est déplacé.

V. 18. *Marmoreum bovem,* « bœuf de marbre » : je ne sais d'où vient l'ex- 120.
pression. Est-elle éclairée par un passage du *Momus* ? « Parmi tous les autres artisans célestes on admirait tout particulièrement Pallas qui avait imaginé le bœuf (...). Alors que tous les autres dieux les portaient aux nues, seul Momus les critiquait. Sans doute, disait-il, le bœuf est utile et assez bien conçu pour ce qui est du courage et du travail, mais ses yeux placés sur le front ne sont pas au bon endroit (...) » (*Momus ou le prince,* trad. Claude Laurens, Paris, Les Belles Lettres, 1993, p. 50).

V. 19. *Si simplicitatem ostentabis...,* « feras-tu preuve de simplicité... » : 130.
tels sont les reproches qu'adressent à Pétrarque les quatre détracteurs vénitiens auxquels il répond dans le *De sui ipsius ignorantia.* Voir aussi *infra,* note en VI. 8.

V. 20. *Cum ceteris in civitatibus... tum maxime in nostris Hetrurie urbibus,* 134.
« dans toutes les cités... et surtout dans nos villes d'Étrurie » : *cf.* Cicéron, *Brutus* 9 : *...cum in ceteris ciuitatibus tum maxime in nostra.* — L'Étrurie : la Toscane, dirions-nous aujourd'hui, et donc Florence, dont il sera question, de toute évidence, au § 21.

V. 33. *Istac... hominum fece,* « cette lie de l'humanité » : dans le *Brutus* 235.
(242-244), Cicéron évoque avec réprobation l'arrivisme et la démagogie de Quintus Arrius, qui, « sans instruction ni talent naturel, s'était fait une certaine place parmi les avocats » ; Atticus renchérit : *Tu quidem de faece, inquit, hauris,* « c'est dans la lie que tu vas chercher... » Voir aussi, comme pour les §§ 36 et 37, la *Lettre* de Pétrarque *à Pierre de Rainzeville* (*Fam.* XIII, 7).

242. V. 34. *Strumae,* « scrofuleux » : mot plus précis et clinique que les autres de cette liste (Pline, Celse) ; on le rencontre dans un passage de Cicéron (*In Vatinium* XVI, 39) qui fait se succéder lui aussi, à peu de mots d'intervalle, *strumae* et *respuunt.* Voir aussi Catulle, 52, 2.

244. V. 34. *Quos autem civilia negotia respuunt, eos putant esse ad otium litterarum accomodatos,* « les affaires de la cité ne veulent pas de vous ? Vous êtes bon pour le loisir lettré » : l'expression célèbre de Cicéron (*Tusc.* V, 36, 105), *otium litteratum,* n'intervient qu'incidemment, dans un texte qui aurait pu la prendre pour objet, et négativement, comme le témoignage le plus net d'un déclassement de ce qui a fait durant longtemps l'une des plus hautes valeurs sociales (*cf.* lorsqu'il s'agit de décrire l'*otium cum dignitate,* et donc l'état général de la société qu'il suppose, Cicéron, *Pro Sest.* 98-99) ; les signes se sont inversés, et l'*otium* n'est plus ni cette récompense à laquelle accéder après une belle carrière civile, ni cette « intermission » toujours possible dans les grands destins politiques, ni cet idéal de vie tel qu'il s'élabore chez Pétrarque, du premier chapitre des *Rerum memorandarum libri* au *De otio religioso.* Le point de vue extérieur adopté par Alberti signale, aussi bien, la part d'idéalité illusoire, inadaptée, qui vient effriter les « valeurs » d'importation antique. Voir *supra,* note en II. 9-11. Rappelons-nous au demeurant quelle était la phrase précise de Cicéron : *Quid est enim dulcius otio litterato, iis dico litteris quibus infinitatem rerum atque naturae et in hoc ipso mundo caelum, terras, maria cognoscimus,* « quoi de plus délicieux que le loisir lettré, j'entends consacré aux lettres qui nous donnent de connaître l'infinité des choses et de la nature, et, dans le monde même où nous sommes, le ciel, la terre et les mers ? » Réduction humoristique, assurément, de tels horizons... En sorte que même la défense expresse d'une telle étude et d'une telle recherche, une fois acquis que l'*otium* antique doit se faire *negotium,* effort, travail, pour avoir droit de cité, ne pourra être prononcée que sous le signe d'une « conscience malheureuse ».

251. V. 35. *Veluti pictam rem*: comparaison qui vient titiller, bien sûr, l'esprit des lecteurs du *De pictura.* Elle existait dans la littérature antique, mais sur un mode plus vague ; *cf.* Cicéron, *Brutus* 261, à propos de l'éloquence de César : quand celui-ci ajoute à l'élégance de sa latinité l'éclat des beautés ora-

toires, *tum videtur tanquam tabulas bene pictas collocare in bono lumine,* « alors on dirait qu'il place des tableaux bien peints dans une bonne lumière » (*cf.* aussi *Brutus* 298, 320, etc.).

V. 36. *Quasi hasta posita publice veneunt,* « ...sont vendus à l'encan » : le 261.
quasi indique l'archaïsme de l'expression, qui ne doit guère correspondre à des réalités contemporaines ; *hastam (in foro) ponere,* c'est planter la pique pour annoncer une vente issue de confiscations (*cf.* Cicéron, *De officiis* II, 27 et 83) : « l'usage de cette pique est hérité du temps où les romains plantaient la lance auprès du butin de guerre pour signifier l'origine ou le titre de droit de cette propriété » (Maurice Testard, in Cicéron, *Les devoirs,* t. II, Paris, Les Belles Lettres, 1970, p. 145, n. 3). — Archaïsme tout rhétorique, volontaire et consciente élévation du style, qu'on retrouve quelques lignes plus bas (*execrandum facinus !* ; *cf.* Sénèque le Rhéteur, *Controversiae* VIII, 4 ; Sénèque, *Ad Polybium* III, 5). — La vénalité des sciences et des arts, soulignée par l'opposition *liberales/serviles,* peut avoir mille prolongements dans notre temps, bien sûr : mais l'opposition même procède de critiques anciennes et traditionnelles, déjà présentes dans la satire romaine, et particulièrement réactivées chez un Pétrarque (*cf.* par ex. *La vie solitaire,* préf. 9 ; et III, 1, 19, où se rencontre la même opposition, à propos des parents qui envoient leurs enfants non pas *ad liberale gymnasium,* mais *ad servile mercimonium*).

V. 36s. Il existe une longue tradition de la déploration sur le sort des lettres, la vénalité et la prostitution à laquelle elles sont soumises ; songeons, à l'autre bout de la chaîne, au *Banquet* de Dante (part. I, 9, passage dont le souvenir se marque ici avec vivacité, comme, aussi bien, en IV, 51 ; voir la note correspondante) ou aux *Invectives* de Pétrarque.

V. 37. *...et, ut ait poeta, hiulca gens,* « ...comme dit le poète, d'un trou- 272.
peau de gloutons » : *cf.* Plaute, *Trinummus* 285-286 (*rapax, avarus, invidus / sacrum prophanum, publicum privatum habent, hiulca gens*) ; citation vraisemblablement indirecte, souligne avec raison L. Goggi Carotti, étant donné que les dernières comédies de Plaute n'étaient connues que depuis très peu de temps.

283. V. 38. *Divinarum humanarumque rerum cognitio,* « connaissance des choses divines et humaines » : c'est ainsi que Cicéron définissait la philosophie (*studium sapientiae*) dans le *De officiis* II, 5 (voir aussi *ibid.,* I, 153) : *...rerum diuinarum et humanarum causarumque quibus eae res continentur scientia.* Définition que l'on retrouve aussi bien chez Lactance (*Inst. div.* III, 13, 10), Jérôme (*Comm. in Is.* II, 21), Augustin (*Contr. Acad.* I, 6), etc.

287. V. 38. *Alumna litterarum, philosophia,* « nourrice des lettres, ô philosophie » : *alumna* s'emploie généralement au sens passif, « nourrisson », « fille », et rarement au sens actif (« mère », « nourrice ») ; reste que, dans la tradition, c'est plutôt la philosophie qui est la mère des lettres que l'inverse. Des usages actifs du terme ne manquent cependant pas : *cf.* par ex. Martianus Capella, *Les noces de Mercure et de philologie* I (éd. Dick-Préaux, Teubner, 1978, p. 37), à propos de Cérès : *admodum grauis femina alumnaque terrarum ac nutrix mortalium*; au livre VI, l'auteur évoque (p. 287) *matrem philosophiam* (*cf.* Cicéron, *Brutus* 322 : *...philosophiam..., matrem omnium bene factorum beneque dictorum*). C'est à cet usage que se conforme Alberti, comme il le fera dans le *Momus* par ex. (livre I : « Proflua, dont on dit qu'elle fut la nourrice — *alumna* — des nymphes » ; trad. C. Laurens, Paris, Les Belles Lettres, 1993, p. 56) ; la traduction et l'interprétation que donne Jean-Marc Mandosio de ce passage (art. cit., p. 645) nous semblent donc discutables. — Dans l'éloge que Cicéron fait de la philosophie au livre V des *Tusculanes* (V, 2, 5), celle-ci a bien la fonction d'enfanter, de faire naître ; et c'est assurément à cet éloge qu'Alberti reprend les terminaisons en *–ix* de cette invocation, comme le lyrisme particulier qui l'anime.

❧

24. VI. 3. *Etenim paupertatem...,* « car la pauvreté... » : sur les difficultés qu'eut à subir le jeune Alberti, voir *supra,* notes en III. 34 et IV. 8.

31. VI. 4. *Occultissime artes,* « les arts les plus secrets » : sur les « arts occultes », voir Jean-Marc Mandosio, « La classification des sciences et des arts chez Alberti », art. cit., part. p. 665s. et note 123. Il n'est pas impossible, cependant, de voir essentiellement dans ce qualificatif la frontière qui sépare

les véritables lettrés, quel que soit le domaine de leur étude, du *profanum vulgus.*

VI. 7. *Sit animus studiosorum flagrans cupiditate quadam,* « que l'esprit 47.
des lettrés soit enflammé d'un désir... » (désir qui répond à la *pecuniarum cupiditas* de V. 37) : *cf.* Cicéron, *Brutus* 302, à propos de l'application à l'étude d'Hortensius : *Ardebat autem cupiditate sic ut in nullo umquam flagrantius studium viderim.* — L'ensemble du paragraphe, notamment dans le primat qu'il accorde à la philosophie morale sur la philosophie naturelle, suit la leçon de Pétrarque plus encore que celle de Dante — *cf. Mon ignorance...* et *Les remèdes aux deux fortunes.*

VI. 8. *Veritatem simplicitatemque,* « la vérité et la simplicité » : syntagme 55.
bien plus chrétien qu'antique ; la *simplicitas,* des Psaumes jusqu'à l'usage de la notion (substantif ou adjectif) dans le NT (l'œil, la colombe) et chez saint Paul, est vertu chrétienne par excellence. Tertullien, Augustin en font largement usage — et la littérature morale, jusqu'à Pétrarque, reprendra fréquemment une telle association (*humana simplicitas* à manifester dans l'amitié — leçon cicéronienne, quoique le substantif, à défaut de l'adjectif (§ 65), ne figure pas dans le *De amicitia* — ; *cf.* par ex. *Les remèdes aux deux fortunes* I, 50 ; une association intéressante, par ailleurs, de *simplex* et de *veritas* dans le *Brutus,* 116, à propos de la rigueur et du refus de l'affectation dans le discours comme dans le jeu de l'acteur). Du reste, cette sixième section du *De commodis* adopte une tonalité tout autre ; on pourrait, en bien des passages — notamment en ce paragraphe 8 — attribuer au Pétrarque moraliste des lignes de cette nature, comme la prosopopée des livres qui va suivre. La fin du § 10 renoue par exemple avec des termes très fréquents chez Pétrarque, lorsqu'il s'agit d'opposer la vertu aux *exteriora* : *vulgi assentationes, plebis plausus, fortune ludus, popularis aura,* etc. (*La vie solitaire, Les remèdes..., passim*), comme le § 13 le fait avec ceux que disposait et répétait inlassablement le traité sur *Mon ignorance et celle de tant d'autres. Simplicitas* (l'*homo simplex* du traité pétrarquien) : une unité du vivre, fondée en vérité. Gageure difficile à tenir, à la voir ainsi affirmée dans un texte (comme c'est généralement le cas dans l'ensemble de l'œuvre d'Alberti) soumis à la multiplicité des points de vue et des tons. — Les deux mots évoqués ne laissent pas pour autant

d'avoir valeur de programme : dans l'ordre d'une traduction subjective, on pourrait parler d'une *authenticité* de la vocation lettrée, qui ne se laisse pas prendre au piège des séductions extérieures ou du faux savoir. L'exactitude des connaissances impose son retrait des miroitements sociaux ; et, dans l'ordre des lettres, rien ne serait pire que la contagion des *métiers,* pour parler comme Baudelaire — c'est-à-dire la reconduction de procédures donnant, en l'occurrence, statut d'« intellectuel », sans que cette reconduction d'accompagne d'une recherche éthique : s'il fallait reprendre les termes de Cicéron dans les *Devoirs* (voir *supra,* note sur le titre), si la connaissance séparée du souci de la communauté manque à la sagesse qu'elle poursuit, elle manque aussi, dans le cas où elle se fait simple mécanique du savoir et exploitation de sa disposition sociale, à la rigueur et à la droiture qu'elle se doit d'exercer à son propre égard ; en conséquence, elle n'est plus ni connaissance ni savoir véritables. Leçon issue de Dante et de Pétrarque, sans doute, et à laquelle il n'est pas interdit de réfléchir aujourd'hui.

58. VI. 8. *Ratio ipsa virtutis comes,* « la raison, compagne de la vertu » : Alberti reprendra un peu plus loin cette expression (VI. 13, où la « compagne de la vertu » est cette fois *peritia doctrinarum*). D'où vient-elle ? Il est difficile d'établir quelques filiations assurées, qui permettraient, notamment dans cette dernière partie du texte d'Alberti, de mieux comprendre la formation et la nature d'une pensée. Les livres, qui dans quelques instants prendront la parole, n'aident pas à en préciser les contours et l'orientation : la parole déléguée peut se plaire aux synthèses les plus vagues et les plus allusives, et l'auteur signer ainsi un manifeste diffus d'une main comme désengagée ; la tradition signale, non pas une autorité, mais un travail. Un parfum général de stoïcisme, une vulgate où l'on reconnaît les silhouettes de Pétrarque et même de Salutati — mais quoi exactement ? On songe à la voix lancinante et fidèle de *ratio* s'opposant aux quatre passions, *gaudium, spes, dolor, metus,* dans *Les remèdes aux deux fortunes* de Pétrarque. — De cette difficulté à préciser une pensée (un embarras qui, aussi bien, accuse les insuffisances du lecteur écrivant ces lignes), l'expression retenue ici est un signe : *virtutis comes* est un syntagme fréquent (chez Sénèque par exemple), mais que l'on rencontre généralement comme prédicat de tout autres sujets ; Pétrarque fournit à lui seul de nombreux exemples de cette variation : *gloria* (*Secr.* III, 28),

amicitia (*Fam.* VIII, 5, 3), *fama* (*Fam.* IX, 2, 3), *victoria* (*Fam.* XXII, 14, 12), et c'est surtout, dans la littérature morale et ses succédanés proverbiaux, *invidia* que l'on trouve à cette place. Dans la tradition philosophique, *virtus* et *ratio* sont liées de manière précise et toujours plus détaillée : ainsi de la thèse platonicienne (*Phédon* 69b) selon laquelle la vertu véritable est toujours accompagnée de pensée (*alèthès aretè meta phronèseôs*), de sorte que celle-ci « purifie » la vertu de la menace de n'être qu'une apparence, qu'un intérêt porté à des degrés relatifs et comparés du bien ; thèse reprise par Aristote dans l'*Éthique à Nicomaque* VI, 13 (1144b 23-27), mais avec une inflexion décisive : « Socrate, lui, estimait que les vertus étaient des formes de la raison (puisqu'il pensait qu'elles étaient toutes des sciences), nous sommes seulement d'avis qu'il n'y a pas de vertu qui ne soit accompagnée de raison ». (On retrouvera plus tard ce débat, dans l'opposition par exemple entre les convictions d'Augustin, pour qui la raison *est* la vertu — *cf. Soliloques* I, 6 ; BA V, p. 53 ; PL 32, 876 ; *De utilitate credendi* XIII, 27 ; BA VIII, p. 274 ; voir aussi *De quantitate animi, passim* : *virtus consonans rationi*) — et celles de Thomas d'Aquin reprenant le simple *accompagnement* aristotélicien — *Summa theologiae* Ia IIae, q. 58, art. 2 et 4.) Alberti est plus proche des définitions assez floues de Cicéron (*De inv.* II, 159), *virtus est animi habitus, naturae, modo atque rationi consentaneus.* Mais cette *virtutis comes* devient chez Alberti, quelques lignes plus bas, *peritia doctrinarum* : le lecteur s'y perd, troublé qu'il était déjà par le peu de netteté des postulats philosophiques choisis. Par quoi se signale un élément propre à Alberti et à l'étrange « efficacité » de ses textes : on serait bien en peine, pour la plupart des concepts différenciés et polémiques de la tradition philosophique, d'en trouver une définition univoque chez lui, comme si la réflexion proprement technique que supposent l'emploi rigoureux des termes et l'orientation décidée de la pensée était finalement indifférente, et qu'il fallût simplement *se débrouiller*, parant au plus pressé, au plus utile, avec l'état du monde tel qu'il est. En sorte que les « autorités » n'ont de présence tutélaire qu'à proportion, paradoxalement, de l'indistinction qui les convoque : un halo de passé ne servant qu'à engager le locuteur ou le lecteur dans ses choix propres, *hic et nunc.* Le langage et sa rigueur cèdent devant la puissance grondante du présent — ils *doivent* même le faire, et telle est, semble-t-il, l'intuition centrale du jeune Alberti, qui ne va pas sans danger, même si elle désigne la tâche désormais nécessaire et indéfiniment recommencée (par conséquent sans contenu préétabli, sans orientation sûre) d'une *vigilance de « l'intellectuel »,* et, tout autant, d'un questionnement inquiet.

VI. 9s. La prosopopée des livres éclaire pour une part le sentiment qui dictait la note précédente. Et bien sûr cette parole laissée aux livres ne va pas sans ambiguïtés. Car elle n'est celle, à vrai dire, de personne ; elle plonge dans la totalité du passé pour en remonter à la fois des présences et une voix, une vocation : d'un côté, les livres comme recueils et objets matériels, mais aussi comme orientations pour l'existence, *magistri vitae* ; de l'autre, la leçon qui suscite la prosopopée elle-même, donc l'équivalence entre ces présences concrètes, si diverses soient-elles en réalité, et l'idée d'étude qui les rassemble en un tout, c'est-à-dire l'accès à une voix intérieure s'élevant pour désigner le travail nécessaire d'une *cultura animi* capable d'ouvrir au progrès spirituel. Cette voix, où se perçoivent, au plan du seul phénomène qu'est son existence, les grands textes du dialogue intérieur (des *Soliloques* au *Secretum*), ces pages qui démontrent la capacité de l'écriture à inventer en celui qui s'y livre l'image et le modèle d'un « lui-même » à façonner et à rejoindre, est une voix sans autre lieu que le for intérieur ; d'où le mouvement, fût-il artificiel, qui permet d'échapper à cette clôture et de déchirer ainsi l'étoffe des songes : l'adresse à Carlo degli Alberti en même temps qu'à l'auteur lui-même, symétrique du recours aux livres, dessine l'espace possible de l'esprit en inventant au-devant de soi le tiers idéel qui unit les personnes concrètes, étant lui-même garanti par la présence physique des livres et leur poids de réalité : tout le point est de faire se rejoindre cet espace intérieur et l'espace extérieur de la société — aussi bien que l'espace de la bibliothèque, qui est une postulation de l'esprit, et le monde alentour, où se fragmente l'unité que le premier espère. Mais l'hiatus est grand encore entre les deux ordres ; il n'est pas sûr qu'on ait jamais eu la clef de leur union. Du moins Alberti a-t-il voulu commencer de poser les termes de la question en inversant dans son livre l'ordre où ils se présentaient jusqu'alors ; la réalité prend décidément le pas sur les rêveries lettrées et leur admirable déambulatoire ; et, devant elle, avec elle, se met à se formuler dans les livres l'exigence simple que la parole s'exerce là où elle est, façonnant ainsi, « destinant » ainsi la communauté où elle veut être accueillie.

VI. 15. *Is omnia sua in se bona esse posita putabit,* « celui-là… pensera que tous ses biens résident en lui-même » : se distingue en filigrane la figure de Bias quittant Priène (Sénèque, quant à lui, parle de Stilpon au siège de Mégare), et n'emportant rien dans ce départ au motif qu'il a en lui tous ses biens ; *cf.* Cicéron, *Par. Stoic.* I, 6-9 ; Sénèque, *Ad Luc.* 9, 18 ; *De Const.* V, 6 ; Valère Maxime VII, 2, ext. 3 ; Pétrarque, *De remediis* II, 55, 4, etc. Un fond, donc, très stoïcien. 109.

Index des noms et des ouvrages cités dans les notes.

ALBERGATI (Cardinal)	158
ALBERTANO DA BRESCIA	182, 183
ALBERTI	
Carlo	157, 164, 173, 174, 175, 179, 216
Amiria	174
Efebi	174, 179, 180
Francesco d'Altobianco	180
Leon Battista	*passim*
Apologi	160, 174
Autobiographie	158, 159, 160, 164, 173, 174, 176, 191, 194-195, 196
Canis	160
De commodis	*passim*
De componendis cifris	161
De equo animante	160
Defunctus	163
De iciarchia	161
Deiphira	158
De iure	160
Della famiglia	159, 173, 184
De pictura	160
De re aedificatoria	160, 190
Descriptio urbis Romae	160
De statua	160
Ecatonphira	158
Grammatica della lingua toscana	160
Intercoenales	158, 160, 179, 197
Ludi rerum mathematicarum	160
Momus	160, 188, 197, 209, 212
Musca	160

Philodoxeos 158
Pontifex 160, 174
Profugiorum ab aerumna libri 160, 177
Pupillus 196
Sofronia 160
Teogenio 160, 174
Uxoria 160
Villa 160, 174
Vita S. Politi 159
Lorenzo 157, 172-173
Lorenzo di Benedetto 172-173
Ricciardo 173
ALBIZZI (Maso degli) 173
ALCUIN 183
AMMIRATO (Scipion) 172
AMYOT (Jacques) 199
APULÉE 195
De Platone et eius dogmate II, 2 193
ARDINGHELLI (Famiglia) 172
AREZZO 172
ARISTOTE 185, 194, 215
AUGUSTIN (Saint) 195, 213
Contr. Acad. I, 6 212
De civ.
10, 11 208
22, 24 191
De Trin. 175
De util. cred. 13, 27 215
Serm. 179, 9 178
Sol. I, 6 215
AULU-GELLE
Noct. att. III, 1, 9-10 194

BAGNO A RIPOLI 159
BÂLE 160
BARBARO (Francesco) 201
BARDI (Famiglia) 172

Baron (Hans)	180
Bartoli (Cosimo)	163
Barzizza (Gasparino)	157, 175
Baudelaire (Charles)	214
Benini (Margherita)	173
Bessarion (Jean)	160
Bianchi Bensimon (Nella)	164, 173, 177, 196
Bias	217
Bologne	157, 158, 173, 196
Bonaventure (saint)	
Hexaemeron XVIII, 26	208
Bonucci (Anicio)	174
Borgo san Lorenzo	159
Boschetto (Luca)	164, 165, 175, 179, 180
Bossuet (Jacques-Bénigne)	160
Brunelleschi (Filippo)	159, 160
Bruni (Leonardo)	171, 179, 180, 199, 201
Busiris	178
Campano (Giannantonio)	201
Cardini (Romano)	177
Carraud (Christophe)	175, 203
Cassien (Saint Jean)	177
Cassiodore	182
Catenaia	172
Caton l'Ancien	185, 190, 199
Catulle	
3, 17-18	200
52, 2	210
Celse	210
Cicéron	157, 181, 184, 204
Ad Fam. III, 11, 3	207-208
Brutus	157, 175
9	209
23	182
36	202
116	213

182-188, 191 203
242 201
242-244 209
255-257 205
261 210
298, 320 211
280 182
281 204
301 198
302 175, 213
309 180-181
322 212

De amicitia
V, 19 193, 202
V, 18 ; X, 35 ; XII, 40-XIII, 44 199

De finibus
I, 56 190
I, 61 195
I, 62 194
I, 67 189
II, 55 189
III, 54 166
III, 65-66 205-206
III, 68 205-206
III, 69 166-167
V, 34 204-205

De inv.
I, 25, 36 183
II, 159 215

De natura deorum
I, 12, 30 205
II, 14, 38 205
II, 60, 151-152 191
II, 60, 153 204

De officiis 214
I, 22 205
I, 77 207
I, 97 204

I, 100 193
I, 110 202
I, 115 188
I, 128 193
I, 139 197
I, 151 190, 198
I, 153 212
I, 153-156 168-169
I, 158 169, 181
II, 5 212
II, 27 211
II, 83 211
De oratore
I, 1 176
I, 10, 40 205
De re publica
III, 4 205
De senectute
II, 5 193
XV, 51-XVII, 60 198
In Vat. 16, 39 210
Par. Stoic. I, 6-9 217
Phil. II, 20 207
Post. red. 10 192
Pro Archia 203
Pro Clu. 59 200
Pro Sest.
98-99 210
100 192
Tusc. disp. 189
I, 2, 4 181
I, 13, 30 193
I, 24, 59 198
III, 29, 69 192
V, 2, 5 212
V, 11, 33 200
V, 36, 105 210
Verr. II, 3, 114 200

CLAUDEL (Paul)	173
COLUMELLE	185
CONSTANT (Benjamin)	207
DANTE	206, 213, 214
Banquet	206
I, 9	200, 211
IV	204
Monarchie	180
DECEMBRIO (Pier Candido)	201
DELLA MELLA (Bartolomeo)	201
DELLA ROBBIA (Luca)	159
DIAZ-ROZZOTTO (Marcella)	188
DU BOS (Charles)	175
DURAND DE SAINT-POURÇAIN	208
ÉPICURE	193, 194
ESTE	160
EUGÈNE IV	158, 160
FARRIS (Giovanni)	163, 202
FERRARE	160
FICIN (Marsile)	159
FIESCHI (Biancha di Carlo)	157, 173
FLORENCE	157, 158, 159, 160, 161, 163, 164, 172, 209
FURLAN (Francesco)	171
GÊNES	173
GHIBERTI (Lorenzo)	159
GIRAUD DE BARRI	180
GOGGI CAROTTI (Laura)	163, 164, 170, 175, 176, 178, 180, 188, 189, 196, 200-201, 204, 211
GONZAGUE (DE)	
Jean-François	160
Louis	161
GRAFTON (Anthony)	165, 177

GRAYSON (Cecil) 173, 177
GUILLAUME DE CONCHES 182, 185

HILDEBERT DE LAVARDIN 184
HORACE 202
Épîtres I, 1, 53-54 197
HORTENSIUS 175, 198, 213

ISIDORE
Étymologies
X, 129 205
XI, 2, 1-8 198
ISOCRATE 178

JARZOMBEK (Mark) 179, 183-184
JEAN DE SALISBURY 177, 182, 208
Metalogicon
I, 11 183
I, 12 183
I, 24 192
Policraticus 180, 193
JEAN PALÉOLOGUE 160
JERÔME (Saint) 201, 212
JUVÉNAL 202
Sat. VI, 460 202

LACTANCE 212
LANDINO (Cristoforo) 160
Disputationes camaldulenses 161
LAURENS
(Claude) 164, 209, 212
(Pierre) 164, 171
LAURENT DE MÉDICIS 161
LEIBNIZ (W. G.) 175
LE POGGE (POGGIO BRACCIOLINI) 157, 200
LONDRES 173, 174
LUCIEN DE SAMOSATE 159

MACHIAVEL (Nicolas) 172
MACROBE
    Saturnales, préf. 5-10 178
MALATESTA (Sigismond) 160
MANCINI (Girolamo) 158, 172, 174, 196
MANDOSIO (Jean-Marc) 171, 212
MANTOUE 161
MAP (Gauthier) 178, 208
MARCIANA (BIBLIOTHÈQUE) 158
MARSILE DE PADOUE 180
MARTIAL
    Épigrammes III, 63, 13-14 195
MARTIANUS CAPELLA 212
MARTIN V 158
MASSAINI (G.) 163
MATTON (Sylvain) 171
MÉGARE 217
MICHEL (Paul-Henri) 163, 172, 173, 175, 190, 196
MOLIN (Biagio) 158, 159

NEU WATKINS (Renée) 163, 178
NOVATI (Francesco) 197, 201

OTTO (A.) 177

PADOUE 157, 158, 173, 196
PALMIERI (Matteo) 171
PAOLI (Michel) 164, 188-189
PAUL (Saint) 213
PERUZZI (Famiglia) 172
PÉTRARQUE (François) 160, 171, 176, 177, 178, 179, 180, 187, 190, 201, 204, 214
    Contra medicum quemdam III 200
    De otio religioso 184, 201, 210
        I, 18, 9 208

De remediis utriusque fortune 167, 186, 192, 203, 213
I, préface 4 176
I, préface 5 208
I, préface 7 177
I, 2 ; 5 ; 20, 23 ; 24 ; 31 ; 32 ;
40 ; 41 193
I, 7, 4 197
I, 50 213
I, 65 202
II, 13 197
II, 55, 4 217
De sui ipsius et multorum ignorantia 179, 209, 213
II, 24 ; IV, 6 208
III, 4 ; V, 16 192
IV, 43 208
De vita solitaria 184, 192, 193, 201, 202, 213
Préface 9 211
I, 3, 1-4 202
I, 7 190
II, 4, 9 208
III, 1, 19 211
Familiares
I, 8 178
I, 12, 4 185
VIII, 5, 3 215
IX, 2, 3 215
XIII, 7 209
XIX, 11, 9 176
XXII, 14, 12 215
Invectivae 211
Rerum memorandarum libri 210
II, 4 196, 198
Secretum III, 28 214
PEYRAUT (Guillaume) 187
PIC DE LA MIRANDOLE (Jean) 204
PIE II 161
PLATON 185, 194, 205, 215

PLAUTE
Trinummus 285-286 211
PLINE L'ANCIEN 210
PLUTARQUE
Vie de Caton l'Ancien 23, 2 199
POLITIEN (Agnolo Ambrogini) 160
POLYCRATE 178
PRIÈNE 217
PROPERCE
Élégies II, 23, 24 202
PS.-AURELIUS VICTOR 200
PS.-VARRON 200

QUATREMÈRE DE QUINCY 158
QUINTILIEN 157
Inst. orat. 157
I, *prooemium* 3 176
II, 17, 4 178

RABELAIS (François) 201
RICO (Francisco) 160
RIMINI 160
ROME 158, 159, 160
RUCELLAI (Giovanni) 160

SALUTATI (Coluccio) 180, 186, 197, 201, 214
SAN MARTINO A GANGALANDI 158
SAUVAGEOT (Marcelle) 175
SEGONDS (Alain-Philippe) 160
SÉNÈQUE 184, 186, 192, 202, 204, 214
Ad Lucilium 197
9, 18 217
66, 17 165
66, 20 166
67, 2 165
84 178
92, 16 165

111, 2 208
117, 25 208
Apoloc. XI, 6 200
Cons. ad Polyb. III, 5 211
De const. V, 6 217
De vita beata VIII, 1 193
SÉNÈQUE LE RHÉTEUR 211
SERVIUS 178
SHAKESPEARE 163
SIGNA 158
SOCRATE 178
STILPON 217
STOCK (Brian) 175, 176
SUÉTONE
Vit. Aug. 25 200

TELLEZ (Jean) 160
TÉRENCE
Eunuchus, 41 177
Hecyra, 841 165
TERTULLIEN 189, 201, 213
TESTARD (Maurice) 211
THOMAS D'AQUIN (Saint) 215
TOCQUEVILLE (Alexis de) 207
TURCHI (Pietro) 197

UCCELLO (Paolo) 159

VALÈRE MAXIME VII, 2, ext. 3 217
VARRON 185
VENISE 157, 163, 173
VITI (Paolo) 201
VUILLEUMIER (Florence) 164

XÉNOPHON 185, 194

Table des matières.

Leon Battista Alberti et la « largesse » de la vie intellectuelle,
par Giuseppe Tognon 7

Présentation,
par Christophe Carraud 21

Leon Battista Alberti,
De commodis litterarum atque incommodis,
Avantages et inconvénients des lettres 39
(Traduction de Christophe Carraud et Rebecca Lenoir.)

Notes et compléments,
par Christophe Carraud.
Repères biographiques 157
Éditions 163
Date 164
Titre 165
Notes au fil du texte 172
Index des noms et des ouvrages cités dans les notes 219

Table des matières 231

Achevé d'imprimer sur les presses de l'Imprimerie BARNÉOUD
B.P. 44 - 53960 BONCHAMP-LÈS-LAVAL
Dépôt légal : Décembre 2003 - N° d'imprimeur : 14544
Imprimé en France